“十二五”职业教育国家规划教材
经全国职业教育教材审定委员会审定

云南民俗风情旅游

李　艳　颜绍梅　主　编
杨丽娥　马　创　副主编

国家开放大学出版社·北京

图书在版编目（CIP）数据

云南民俗风情旅游/李艳，颜绍梅主编．—北京：中央广播电视大学出版社，2015.3（2019.3重印）

ISBN 978－7－304－06865－3

Ⅰ．①云…　Ⅱ．①李…②颜…　Ⅲ．①民俗学－旅游－介绍－云南省　Ⅳ．①F592.774

中国版本图书馆CIP数据核字（2015）第038733号

云南民俗风情旅游

YUNNAN MINSU FENGQING LÜYOU

李　艳　颜绍梅　主　编

杨丽娥　马　创　副主编

出版·发行： 国家开放大学出版社（原中央广播电视大学出版社）

电话： 营销中心 010－68180820　　总编室 010－68182524

网址： http://www.crtvup.com.cn

地址： 北京市海淀区西四环中路45号　　**邮编：** 100039

经销： 新华书店北京发行所

策划编辑： 马建利　王胜柯　　**版式设计：** 赵　洋

责任编辑： 高希宁　　**责任校对：** 张　娜

责任印制： 赵连生

印刷： 廊坊十环印刷有限公司　　**印数：** 30001~35000

版本： 2015年3月第1版　　2019年3月第9次印刷

开本： 787×1092　1/16　　**印张：** 12.75　**字数：** 318千字

书号： ISBN 978－7－304－06865－3

定价： 30.00元

（如有缺页或倒装，本社负责退换）

前言
PREFACE

20世纪90年代以来，民俗风情旅游发展势头十分迅猛。在西方发达国家，民俗风情旅游快速发展，民俗风情旅游发展趋向于对异国风情和多元文化的迫切需求，在欧洲客源市场中，了解民俗文化已成为欧洲旅游者出境旅游的重要动机。在发展中国家，旅游业规模的扩大和旅游业的主要吸引力都来自当地别具一格的历史文化和民俗风情。中国在20世纪80年代中期出现了以游览观光形式为主的民俗风情旅游，进入90年代后，独特的民俗风情就作为对国内旅游者的新的吸引点悄然向我们走来，2010年被誉为“中国文化旅游主题年”，这说明了中国民俗旅游的发展正走向深入、成熟。中国的民俗风情旅游已和自然风光旅游、名胜古迹旅游一起构成了旅游的三大特色系列产品。

云南省是一个多民族的省份，人口在5 000以上的民族有26个，云南特有民族有15个。在相对封闭的地理环境中，云南保持了大量原汁原味、特色鲜明的民族文化，故云南被称为“民族文化的富矿”，孕育了丰富多彩的民俗风情旅游资源。这些民俗风情以其丰富的内容、浓厚的地方色彩、鲜明的民族特点，构成云南具有极高旅游价值的民俗风情旅游资源，吸引着大量的国内外旅游者。云南省也提出了建设民族文化强省的目标，云南民俗风情旅游的发展迎来了前所未有的良好契机。本教材在介绍云南民俗风情旅游导论、规划开发、资源保护外，在浩如烟海的民俗风情中重点选取了与旅游业密切联系，对旅游者吸引力比较大的建筑、饮食、服饰、婚恋、歌舞娱乐、节日、宗教信仰、礼仪禁忌、工艺美术等方面展开阐述，并对其中某些民族具有特色的民俗风情进行重点介绍。

本教材的编写突出了针对性，采用项目任务导向模式，每个项目前列出学习目标和学习建议进行导学。以任务的形式呈现教材内容，每项任务中都增加了案例导入，便于学生结合实际进行思考与分析。在习题中增加了实训项目，采取探索、研究式的实践教学方法，锻炼学生的技能水平，培养学生的创新意识，有助于学生对民俗风情旅游的调研、考察能力的提高，增强感性认识，巩固所学知识；本教材的编写强调了实用性，在修订过程中，弱化理论性，强调实用性，将原来教材中的两个理论章节删减整合为一个项目，将最后一章的案例整合到各个项目之中，在各个项目中选取特色鲜明、具有典型性的民俗风情进行介绍；本教材的编写增加了生动性，在教材中插入了丰富的与民俗风情紧密相关的图片，能够增强学生的理解，提高学生的学习兴趣。案例导入结合民俗风情旅游发展的实际，生动活泼。

本教材全部由云南开放大学/云南国防工业职业技术学院的教师承担编写任务，李艳教授和颜绍梅教授担任主编，杨丽娥副教授和马创副教授担任副主编，共同负责设定基本框架，确定基本内容，并最后统稿、修改和定稿。各项目编写具体分工如下：杨丽娥副教授承担项目1、项目5的编写任务；颜绍梅教授承担项目2、项目7的编写任务；李艳教授承担项目3、项目4、项目6的编写任务；马创副教授承担项目10、项目11、项目12的编写任务；关霜老师承担项目8、项目9的编写任务。

本教材在编写过程中，拜读了许多专家和学者的教材、著作和论文，参考了一些网友的文章，并借鉴了其中部分相关资料，在此谨向他们致以深深的谢意！

由于编者水平有限，书中不足之处在所难免，恳请各位读者、专家批评指正。

编　者

2014年10月

CONTENTS

目录

PROJECT 项目 1

云南民俗风情旅游导论

学习目标

通过学习，你应该能达到：

1. 叙述民俗风情的概念、特征、类型、功能；
2. 理解民俗风情与旅游的关系；
3. 了解云南的民族、民俗风情类型；
4. 知道云南主要民俗风情旅游线路。

学习建议

同学们要“走”“看”“听”“读”相结合。“走”就是走进民俗商品店，走进异族的民俗世界，深入民间，参加各类民俗活动；“看”就是观看各种具有民俗特色的民俗风情视频、民族艺术表演等；“听”就是听民俗专家、艺人、相关电视节目讲述民俗知识，关心身边的民俗事象；“读”就是大量阅读有关云南民族、民俗风情书籍。

TASK 任务 1 民俗风情概述

案例导入

深圳市中国民俗文化村

深圳市的中国民俗文化村是中国第一个荟萃各民族民间艺术、民俗风情和民居建筑于一园的大型文化旅游景区，内含 22 个民族的 25 个村寨，均按 1∶1 的比例建成。通过民族风情表演、民间手工艺展示、定期举办大型民间节庆活动，如华夏民族大庙会、泼水节、火把节、西双版纳风情月、内蒙古风情周等多种方式，多角度、多侧面地展示我国各民族原汁原味、丰富多彩的民风民情和民俗文化，让游客充分感受中华民族的灵魂和魅力。中国民俗文化村以“二十五个村寨，五十六族风情”的丰厚意蕴赢得了“中国民俗博物馆”的美誉。

思考：

1. 什么是民俗？

2. 深圳市的中国民俗文化村展示了哪些民俗事象？

“凡是遥远的地方，对我们都有一种诱惑，不是诱惑于美丽，就是诱惑于传说……”汪国真在其《旅行》中的这一段诉说，简练地勾画出现代文明进程中人们对独具特色的民俗风情的悠长想念。何为民俗风情？它源起何处？又以什么样的方式介入现代人生活的方方面面？回答这一系列问题，我们需要耐心地解读有关民俗的基础知识。

一、民俗风情的概念及特征

（一）民俗风情的概念

作为一个民间用语，“民俗”一词在古代就已经出现了。如先秦典籍中有“故君民者，章好以示民俗”之述，《汉书·董仲舒传》中有“变民风，化民俗”之语。《管子·正世》中有“料事务，察民俗”之言，都直接可见“民俗”一词。但在当时人们也常常使用“民风”“风俗”等词，如孔子说“移风易俗，莫善于乐；安上治民，莫善于礼”，又如魏晋阮籍所说“心气和洽，则风俗齐一”，使用的都是“风俗”一词。在汉语中，“民俗”与“风俗”内涵相同，都指民间的习俗。

从民俗学科的角度界定“民俗”这个概念，源自于1846年英国民俗学会创始人汤姆斯，他提出“folklore”一词，这个词在我国意译为“民俗”并作为学术用语而广泛使用，意指民间风俗现象。具体来讲，民俗，就是民间风俗，是一定地域的特定人群在长期的共同生产实践和社会生活中形成并世代相传的生活方式，它是一种较为稳定的文化事象。风情是民俗的诗化和叠用强调，所以，民俗风情也称风俗民情、风土人情，它起源于人类社会群体生活的需要，是一种来自于民众，传承于民众，规范民众，又深藏在民众的行为、语言和心理中的基本力量。

（二）民俗风情的特征

俗话说：“十里不同风，百里不同俗。”由于自然环境和社会环境的差别，民俗风情常常会呈现出错综复杂的特点。要想全面而准确地把握一般民俗风情所具有的全部特征是很难的，这里阐述的主要是指各地、各民族民俗风情所共有的基本特征。

1. 集体性与类型性

民俗风情的集体性是指民俗在产生、传承过程中所呈现出的，为广大民间社会所共同创造、接受、传承的特性。作为一种文化现象，民俗风情是集体智慧的结晶，集体性是民俗文化永久生命力所在，是民俗风情得以形成的核心要素。民俗风情的集体性培育了社会的一致性，增强了民族的认同，强化了民族精神，塑造了民族品格，集体遵从，反复演示。首先，民俗风情是集体创造而不是个人创造的；其次，民俗风情的创新、流传、丰富和完善主要依靠集体行为来完成，通过一代又一代的传承发展，才形成价值取向一致的民俗文化现象；最后，特定地域中的人们都遵守着共同的习俗准则、享受着共同的习俗文化。

民俗风情的类型性是指同一民俗文化在内容和形式上彼此相似或相同，也就是说，同一种民俗文化在执行时，具有相对统一的程序和套路，具有很强的稳定性。

2. 民族性与地域性

民俗风情的民族性有两个含义：一是指同一类民俗事象在不同民族中有不同的表现形式；二是指不同的民族由于自身的地理环境、经济基础和历史传统不同于其他民族而产生的风俗习惯。每个民族都有区别于其他民族的独特的风俗习惯，所以民俗是一个民族区别于其他民族的重要标志，特定的民俗风情必然打上特定民族的烙印，任何民俗风情都属于特定的民族，凡是历史越悠久的民族，其民俗风情就越浓郁，凡是民族凝聚力越强的民族，其民俗风情就越独特。

地域性是指民俗风情在空间上所呈现出的差异性特征。这种特征也被称为民俗的“地理特征”或“乡土特征”。俗语“一方水土养一方人”“十里不同风，百里不同俗”，说的都是民俗风情地域性的具体表现，是民俗风情在地理空间上呈现出来的地方性和乡土性特征。决定民俗风情地域性特征的因素主要包括自然环境和社会环境两个方面。比如，南方少数民族居住的封闭山谷沟壑造就的就是“调子不出乡，各有各的腔”封闭型地域文化。民俗的地域性特征有时也通过民俗社会文化影响表现出来，如西南“壮族住田边，侗族住水边，苗族住山尖”这首民谣所反映出的民俗的地域性特征，就与各民族的历史发展、经济水平、生产方式等社会文化相关。

3. 传承性与传播性

民俗风情在时间上是传承的，在空间上是扩布的。时间上的传承指的就是民俗风情的传承性，是民俗风情在时间上的纵向延续过程。民俗风情一旦产生，就会得到社会的普遍遵守并为人们世代所承袭。故民俗学界有“不过三代，不能称其为民俗”的理论。空间上的扩布，是指不同民族和地区人们的民俗风情横向相互采用、影响、渗透。民俗风情的传承性和扩布性，使各种民俗文化在相互碰撞、吸收、涵化、裂变过程中得到丰富和发展，从而增强其生命力。

4. 稳定性与变异性

稳定性是指民俗风情一旦形成，就会伴随着人们的生产生活方式世代沿袭下去，成为人们日常生活的一部分。同时，民俗风情的稳定性程度又取决于民俗风情赖以存在的经济基础和意识形态，比如1949年以前纳西族年轻人中流行的“殉情”习俗现今已经消失，而大理白族的“三道茶”等则得到了丰富和发展。正因为如此，我们说民俗风情的稳定性是相对的，变异是必然的。变异性是指民俗风情在传承过程中，为适应新的生存环境所呈现出的某些具有变异特点的外部特征。民俗风情的变异往往是由于社会环境与自然环境的变化决定的。当然，与社会环境的变化相比，自然环境的变化对民俗风情的影响要小得多，也缓慢得多，而在影响民俗风情发生变异的社会环境中，外来文化的影响，是民俗风情发生变异的关键因素之一。同时，民俗风情是靠集体创造、靠行为传承、靠口传心授，这些特性决定了民俗风情总是处于不断发展变化之中。总之，民俗犹如一条流动的河，不变的民俗是不存在的。变异是民俗风情发展的结果，也是民俗文化传承发展的内在动力的具体表现。

5. 原始性与神秘性

原始性是指民俗风情起源于远古人类的原始思维和生产劳动过程之中，内容上保留着远古时期的习俗遗风，洋溢着远古人类的原始精神与信仰。民俗风情的原始性和神秘性是密不可分的，具有原始性特征的民俗风情同时也会表现出特有的神圣性、隐秘性和象征性。如纳西族摩梭人的走婚习俗、纳西族的东巴文化、傈僳族的“上刀山、下火海”、大理白族的

"阿娭白"原始崇拜等民俗都蕴藏着一种原始的精神需要。

二、民俗风情的类型与功能

（一）民俗风情的类型

民俗风情种类繁多，并处在不断发展和变化之中，直至今日它的内容仍在不断地丰富和拓展着，不同的民俗学家，因为观察的视角和研究的需要不同，对民俗提出不同的分类方法，但是，任何一种分类方法（无论纵收还是横取），都不能做到详备，都不可能做到尽善尽美。在这里，我们将其分为物质民俗、社会民俗和精神民俗三类。

1. 物质民俗

物质民俗是指民众在创造和消费物质财富过程中所形成的模式性的民俗事象。它主要包括生产商贸民俗、衣食住行民俗、医药保健民俗，等等。如图 1－1 所示。

2. 社会民俗

社会民俗也称社会组织及制度民俗，是指人们在特定条件下所结成的社会关系的惯制，它所关涉的是从个人到家庭、家族、乡里、民族、国家乃至国际社会在结合、交往过程中使用并传承的集体行为方式，主要包括社会组织民俗（如血缘组织、地缘组织、业缘组织等）、社会制度民俗（如习惯法、人生仪礼等）、岁时节日民俗以及民间娱乐习俗，等等。如图 1－2 所示。

图 1－1　物质民俗中的住宅民俗

图 1－2　社会民俗中的制度民俗

图 1－3　精神民俗中的民间信仰

3. 精神民俗

精神民俗是指在物质文化与制度文化基础上形成的有关意识形态方面的民俗。它是人类在认识和改造自然与社会过程中形成的心理经验，这种经验一旦成为集体的心理习惯，并表现为特定的行为方式并世代传承，就成为精神民俗。主要包括民间信仰、民间巫术、民间哲学伦理观念以及民间艺术，等等。如图 1－3 所示。

如果再分得细致一些，民俗又可分为生产劳动民俗、日常生活民俗、社会组织民俗、岁时节日民俗、人生仪礼民俗、游艺民俗、民间观念、民间文学八大部分。

（二）民俗风情的功能

民俗风情的功能是指民俗风情在人类社会集体生活中的作用。对个人而言，民俗起着塑造个体人格、实现个体社会化的作用；对群体而言，民俗对人们的共同思想和行为起着约束、规范、统一的作用；对于整个社会而言，民俗起着社会协调和行为导向的作用。

1. 教化功能

教化功能是指民俗在个人社会化过程中起着潜移默化的教育引导和模塑作用。《诗·周南·关雎序》中说“美教化，移风俗”。民俗的教化功能是渐进、潜移默化的。通过具体的民俗活动和仪式，人们认识了本民族的历史文化或本家族传统，培养了道德情操，建立了美德。

2. 规范功能

规范功能是指民俗对社会群体中每个成员的行为所具有的约束作用。民俗的规范作用非常广泛，它涉及人类衣食住行、社会组织、婚丧嫁娶、岁时习俗、民间信仰、文学艺术等各个领域。因此，民俗在制约、规范人类行为的过程中，一直发挥着其他意识形态所无法比拟的作用。大到国家、民族，小到氏族、家庭、个人，人们在群体行为模式的形成过程中，民俗所起的作用是决定性的。

在特定的社会群体中，信仰体系、习惯法、禁忌、礼仪是最具规范作用的民俗，一旦形成规模，就很难改变，倘若一旦违俗，就会立即受到整个社会的责难甚至严惩。例如，人们为了家族团结，搬出祖先镇族；为了保护山林资源，请出山神镇山；为了维系行业秩序，抬出行业老祖镇行。祖先信仰、神灵信仰强化了民俗事象的规范作用，同时也维护了民间惯制的尊严。此外，许多民间禁忌在维系民俗神圣性方面也发挥过重要作用。

3. 娱乐功能

民俗风情的娱乐功能是指民俗风情对社会成员的心理起到的轻松愉悦的作用。人们在生产生活过程中创造的民间歌舞、游戏、竞技、节日和杂艺等游艺民俗，具有很强的娱乐性，如贴年画、穿盛装、赛歌舞、竞技艺等民俗活动让人们在辛苦劳作之余，放松自己，调节身心。

4. 审美功能

民俗风情的审美功能能够对人们的心理起着悦目悦耳、悦心悦意、悦神悦志的调剂作用。民间民俗活动中有着丰富的审美内容，民间的神像、壁画、建筑、工艺、民乐等，都是美的创造，而岁时节庆、歌舞竞技、礼俗往来等民俗活动则带给人们美的享受。

5. 维系功能

维系功能是指民俗具有统一社会群体的行为和思想，保持社会生活稳定，增强群体内社会成员的向心力与凝聚力的作用。在人们的社会生活过程中，民俗根据特定的历史文化、地理环境等条件，将社会群体所选择的某一种行为模式予以肯定，成为人们共同遵循的行为标准，使社会个体形成相一致的思维方式和价值观念，从而推动社会生活有规律地进行。

三、民俗风情与旅游的关系

民俗和旅游看似两个互不相干的事物，在旅游者强烈的好奇心和对现实生活世界叛逃的心理支配下，民俗风情与旅游终究十指相扣，紧密地联系在一起。

（一）民俗风情在旅游中的作用

第一，民俗风情中蕴含着丰富的旅游资源。旅游资源包括自然和人文两个方面，民俗风情是人文旅游资源的一个重要组成部分，而且，民俗风情地域性特征决定了它在旅游资源中的不可替代性。民俗风情是相同地域人的精神、情感、个性、特征和凝聚力、亲和力的载体，以及不能失落的精神家园，民俗风情作为最具地域特色的文化，已成为旅游文化中的一个重要组成部分和旅游发展的重要战略资源而越来越受到重视，各地政府都视之为宝，积极地挖掘和保护，使之得到滋养和传承，把民俗和旅游有效地结合在一起。

第二，民俗风情丰富了旅游活动，提高了旅游效益。民俗风情适应了旅游者的心理需要，因而成为旅游开发的重要内容之一。民俗旅游是探求传统特色审美价值的最佳形式，它集文化价值、历史价值、观赏价值和旅游审美价值于一体的功能特点，更好地满足了旅游者“求新、求异、求知、求乐”的心理需要，因而民俗旅游的发展带来了可观的经济效益，同时也产生了广泛的社会效益和深远的生态环境效益，成为弘扬民族文化的窗口。

（二）旅游对民俗风情的影响

旅游对民俗风情的影响是双重的，一方面它会产生积极影响，另一方面它也会对民俗风情的许多方面带来不可逆转的负面作用。积极的影响包括：旅游促进民俗风情的传播；旅游促进民俗风情的现代化；旅游促进民俗风情的保护和发展。消极的影响包括：旅游促使民俗风情同化和庸俗化；旅游对民族社会凝聚力和传统道德观念产生冲击。

阅读材料

国内民俗旅游市场发展现状

现在，到全国各地旅游的人们越来越关注物质背后的文化色彩，这种行为趋势便是“民俗文化是旅游业发展的新鲜血液”观点的最好说明。旅游者之所以越来越倾向于民俗文化旅游，其动机正是想品味目的地景观的深层文化韵味，了解目的地丰富多彩的民俗风情。比如，在游客品尝到特色美食的同时，他们更想了解当地的饮食文化；在游客欣赏到具有民族特色的服饰的同时，他们更想知道那些图案和设计理念的缘由；在游客走在异域风情的小路上，看到独具特色的建筑物的同时，他们更想挖掘出本民族修建这种建筑风格的原因。

在20世纪80年代中期，中国出现了以游览观光形式为主的民俗旅游，如民族文化展览、民族歌舞表演、民俗建筑参观等。进入20世纪90年代后，独特的民俗风情就作为对国内旅游者的新的吸引点悄然向我们走来。1995年被誉为“中国民俗风情旅游年”，这标志着中国的民俗风情旅游已进入黄金季。之后，2002年的旅游主题是“民间艺术游”，2010年被誉为“中国文化旅游主题年”，这说明了中国民俗旅游的发展正走向深入、成熟。如今，第四代旅游产品——文化旅游正以燎原之势迅猛发展，民俗文化则以它特有的优势占据了当今文化旅游市场，它是文化旅游的深化和发展。

注：节选自《国内民俗旅游市场细分研究》（柳青，易起论文网：http：//www.17net.net/Article/604/16772.html）。

TASK 任务2 云南的民族和民俗风情

案例导入

《丽水金沙》歌舞表演

丽江以世外桃源般的巨大诱惑，吸引着千千万万的游客，成为人们探寻古朴神秘的民族文化的一方圣土。来丽江寻幽探胜的人们都试图在短暂的逗留期间，不仅能欣赏到最美的风光景致，还能了解到丰富迷人的民俗风情。为了满足旅游者的内心渴望，向世人展示丽江山水、民情的无穷魅力，丽江雪山旅游演艺有限责任公司斥资800万元，在丽江（国际）民族文化交流中心剧场，布置了国内一流的演出场地：从意大利、美国、中国台湾等国家和地区原装进口的电脑变色灯、换色器、操控台等（世界领先水平）；中国歌剧舞剧院设计制作的舞美布景；深圳合众合艺术设计公司设计制作的各式民族服饰。聘请云南省一级编导、中宣部“五个一工程奖”获得者周培武担任总导演；云南省著名作曲家吴毅作曲；中国歌剧舞剧院国家一级舞美设计、文化部优秀专家、中国舞台美术学会副秘书长鞠毅担任舞美、灯光设计；在丽江地委、行署的大力支持下，创建制作了大型民族服饰、民族风情舞蹈诗画《丽水金沙》（*Mountains Rivers Show*）。《丽水金沙》以舞蹈诗画的形式，荟萃了丽江奇山异水孕育的独特的滇西北高原民族文化气象、亘古绝丽的古纳西王国的文化宝藏，择取丽江各民族最具代表性的文化意象，全方位地展现了丽江独特而博大的民族文化和民族精神。《丽水金沙》共分四场：“序”“水”“山”“情”。《丽水金沙》自2002年5月1日向观众公演以来，受到中外游客和各界人士的广泛好评。

资料来源：百度百科(http://baike. baidu. com/link? url = ih2HgGAys70unhg4SnwvHsz38NrsH7DIe02_sZW 9aN_7gG2QXiBvh0Cpbk47woWAjyp - s3HbvLE - _HpEw3U3Yq)。

思考：

《丽水金沙》有什么特点？它的旅游吸引力何在？

石屏彝族的海菜腔、西双版纳傣族的南传上座部佛教、纳西族的东巴文化、哈尼族的长街宴、独龙族的剽牛、纳西族摩梭人的走婚……这些听起来陌生而又新奇的民俗，反复地调动着旅游者一探到底的激情与冲动！这就是云南民俗风情的魅力：奇异、丰富、野性、神秘。云南民俗风情旅游力图将这些让人浮想联翩的民俗瑰宝编织进旅游者的步履，给予他们乡野气息和美善交织的感悟。

一、云南民族的由来与发展

云南地处祖国西南边陲，东西横跨864.9公里，南北纵长990公里，土地面积39.4万平方公里（1995年统计数据），总人口4 596.6万人，东与贵州省、广西壮族自治区为邻，东北面以金沙江为界，与四川省隔江相望，西北紧靠西藏自治区，西部与缅甸接壤；南部和老挝、越南毗邻，国境线长达4 061公里，是全国陆地边界线最长的省份之一。

辽阔的土地、多样的人居环境造就了云南多种多样的生物种群和民族群体。在云南，雪域高原与热带雨林共存，高山深谷和阔坝平湖相间，这里集结了全国1/2的动植物种类，同时，云南省也是我国少数民族最多的省份，除汉族外，人口在5 000以上的少数民族共有25个，他们分别是：彝族、白族、哈尼族、壮族、傣族、苗族、傈僳族、回族、拉祜族、佤族、纳西族、瑶族、藏族、景颇族、布依族、普米族、怒族、阿昌族、德昂族、基诺族、水族、蒙古族、布朗族、独龙族、满族，约占全省总人口的1/3。

云南少数民族的起源可追溯到原始氏族社会时期的氐羌、百濮、百越三大族群。云南少数民族先民在秦汉时期总称为“西南夷”。后经历代不断迁徙、交流、分化、演进、融合，在历史上演变出滇、僰、爨、白蛮、乌蛮、和蛮、么些、栗粟、寻传、金齿、银齿、路蛮等族群。到了明清时期，各族的分布和特点才趋于稳定，并形成了同一民族“大分散、小聚居”的分布特点，各民族的分布格局是：彝族主要分布在滇东北、滇中和滇北广大地区；白族主要分布在洱海周围及邻近地区；壮族、苗族主要分布在滇东和滇东南地区；傈僳族、怒族、独龙族、哈尼族、傣族、拉祜族、佤族、景颇族、布朗族、纳西族、藏族、阿昌族和德昂族等主要分布在滇西、滇南、滇西北的广大地区。另外，各民族居住的立体分布也较明显，白族、壮族、回族、纳西族等多居于平坝；傣族、阿昌族居于低热河谷；彝族、哈尼族、拉祜族、佤族、景颇族、布朗族、瑶族、德昂族多居于半山区；苗族多居于高寒山区；藏族和普米族居于滇西北高原；傈僳族、怒族和独龙族则分布在怒江、独龙江两侧的山区。

汉族是云南的主体民族，分布遍及全省各县市区，主要聚居在河谷、坝区、城镇和交通沿线，山区、半山区亦有少量分布。汉族的历史可追溯到5 000年前的华夏族，汉族名称正式出现并使用是在汉代。战国末年，庄跻率兵入滇称王，这是历史记载中进入云南的数量较多的一次内地移民，逐渐融合在当地民族之中。秦代开山凿崖，开始修筑“五尺道”，汉武帝平西南夷，置益州郡后，内地汉族先民移居云南的过程进入了一个川流不息的时代。隋唐时期也有不少内地人通过战争或贸易关系进入云南。元代汉人随各地军队进入云南。明代从洪武年间开始在云南大力推行屯田制，出现了汉族移民高潮。明代汉族人口开始超过世居少数民族人口而成为云南的主体民族。

二、云南民俗风情的内容

云南民俗风情是多种多样、丰富多彩的，每一个民族都有其独特的生活方式和文化习俗，每一种独特的生活方式、文化习俗中又包含着衣、食、住、行、生、丧、嫁、娶、节庆、宗教、歌舞、娱乐等多个方面。按照民族来分，云南26个民族就有26种民俗风情，按照专题来归纳，云南民俗风情又有民族服饰、民族建筑、民族饮食、民族婚恋、民族节日、民族歌舞、民族宗教、民族工艺美术、民族礼仪禁忌等众多类型。

（一）民族服饰

有独龙族的“独龙毯”、纳西族的“披星戴月”、傣族的“筒裙”、景颇族的“银饰”、彝族的“披毡”等，这些民族服饰五彩斑斓、风格各异，蕴藏着丰富的民族文化内涵。

（二）民族建筑

有傣族的“干栏式建筑”、白族的“三坊一照壁”、纳西族的“四方街”、傈僳族的“千脚落地”、纳西族摩梭人的“木楞房”，以及具有东南亚风情的佛塔、缅寺等。

（三）民族饮食

有白族的“三道茶”、傣族的“香竹饭”、哈尼族的“长街宴”、傈僳族的“同心酒”、拉祜族的“鸡肉稀饭”、藏族的“酥油茶”等，风味独特，美味飘香。

（四）民族婚恋

有基诺族的“花为媒”、纳西族摩梭人的“阿注婚”、傣族的“从妻居”、彝族的“口弦传情”等，奇婚异俗，魅力无穷。

（五）民族节日

有傣族的“泼水节”、白族的“三月街”、傈僳族的“刀杆节”、瑶族的“盘王节”、独龙族的“卡雀哇”、景颇族的“目瑙纵歌”等，让旅游者欢欣鼓舞，流连忘返。

（六）民族歌舞

舞蹈有纳西族的《创世纪》、白族的《霸王鞭》、傣族的《孔雀舞》、彝族的《三跺脚》，以及《远方的客人请你留下来》《小河淌水》《有一个美丽的地方》、白族小调等脍炙人口的民歌小调。

云南民俗风情的内容还有很多，在此不一一介绍。这些众多的民族文化和习俗已成为独具特色、丰富多彩的云南民俗风情旅游发展的资源依托，对国内外旅游者具有强烈的吸引力。

三、云南民俗风情的特征

云南民俗风情具有鲜明的个性特征：多样性、乡土性、包容性、亲和性，这些特征正是云南民俗风情的魅力所在，也是云南民俗风情作为旅游资源的主要依据：对旅游者有强烈的吸引力。

（一）多样性

云南是全国少数民族最多的省份，在25个少数民族中，白族、哈尼族、傣族、景颇族、傈僳族、纳西族、阿昌族、拉祜族、基诺族、佤族、德昂族、布朗族、普米族、独龙族、怒族15个民族为云南所独有。各民族都有自己的历史，拥有与别的民族不同的民俗，以宗教信仰习俗为例，纳西族信仰东巴教，白族信仰本主，独龙族信奉以“万物有灵”观为基础的各种鬼神，傣族信仰小乘佛教，藏族信仰藏传佛教，傈僳族还信仰基督教，等等。即使是同一个民族，其不同支系的民俗也有不同，如纳西族中的摩梭人实行的是“男不娶女不嫁”的走婚制，而其他的纳西族都实行男娶女嫁的婚俗。可见，丰富多样性是云南民俗的一个显著特征。

（二）乡土性

乡土性，就是指与土地关系密切、人口流动性很小、社会开放程度很低的社会存在的状态。云南多数民族所居住的地区偏僻，山高水远，交通比较封闭，而各民族与土地的关系也更密切，至现今为止，没有哪个民族完全脱离农耕生活，大多数民族还采用粗放耕种方式，个别民族还处于刀耕火种的生产阶段，甚至是处于“游耕”状态和保持着狩猎、采集、捕捞的传统。在社会内部，长者和宗教人员受到普遍尊重，贫富差异很小，人际关系平等。这样看来，云南民族社会的乡土性还可以用原生态或接近原生态来表述。

云南民族社会的这种乡土性在云南民俗文化中具体表现为民间性和未分化性。民间性是指云南的25个少数民族，大多数没有自己的文字，民族文化的传承基本上依靠口耳相传（讲述），有的民族虽然有文字，但却是近现代才创建的，其使用范围比较有限，一般民众也不懂。未分化性是指这些少数民族的精神文化中的哲学、文学、艺术、歌舞浑然一体，没有分化，由全民族共同创造。

（三）包容性

各民族在长期的历史发展中，不断学习不同的民族文化，吸取其他民族的文化习俗，做到“和而不同”。在纳西族、白族、彝族、傣族、普米族等民族中，都能找到其他民族习俗影响，如在纳西族的民间信仰中，儒、释、道、汉传佛教、藏传佛教和东巴教兼收并蓄。

（四）亲和性

云南各民族热情好客、崇尚团结、交错杂居、和平相处。云南的各民族都是“大杂居、小聚居”的格局，“十里不同天，一山不同族”是普遍现象，这些不同的民族杂居在一处，彼此尊重，互不干扰，且有夜不闭户、路不拾遗的淳朴民风，对待外人、来者皆是客。云南民俗的亲和性特征不仅表现在对待他人、他族方面，还表现在对自然的亲和。云南的少数民族都存在自然崇拜和保护自然的禁忌。他们不是把自然视为异己而需要去征服的对象，而是作为自己有亲缘关系、能造福于己的神灵。例如，普米族认为人源于自然，是自然的一个组成部分，人死后又复归于自然，人不是超于自然之上，而是从属于自然，所以人要尊重自然，保护代表自然的各种动植物。在这种和谐的“主”“客”关系的主导下，普米族视森林、河流为母亲，从不乱砍滥伐，普米族居住的区域山清水秀，人与自然生物平等、和谐；在社会层面，普米族团结互助，诚实守信，争担社会责任，乐于交友，注重礼节，待人诚恳；面对外来的压力、竞争，普米族仍能理性地对待，他们强调要自强自立，乐观豁达，健勇豪迈。

TASK 任务3 云南民俗风情旅游

案例导入

云南新华村民俗旅游开发

2005年8月，云南省政府将大理鹤庆县新华村列入《云南省首批确定旅游小镇分类开发建设名单》，并制定了扶持发展措施。建设项目主要是：展示新华村民族工艺品的书画工艺品馆（雅斋）、土特产馆、展示云南各地名贵药材的药材馆、银器博物馆及餐厅、白族茶俗馆等几大场馆，以及茶马古道历史文化广场（作为白族民俗表演场所）、新华白族饮食一条街、高原水乡等。

经过建设，“银都水乡”新华村恢复了小桥流水人家的田园风光，成了滇西北旅游线路上重要的民族手工艺品制作基地、旅游产品集散地，被纳入了昆明—大理—丽江—香格里拉国家旅游线。

思考：

结合案例，思考民俗风情的旅游价值。

民俗风情旅游是指人们离开惯常住地，到异地以观赏和体验异域民俗事象为主要目的而进行的文化旅游活动的总和。民俗风情旅游是旅游活动的一种重要类型，具有生态性、奇异性、文化性、原则性、参与性等特点，以及陌生新奇、参与亲切、喜庆认同的审美特征。

一、旅游视野中的云南民俗风情

云南民俗风情十分丰富，各民族习俗多，内容广，可谓包罗万象，可以说是一个民俗博物馆。每一个民族的衣、食、住、行及婚恋、丧葬、生育、节典、礼仪、语言、文字、图腾、宗教、禁忌、审美，莫不形成个性鲜明的文化链。纳西族的东巴文化、大理的白族文化、傣族的贝叶文化、彝族的太阳历、傣族的泼水节、傈僳族的刀杆节、彝族的火把节、佤族的木鼓节、白族的三月街，以及各少数民族的神话、史诗、歌舞、绘画、戏曲、古乐……这些特色鲜明的民俗风情激发了旅游者极大的兴趣，具有较高的旅游审美价值。概括起来，这些进入旅游者视野的民俗风情可包括以下九个方面：

（一）建筑民俗

云南各民族由于居住的自然环境、气候条件、生产方式和生产力水平不同，不同民族的居住习俗各具特色，如傣族的竹楼、傈僳的“千脚落地”、纳西族摩梭人的“木楞房”、白族的“三坊一照壁”，等等。特色民居作为一类旅游资源，其旅游功能主要表现在造型丰富的建筑艺术美、合理实惠的民居建筑与周围环境的和谐统一美。

（二）饮食民俗

云南各民族饮食取材千奇百怪，烹饪方法各式各样，民族菜点花样繁多，饮食民俗各有千秋，在旅游中，特别能调动旅游者参与品尝和享受美食礼仪的积极性。

（三）服饰民俗

服饰是人的装饰的主要方面，不仅是人的“第二肌肤”，而且是各少数民族相互区别的外部特征，各民族文化的表征。或者说，什么民族有什么样服饰，什么样服饰就是什么民族。这在民俗风情旅游的审美对象中，也是十分突出的。景颇族的银饰、傣族的筒裙、瑶族的花裤、藏族的哈达、白族的头饰，等等，为自然旅游景观锦上添花，制造了特定的审美氛围，透露着诱人的魅力。

（四）婚恋民俗

云南各民族婚恋方式形式多样，古朴有趣，极富浪漫情调。千姿百态的婚恋方式吸引了旅游者的好奇心，如瑶族的“咬手示爱”、白族的“掐新娘”、傣族的“串姑娘”和“丢包”等。

（五）歌舞娱乐民俗

云南各民族都有自己传统的歌舞、戏曲、曲调、体育娱乐项目。“会说话就会唱歌，会走路就会跳舞”是对云南各民族善歌善舞的生动描述。傈僳族的“摆时”、白族的小调和戏曲、纳西族的“洞经音乐”、彝族的酒歌……歌声一起，让旅游者身心飘逸，如痴如醉。

（六）节日民俗

云南26种民族的传统节日丰富多彩，美不胜收，各种节日经过旅游开发后，更产生喜庆趋同的功效。如佤族的“司岗里节”、彝族的“火把节”、傣族的“泼水节”、纳西族的“三朵节”、苗族的“花山节”、哈尼族的“十月年”、壮族的“三月歌会”等。

（七）宗教信仰民俗

云南是一个多元宗教信仰集聚的地方，世界上的三大人为宗教（各宗教的各种支派齐全：傣族信仰南传上座部佛教，迪庆藏族信仰藏传佛教，汉族、白族、纳西族等民族信仰汉传佛教；回族信仰伊斯兰教；苗族、傈僳族、怒族等民族信仰天主教和基督教）和各少数民族本土宗教和谐并存，各种宗教建筑、宗教信仰成为旅游者求知的对象。

（八）礼仪禁忌民俗

云南各民族都有一套独特的礼貌礼仪规范和禁忌，在旅游过程中，均呈现出独特的社会美、精神美。如白族的“三道茶”、哈尼族的“焖锅酒”、傣族的敬老习俗、藏族的“献哈达”、回族的命名礼等，这些源远流长的民俗礼仪，或繁缛，或神秘，或有趣，它从生活的一个侧面反映了人民的心理、德行和品格，包含着丰富的社会内容，具有强烈的地方和民族色彩，而许多民俗场面本身就是一幅美好的民俗风情画，具有较高的审美价值。

（九）工艺美术民俗

云南各民族民间传统工艺美术产品具有浓郁的民族特色、地方特色和精美的结构、优良的品质，深得旅游者的喜爱。而民间工艺品的制作、使用、转赠等习俗，同样也让旅游者大开眼界。

阅读材料

云南十八怪

云南第一怪：鸡蛋用草串着卖　　云南第二怪：摘下斗笠当锅盖
云南第三怪：三只蚊子一盘菜　　云南第四怪：火筒能当水烟袋
云南第五怪：糌粑被叫作饵块　　云南第六怪：山洞能与仙境赛
云南第七怪：四季服装同穿戴　　云南第八怪：蚂蚱能做下酒菜
云南第九怪：姑娘被叫作老太　　云南第十怪：和尚可以谈恋爱
云南第十一怪：老太太爬山比猴快　　云南第十二怪：新鞋后面补一块
云南第十三怪：汽车还比火车快　　云南第十四怪：脚趾常年都在外
云南第十五怪：娃娃全由男人带　　云南第十六怪：花生蚕豆数着卖
云南第十七怪：这边下雨那边晒　　云南第十八怪：四个竹鼠一麻袋

注：百度百科（http://baike.baidu.com/view/2335.htm）。

二、云南民俗风情旅游线路

云南民俗风情旅游资源就像洒落在云南大地上的无数颗珍珠，在旅游开发的大潮中，已集成片，串成线，指引着旅游者前进的步伐。

（一）滇中线路

滇中线路涉及昆明市、玉溪市和楚雄彝族自治州三个行政区域，该区域内拥有独特多样的自然旅游资源和以彝族和花腰傣为代表的原生态少数民族文化旅游资源，属“滇中大昆明国际旅游区”的核心区域。

（二）滇西北线路

滇西北线路在云南和全国，乃至世界范围内都有着极高的声誉，该线路涉及大理白族自治州、丽江市、迪庆藏族自治州和怒江傈僳族自治州地域，是少数民族和少数民族文化富集的地区，各民族都有自己古老的与众不同的历史文化传统。在衣食住行、节日庆典、城建民居等各方面均有独特的表现，尤其以文化丰厚的白族风情、源远流长的纳西风情、炽热奔放的藏族风情、刚毅深邃的傈僳族风情、鲜为人知的独龙族风情、神秘独特的纳西族摩梭风情独具特色。

（三）滇西线路

滇西线路跨越德宏傣族景颇族自治州和保山市，该线路上多民族文化、地域文化异彩纷呈。保山的腾冲是中国十大魅力名镇之首，和顺侨乡风光无限，德宏集边境、口岸、民族、热区为一体，自然环境优美，民族文化资源丰富，被誉为“孔雀之乡”“玉石之乡”“葫芦丝之乡”“目瑙纵歌之乡”。

（四）滇西南线路

滇西南线路涉及临沧市、普洱市和西双版纳傣族自治州，生态环境良好，是著名的“南方丝绸之路”通道和古老的“茶马古道”的发源地，也是云南省少数民族聚居区，是我国少数民族风情最为浓郁的旅游区之一。

（五）滇东南线路

滇东南线路涉及曲靖市南部、红河哈尼族彝族自治州、文山壮族苗族自治州及昆明市的石林彝族自治县和宜良县。该线路上山水独特（喀斯特地貌），历史人文积淀深厚，民俗风情旅游与山水风光游互为一体。

（六）滇东北线路

滇东北线路尤其以“古道雄关名城”闻名，主要涉及昭通市、曲靖市部分区域、昆明东川区。

项目小结

民俗是指民间风俗，是一定地域的特定人群在长期的共同生产实践和社会生活中形成并世代相传的生活方式，它是一种较为稳定的文化事象。风情是民俗的诗化和叠用强调，所以，民俗风情也称风俗民情、风土人情。

民俗风情包罗万象，概括起来可以分为物质民俗、社会民俗、精神民俗、语言民俗四部分。民俗风情一般具有集体性与类型性、民族性与地域性、传承性与传播性、稳定性与变异性、原始性与神秘性等基本特征和教化功能、规范功能、娱乐功能、审美功能、维系功能等社会功能。

云南民俗风情包罗万象，多姿多彩。云南民俗风情旅游资源内涵丰富，类型多样，包括建筑民俗风情、饮食民俗风情、服饰民俗风情、婚恋民俗风情、歌舞娱乐民俗风情、节日民俗风情、宗教信仰民俗风情、礼仪禁忌民俗风情、工艺美术民俗风情九大类。云南民俗风情旅游线路开发以区域为单元，同时依据云南各地区民俗风情的特征和富集程度，形成滇中、滇西北、滇西、滇西南、滇东南和滇东北六大线路。

关键词

民俗风情　民俗风情旅游　云南民俗风情旅游线路

练习与实训

一、单项、多项选择题

1.“美教化，移风俗”是指民俗风情具有的（　　）。

A. 维系功能　B. 审美功能　C. 规范功能　D. 教化功能

2. 民俗风情具有以下哪几种功能？（　　）。

A. 维系功能　B. 审美功能　C. 规范功能　D. 教化功能

3. 民俗风情旅游有哪些方面的价值？（　　）。

A. 经济价值　B. 社会文化价值

C. 审美娱乐价值　D. 文化传承价值

4. 云南省人口在 5 000 以上的少数民族共有（　　）个。

A. 52　B. 25　C. 15　D. 26

5. 云南民族的起源可追溯到原始民族社会时期的（　　）三大族群。

A. 氐羌　B. 百濮　C. 傣族　D. 百越

6. 云南民俗风情具有鲜明的个性特征，即（　　）。

A. 多样性　B. 包容性　C. 乡土性　D. 亲和性

二、判断题

1. 民俗与民俗风情具有相同的含义。（　　）

2. 一个民族的民俗是由这个民族中的某个精英人物创建的。（　　）

3. 民俗风情与旅游之间具有相互促进关系。（　　）

4. 丰富性是云南民俗风情旅游资源的重要特点。（　　）

三、思考题

1. 民俗风情旅游有哪些价值？

2. 民俗风情与旅游之间的关系是什么？

3. 简述云南民族的构成。

4. 云南民俗风情的特点是什么？

5. 旅游视野中的云南民俗风情包括哪些方面？

6. 简述云南民俗风情旅游线路。

四、实训

（一）任务名称

云南民俗风情考察

（二）任务目标

1. 增加对云南民俗风情的感性认识，从而提高学习的兴趣。

2. 使学生认识民俗的作用、价值，增强理解能力。

（三）任务要求

以学习小组为单位，以当地民俗为对象，开展民俗调研活动。

（四）任务实施

1. 对所教班级进行分组，每组6～8人为宜。
2. 小组讨论，设计调研方案。
3. 根据调研方案开展调研活动。
4. 整理调研素材，撰写并修改调研报告。

（五）成果考核

1. 各组提交调研方案和调研报告。
2. 教师根据提交材料评分，并纳入学生平时成绩。对于优秀的材料，供全班交流、学习和讨论。

推荐阅读书目

1. 苏丽春，李艳．云南民俗风情与旅游．昆明：云南大学出版社，2005。
2. 施惟达，段炳昌，等．云南民族文化概说．昆明：云南大学出版社，2004。
3. 罗明义．云南旅游“二次创业”发展战略及规划．昆明：云南大学出版社，2006。

项目 2 PROJECT

云南建筑民俗风情

学习目标

通过学习，你应该能达到：

1. 了解云南建筑民俗的起源与发展；
2. 熟悉云南建筑民俗的特点；
3. 掌握云南建筑民俗的类型及其中独具特色的一些建筑物。

学习建议

在本项目学习过程中，同学们应当结合本项目后面提供的推荐阅读书目有选择地阅读学习，还可以通过电视、网络等多种渠道更全面地学习和了解云南的建筑民俗风情，有条件的同学还可以到云南民族村、大理、丽江、西双版纳等云南民族聚居地区亲身观察和体验云南的建筑民俗风情。

TASK 任务 1

云南建筑民俗的起源及特点

案例导入

云南的自然条件十分复杂。南部地区位于北回归线附近，西北面是青藏高原，形成了西北部高、南部和东南部低的地势。全省山地和高原约占总面积的93%，其中山地占80%以上，海拔最高的地方是德钦县梅里雪山的卡格博峰，海拔6 740米，最低的是河口市，海拔76米，高差有6 664米。滇南、滇东南属热带和亚热带气候，而滇西、滇西北则属温带和寒带气候。所谓："一山分四季，十里不同天""山腰百花，山顶雪，河谷炎热穿单衣"，这是云南山区气候的真实写照。这样的地理和气候在全国也是少有的。

思考：

1. 地理与气候对各民族建筑是否有影响？
2. 试举例说明云南民族建筑与地理气候的相关性。

云南历史悠久，民族众多，建筑各具特色、丰富多彩，是各民族人民智慧和创造力的象征，是一份厚重而珍贵的历史文化遗产。“如果说建筑是凝固的音乐，云南民族建筑就是一部丰富华美、多彩凝固的交响乐章。”

一、云南建筑民俗的起源

1. 建筑来源于人类对居住和生活场所的实际需要

最初的建筑是原始人利用天然空间，为自己解决生存和安全需要的场所，以躲避风雨和毒蛇野兽的伤害。这时居住分为“穴居”和“巢居”两种主要的形式，中国古文献中对此多有记载。《周易》中有“上古穴居而野处，后世圣人易以宫室，上栋下宇，以待风雨”的记载。《韩非子·五蠹》中写道：“上古之世，人民少而禽兽众，人民不胜禽兽虫蛇，有圣人作，构木为巢，以辟（避）群害。”晋代张华《博物志》载：“南越巢居，北朔穴居，避寒暑也。”随着人类的发展和技术水平的提高，人们开始建造由基础、墙壁、屋顶等构成的建筑物。这样，人类的居住逐渐进入了人造空间阶段。

2. 建筑来源于宗教信仰

云南各民族中有以祖先崇拜、自然崇拜、灵魂崇拜、图腾崇拜和鬼神崇拜等为主的原始宗教信仰，也有伊斯兰教和佛教信仰。透过少数民族地区的村寨、民居、室内设施、建筑装饰等，可以看到他们各种宗教的观念和审美情趣，以及对多子多福、人畜兴旺、风调雨顺、人寿年丰的祈求。

3. 建筑来源于人类对精神与文化的追求

人类的建筑不仅仅是出于生存的需要，而且还源于人类对生活的热爱、对美的追求，同时也成为文化的载体。“建筑就是凝固为物体的人生。人生在客观事物中体现得最全面、最完整、最生动具体的，莫过于建筑。”它不仅是民俗生活的场所，也是民俗文化活动的空间和场所。它反映着特定民族的社会观念和审美观念，因注重伦理、调和礼乐而成为民族精神、民族文化的一种表现。

4. 建筑受地理、气候、风俗文化等因素的影响

云南各民族的建筑大都因地制宜，反映出各民族、地区、风俗、时代的特点与生活理念，与自然环境融为一体，体现出天人合一的形态和内涵。从云南民族建筑的多元性中，即可看到云南各民族依地理位置、地形地貌、气候特征、材料资源等不同而创造出适合当地环境的居住形式，或古朴自然、或典雅恬静、或大气壮观。

二、云南建筑民俗的发展与构型

从新石器时代和青铜器时期的文化遗址看，早在几千年前，云南各民族的先民们在不同地方创造了各种各样的居住形式，建筑的功能和造型不断发展，体现出不同的建筑文化。

1. 半地穴式住房

在人类住房的起源上，原始时期的各族先民，出于生存的本能，天然的洞穴便是最早的选择和直接的利用。由于自然和社会的因素，使人们不得不对所栖身的空间进行调整，原始先民在劳动中借助简陋的工具，利用自然条件开始建造原始的穴居空间，这样半地穴式住房产生了。半地穴式住房遗址在云南大理的马龙等地也有发现。

2. 巢居

早期人们选择巢居作为栖身空间，是因为受“禽兽多、地卑湿”的自然环境的逼迫，以至于除了人口多的大族群居住在地面上以外，其他的不得不栖居树上来保证安全。在云南沧源崖画中，我们可以看到这种古老的巢居形式。它表现出当时人们已利用大树杈为房柱，把住屋建在树上，并以绳梯或长梯上下。

3. 黏土木结构住房

早在新石器时代中期的河谷台地遗址中，云南建筑中就出现了地面起建的黏土木结构住房。宾川白羊村遗址共发现距今大约有 4 000 年的房址 11 座，均为长方形地面起建的黏土木结构住房，可以认为这种平顶式的木胎泥墙房屋是后来云南流行的土掌房的原始形态。

4. 干栏式建筑

干栏式建筑在云南青铜器文化遗址中分布较广。从晋宁石寨山、江川李家山、祥云大波那等地出土的情况看，战国至西汉，在云南这块古老的土地上，已有规模较大的干栏式房屋建筑。历经几千年的发展，在今天的云南民族居民中，干栏式建筑仍然是最为普遍的一种形式。干栏式建筑一般为上、下两屋结构，底层架空，上层住人，下养家畜。

5. 井干式建筑

把半地穴式住屋前面单排的木制隔栅墙，以同样的方式和方法移至平地而建，四面围合，于是便形成了方形的板屋，即建筑学上所谓的“井干式”住屋。云南晋宁石寨山出土的贮贝器、铜器的纹样上，可以看到有井干式房屋的样式。井干式房屋由三部分组成：下层为四方形框架，其上用土块铺成平台；中层为井干式建筑的墙壁；房顶为“长脊短檐式”。

总之，云南各族先民至迟在西汉以前，因地制宜，逐渐创造并发展起以上具有浓厚地方特色的住房模式。

三、云南建筑民俗的特点

1. 多样性

云南民族建筑丰富多彩，民族的多样性、文化的多元性、地理的差异性、社会经济发展的不平衡性等形成了不同形式、不同风格的民族建筑，特别是形成了丰富多彩的各民族民居。在云南的建筑群中有：民居建筑、宗教建筑、官署、园林、学宫等，在民居建筑中具有代表性的有傣族的“干栏式楼房”、汉族的“一颗印民居”、白族的“三坊一照壁”，等等。

2. 地域性

不同民族所处的地理位置和生态环境基本上决定了他们的建筑特别是民居建筑的不同。生态环境包括地形地势、气温、降水、森林植被等，它们对民族建筑的选址、平面布局、取材、结构方式、造型等都有直接的影响。例如，滇西北一带的山区海拔高，生活在这里的普米族、纳西族、怒族等的房屋建筑形式主要是井干式即木楞房的形式。处于滇南的元江坝子，属于干热地区的彝族、哈尼族人民则创造了独具特色的土掌房。

3. 民族性

在云南这片红土地上生活着 26 个民族，各民族都有自己鲜明的文化传统，有自己的信仰、观念、风俗习惯，存在很大的文化差异，作为建筑大都传承着自己本民族的特色。例如，从事稳定农耕民族的民居建筑追求稳固长久。而主要从事游耕或游牧的民族，因为生产和生活的不稳定性，他们的建筑则以简便为佳。

4. 古朴性

云南地面建筑的发展源远流长，至今已有两千多年的历史。云南民族建筑简单、自然、稳重、朴实，具有鲜明的原生性、古朴性等特征，依势建房、就地取材，充分反映了各民族人民与自然的和谐状态。

5. 融合性

随着社会的发展，云南各民族的建筑相互影响、相互吸收、相互融合，这当中既有对中原建筑文化的吸收，也有对外国建筑文化的兼容并蓄，显现出巨大的包容性。如“一颗印住屋”就属于吸收中原建筑特征的汉式建筑。

TASK 任务2 云南民居建筑

案例导入

一提起干栏式建筑，立即使人想起体态轻盈、形式独特的西双版纳傣族竹楼，似乎“竹楼”就是干栏式建筑的代称。事实上，干栏式民居是居住于滇西、滇西南和滇南等气候湿热地区的傣族、壮族、哈尼族、傈僳族、拉祜族、布朗族、景颇族、德昂族、佤族、怒族、基诺族、瑶族、独龙族等十余个少数民族民居的主要建筑形式，如图2－1所示。

图2－1　云南民居建筑

思考：

1. 竹楼指的就是傣族这个民族的居住形式吗？
2. 干栏式建筑有何特点？

一、竹楼

西双版纳、德宏傣族的竹楼是典型的干栏式建筑。竹楼多为方形，建筑材料以竹、木为主，覆盖材料为草排或缅瓦。竹楼分上、下两层，上层为居住层，有堂屋、卧室，外有开放的前廊和晒台，楼下架空。堂屋中设火塘，供日常饮食、待客。卧室为一大通间，在楼面上铺垫、挂帐，席地而卧。傣族一般不欢迎外人进入卧室。屋顶为歇山式，脊短，坡陡，下有披屋面（即偏厦），有重檐屋顶遮阳挡雨。一般开小窗或没有窗户，墙及楼板多缝隙，可以通风，达到了室内阴凉的效果。竹楼的下层为畜圈或堆放杂物。竹楼基本无装饰，把没有人工雕琢的环境美和朴素的干栏形体融为一体，显得轻盈、活泼、自然。

二、大房子

基诺族主要聚居在云南西双版纳的基诺山一带。基诺族的干栏式大房子其平面布局集中反映了父系氏族大家族的特征。家中的成年男子及其配偶和未成年子女共同组成一个“火塘”家庭，在统一的家长统领下，共同居住（每家可拥有一间正房，一个火塘），共同生产，共同消费，所以称“大房子”。大房子皆干栏式建筑，呈长方形，梁、柱为木结构，四壁用竹篾围起，房顶用茅草排铺盖。室内无窗，白天光线很暗。其平面布置为双排房，双走道，中间设火塘，火塘的数目等同于个体家庭的数目。房屋两端有入口，门外设有展台，以作晾晒粮食、衣物等用，另外，在大房子外面还分别建有仓库、柴房、饲料房、畜圈等辅助建筑。

三、“一颗印”民居

“一颗印”民居属汉式合院体系，由正房和厢房组成，瓦顶土墙，平面和外观方正如印。其总体特点为住屋方正匀称，平稳朴实。民间称“一颗印”民居为“三间四耳倒八尺”。即正房为三间，两侧厢房（又称耳房）各有两间。与正房相对的倒座，其进深限定为八尺（约2.64米），有楼。这种平面殿堂紧凑，大门开在中轴线上，一进门的迎面处设有木屏风一道。由于“一颗印”民居小巧、适应性强，深受昆明地区的汉族喜爱，同时也使聚居其附近的彝族、回族、蒙古族（通海）的住屋，表现出对“一颗印”形式的借鉴和发展。

四、“三坊一照壁”

大理白族民居的典型代表“三坊一照壁”属汉式合院体系，是云南本土建筑最早接受汉文化的表现。所谓“三坊一照壁”，即在纵轴上建筑正房，正房两边安置厢房，与正房形成“门”字状，再面对正房建一照壁与厢房相连接，构成“三坊一照壁 ”的封闭式院落。

“三坊一照壁”在建筑上，通常使用当地盛产的鹅卵石来砌墙，因此有“大理有三宝，石头砌墙墙不倒”的说法。庭院内种植各种花草树木。民居斗拱重叠、雕梁画栋，富有鲜明的民族风格和地方特色。

五、平顶碉式建筑

平顶碉式建筑是以迪庆藏族民居为代表的一类颇具特色的建筑样式。其构造为平顶土墙，墙体下厚上薄，外形下大上小，正面朝阳，远看像布达拉宫的缩影。藏式民居多为三层，最高达五层。底层作为畜厩，二楼作住房、厨房、仓库，三层为经堂。设在二层楼房上的火塘，是待客、用餐、休息的地方。火塘上方因靠墙绘有八宝吉祥图案，是藏族家庭中最为尊贵的地方。白、红、黑三色是藏族民居的主要色彩，象征天、地、人。藏族平顶碉式建筑的平面布局外观精美，体现出浓厚的宗教意味。

六、土掌房

土掌房主要流行在云南中部哀牢山、无量山的广阔山区，这里的彝族村寨多修建于海拔2 000 ~3 000 米的山区。土掌房的结构是用木梁承重，四周夯土为墙或垒石、土坯墙，内隔墙用木板或土坯。木梁上架横梁和檩条，上面铺木板或劈柴，其上再铺柴草和黏土，拍打严实，即可防雨防寒。土掌房有正房、厢房之分，正房为三开间两层楼房，厢房为平房。火塘在彝族的民居中占有重要的位置。它是家庭生活的中心，也是家庭的象征。彝族人认为火塘与家人的命运祸福有密切关系。

七、木楞房

木楞房是云南丽江、迪庆、怒江、大理、楚雄等地区普米族、纳西族和部分怒族、藏族等民族的井干式木结构民居建筑，其中以普米族和纳西族的井干式建筑最具代表性。

兰坪老君山和宁蒗牦牛山一带的普米族居住的木楞房，是以圆木（或方木）在方形平面的四个边上从底到顶层层摞叠起来，然后再加顶盖而成，从屋檐向屋脊一层一层搭成人字形屋顶。每户由正房、面房、厢房围成能做晒场的院落。正房中央竖一大柱，称擎天柱，意为神灵所在之处，有祖先神灵护佑的意思。在屋内右方设火塘，是房屋的中心，是全家人活动的主要场所。火塘旁边是老人专用的“高火床”。厢房和门楼都是两层，上层住人，下层圈养畜禽，放杂物、干草。大门外挂有牛、羊的头骨，为避邪之物，象征财富和美好生活。

TASK 任务3 云南宗教建筑

案例导入

为吸引游客，中国目前出现争造大佛之风，佛像越造越大。在这种攀比风的影响下，新建造的大佛一个比一个高，纪录一次次被刷新。例如，香港的天坛大佛高度仅34 米，还不到目前一些大佛的膝盖，而河南鲁山县却建造了一座总高208 米的大佛。还有其他几座佛像高于天坛大佛，而且名单还在增加，包括江苏省的一座88 米高观音像、安徽省99 米高的地藏菩萨像和江西省48 米高的阿弥陀佛像。

思考：

我国增建大佛的目的是什么？你对此现象有何看法？

在中华人民共和国成立前，云南各民族的社会政治、经济、文化等各方面的发展极不平衡，云南的宗教信仰丰富多彩，既有自然崇拜、祖先崇拜、巫术信仰，也有外来的宗教信仰。云南各民族的社会形态被称为“活的社会发展史”。与之相应，各种形态、风格各异的宗教建筑纷纷出现。

一、原始宗教建筑

由于社会经济发展水平的不平衡性，云南许多民族中至今仍保留着一些原始宗教建筑。其中，较有代表性的有祭坛、柱、竹王祠等。

1. 祭坛

祭坛是已知的最早的祭祀建筑。“坛”是在平坦的地面上用土或砖石堆筑的露天高台，是用于礼仪性或宗教性祭祀活动的场所，主要用于祭拜自然神。云南许多民族均有原始祭坛。例如，哈尼族每年二月有祭寨神仪式。村民们选一棵最笔直、最茂盛的大青树作为“神树”，祭坛便设在“神树”前方。

2. 柱

柱是一种标志性的建筑，柱崇拜的目的是通过祭祀来消灾求福、以柱纪功、祖先崇拜、划分疆界等。从建筑的材料来看，柱崇拜中的“柱”有石柱、铜柱、铁柱甚至木柱。

柱崇拜曾经在云南各民族中特别是彝族、白族中占据着重要且神圣的位置。大理一带是云南柱崇拜文化氛围异常浓厚的地区。现在，大理弥渡县城南铁柱庙内还矗立着著名的“南诏铁柱”，这就是南诏前及南诏时期柱崇拜的实物例证。

3. 竹王祠

云南民族原始宗教建筑中还有一些较为原始的祠庙——竹王祠。云南彝族中普遍存在对竹子的崇拜。不少地方传说彝族的祖先是从竹或因竹而繁衍起来的。云南许多地方的彝民遇妇女不育，有向山竹祭献祈祷的习惯。

二、佛教建筑

中国佛教的三大分支，即汉传佛教（北传佛教）、藏传佛教和南传佛教在云南都有流传并产生过重大影响。在佛教信仰兴盛时期，出现了大量的佛教建筑，形成了寺庙广布、佛塔林立、风格各异的繁盛景象。佛教建筑中最有代表性的有两类：一为寺庙，二为塔、幢。

（一）寺庙建筑

图 2－2　圆通寺

1. 圆通寺

圆通寺位于昆明市区圆通街，是昆明最古老的佛教寺院之一，已有 1 200 多年的建寺历史。它始建于唐朝南诏时代，初名补陀罗寺，后毁于战火。元代延祐年间（1301—1319 年）重建，更名圆通寺。寺坐北朝南，沿纵轴有山门、牌坊、前殿、八角楼、大殿、藏经楼等主体建筑。布局严谨对称，显得庄严富丽。圆通寺有高大壮观的圆通胜景坊、圆通宝殿、八角亭，有我国内地目前独一无二的一座上座部佛教佛殿——铜佛殿。寺内青山、碧水、红亭、朱殿交相辉映，形成园林、景色和宗教寺庙融为一体的佛教圣地。圆通寺在建筑上体现了典型的佛教风格，堪称中国佛寺中的上乘之作。如图 2－2 所示。

2. 鸡足山寺群

鸡足山是我国著名的五大佛教圣地之一，位于大理宾川县城西北30公里处，以耸入云霄的天柱峰为中枢，前列三峰，后拖一岭，因形如鸡足而得名。鸡足山佛教历史悠久，相传，释迦牟尼“十大弟子”之一的迦叶，曾持金镂僧衣，携舍利佛牙，来此设置宣讲佛法的“道场”，后“入定”于华首门。鸡足山的佛教建筑肇始于唐，继于宋元，盛于明清，直至民国仍有增修。在清康熙时已有大寺8座、小寺34座、庵院65所、静室170余所、寺僧5 000余人，高僧辈出。鸡足山的寺院布局，遵循顺应自然地势地形的原则。鸡足山寺庙建筑群规模宏大，从上到下有金顶寺、太子阁、迦叶殿、祝圣寺等庙宇。其中，最负盛名、保存最好的寺是祝圣寺，它是清代高僧虚云和尚得到资助而建盖的；海拔最高的寺是金顶寺，是1929年国民党云南省政府主席龙云拨巨资兴建的。佛教圣地鸡足山，香烟缭绕，梵音悠扬，名播东南亚，是著名的旅游胜地。

3. 归化寺

归化寺又名噶丹·松赞林寺，位于迪庆藏族自治州中甸县城西北约4公里的佛屏山麓。该寺始建于明代，仿拉萨布达拉宫的形制和规模而建，规模宏大、建筑精美，被喻为“小布达拉宫”，是云南藏传佛教建筑的代表与典范。

整座寺院占地500亩（约33.33万平方米），依山而建，层叠而上，形成椭圆形城垣。开设扎雅、独肯、东旺、绒巴、鲁古五道城门。布局上，扎仓、吉康两主寺居于最高点，坐北向南，为四层藏式碉房建筑。寺中收藏的文物，有精美的金佛像，有达赖五世馈赠的五彩金汁精画唐卡16轴，有各种藏文经籍，还有精美的壁画。建筑物的外墙尽染赭色，屋顶镀金铜瓦，远远望去，熠熠生辉，无比辉煌。

4. 景真八角亭

景真八角亭位于西双版纳勐海县城西约14公里的景真山上，是南传佛教建筑中的佳作之一，是当地众僧讲经、议教、忏悔和晋升佛爷的场所。八角亭始建于傣历1063年（1701年），为砖木结构，呈八角形状，平面形式为十六角形。亭通高15.42米，宽8.6米，由亭基、亭身、亭顶三部分组成。亭身外刷土红色泥料，墙壁上刷有金银粉，并绘成各种图案，还镶嵌有彩色玻璃片，在阳光的照射下闪闪发光、耀眼夺目。八个亭角偏厦，自下而上宛如千瓣莲花。景真八角亭造型玲珑华丽，装饰精美，具有较高的历史价值和艺术价值，是我国小乘佛教建筑中的一件精品，也是古代西双版纳傣族建筑水平的一个标志，1988年被国务院公布为全国重点文物保护单位。

（二）佛塔建筑

云南佛塔大致可分为汉式佛塔、喇嘛塔和傣式佛塔三大类，其中又以汉式佛塔和傣式佛塔为多。云南的佛塔建筑以大理地区的古塔和傣族地区的缅塔最具代表性。

1. 大理崇圣寺三塔

崇圣寺三塔位于大理古城西北约1公里处，是南诏国和大理国时期建筑的一组颇具规模的佛教寺庙，位于原崇圣寺正前方，呈三足鼎立之势，故名。三塔中主塔居中，名千寻塔，全称“法界通灵明道乘塔”，为方形密檐式砖塔，通高69.13米，共16层，为我国偶数塔中层数最多者，颇为雄壮。塔的底部镶嵌着镌刻在大理石上的“永镇山川”四个大字。南北二小塔在主塔之西，与主塔等距70米，南北对峙。三座塔通体涂白色灰泥，显得素朴大方。在这里，塔被古代大理人民赋予了崇佛和镇龙的双重意味，体现出他们追求美好生活的良好祈愿。

2. 官渡金刚塔

官渡金刚塔位于昆明市官渡古镇，亦名妙湛寺石塔，建于明天顺元年（1457 年），是国内现存十座金刚宝座塔中，建筑年代最早的古塔。1996 年被国务院公布为全国重点文物保护单位。官渡金刚塔独具特色，风格与众不同，是我国唯一一座全部用砂石砌成的宝塔。整个塔身两头粗、中间细，下半部有七圈莲瓣，如台阶样层层收缩。塔身之上是方形须弥式塔脖子，塔刹上十三天相轮，再上为石制圆光，刹顶为宝瓶、宝珠。整座塔式样古朴典雅，风格独具特色，在基座上大书诸神的神秘咒语，具有典型的密教佛塔色彩。

3. 曼飞龙塔

曼飞龙塔位于云南省景洪市勐龙镇曼飞龙寨的后山顶上，该塔建于傣历 565 年（1203 年）。曼飞龙塔属砖石结构，塔基为八角形须弥座，由主塔和八座小塔组合而成。主塔居中，通高 16. 3 米；小塔通高 9. 1 米，均为实心。在正南向龛下的原生岩石上，有一人踝印迹，传为释迦牟尼的足迹，因而兴建此塔。曼飞龙塔，是一座金刚宝座式的群塔。曼飞龙塔已于 1988 年被国务院公布为全国重点文物保护单位。

三、道教建筑

道教在魏晋南北朝时期传入云南，唐代有所发展，元、明、清三朝，道教在云南各地得到广泛传播和发展，许多地方修建了不同规模的道教宫观。云南著名的道教建筑主要有：

1. 金殿

金殿坐落在昆明城东北郊景色秀丽的鸣凤山上。金殿创建于明万历三十年（1602 年），现存为清初平西王吴三桂所建。金殿为重檐飞阁仿木结构方形铜殿建筑，铜殿重 250 吨，殿高 6. 7 米，宽、深各 6. 2 米，殿身立圆柱 16 根，为宝装莲花柱基。殿中供奉有五尊鎏金神像。金殿包括梁柱斗拱、瓦楞顶檐、神像罗幔、桌案瓶器、匾楹旌旗等都是用铜铸成，是我国现存最大的纯铜铸殿。金殿历经数百年风吹雨打仍巍然屹立，耀眼夺目，反映出两三百年前云南铜矿开采、冶炼和铸造水平已十分精湛，是中国重点保护文物。

2. 巍宝山道教宫观群

巍宝山坐落于大理巍山彝族回族自治县城东南约 10 公里处，是全国 14 座道教名山之一，道教历史悠久。巍宝山的道观殿宇建筑可分前山、后山两大部分。前山有准提阁、甘露亭、报恩亭、龙潭殿、主君殿、玉皇阁、老君殿、观音殿、斗姥阁，后山建有三清殿、含真楼、培鹤楼、祖师阁、长春洞等建筑。大多数宫观都建于明清时期。现存的殿宇宫观整体上显得布局谨严、格式整齐。多数宫观在建筑中遵循顺应自然的原则，充分利用自然地势依山而建。其中，以巡山殿、文昌宫、玉皇阁、青霞宫、培鹤楼、长春洞等最富特色。近年来，随着宗教信仰自由政策的落实和旅游事业的发展，巍宝山庙会、传统的洞经音乐会和彝族歌会也恢复兴旺起来了。

四、伊斯兰教建筑

伊斯兰教约在元代大规模传入云南，其宗教建筑——清真寺开始在云南出现。云南的清真寺一般采用传统的合院式布局。既有采取中国传统土木结构殿宇式建筑式样的，也有保留伊斯兰建筑中圆顶、尖塔、球形、拱形结构的，但规模不太大，大殿多坐西朝东。云南现存较著名的清真寺主要有：

1. 昆明顺城街清真寺

该寺位于云南省昆明市顺城街，是昆明地区最大的一座清真寺，是市区内伊斯兰教进行宗教活动的重要场所。据传始建于明洪熙元年（1425 年），后几经重建或扩建，现占地面积约 1 万平方米。礼拜大殿——朝真殿为横列围廊式歇山顶建筑，面阔五间，进深三间。殿内矗立金柱 2 行，侧墙上有壁橱，用于置放经典。殿外四周设双步廊沿，宽 4 米。殿前右侧为二层楼房，设有教室。左侧为新建办公楼房。右侧厢房东面小院用作沐浴室和殡仪馆。整座清真寺布局严谨、古朴庄重、典雅大方。现为云南省伊斯兰教协会和昆明伊斯兰教经学院所在地。

2. 通海纳家营清真寺

该寺坐落在云南省通海县纳古回族自治乡。据传该寺为 13 世纪末任云南行省平章政事的纳速拉丁主持肇建。清康熙年间（1662—1722 年）有所扩建。因依山势而筑，故分为五层次：第一层是石坊山门，第二层称“二天楼”，第三层是小月台，第四层是礼拜大殿，第五层为殿前大月台。全寺建筑面积约 1 万平方米。礼拜殿分前殿、中殿与后殿，顶部建成大圆顶望月楼，为阿拉伯建筑风格。3 殿栉比贯通，可容 1 700 多人聚礼。寺内厢房均为教室和学生宿舍。该寺是纳古穆斯林的宗教活动和教育中心。

五、基督教建筑

鸦片战争以后，西方传教士纷纷进入云南，先后在昆明、大理和边远少数民族地区建起了一些本土化色彩浓郁的教堂。云南各地的基督教教堂主要有：

1. 昆明三一圣堂

三一圣堂，始建于 1903 年，位于昆明市原武成路 218 号。2003 年重建，新教堂位于人民中路 188 号，更名为“三一国际礼拜堂”，成为云南省基督教“内地会”活动中心。教堂综合楼为哥特式建筑风格，建筑面积为 4 018 平方米，其中新教堂设于教堂综合楼的 1 ~ 3 楼，建筑面积 2 000 平方米。4 ~ 7 楼为云南省基督教“两会”的事务中心。

2. 德钦茨中教堂

茨中教堂，原址在云南省德钦县燕门乡的茨姑村，法国传教士于 1867 年（清同治六年）修建，占地约 10 亩（约 6 666. 67 平方米），总建筑面积达 1 386 平方米。2006 年，茨中教堂被国务院公布为全国重点文物保护单位。茨中教堂建筑中西合璧，主次得体，包括大门、前院、教堂、后院以及地窖、花园、菜园和葡萄园等，结构紧凑，规模壮观。教堂坐西向东，为砖石结构哥特式建筑，整体呈十字形。正面为高大的钟楼，钟楼的上部为中式飞檐瓦顶，但它顶端竖立着十字架。屋面用琉璃瓦覆盖。茨中教堂是西方建筑风格与我国的藏族、汉族、白族等民族建筑风格相结合的典范，具有较高的历史和艺术价值。

TASK 任务4 云南城市建筑

案例导入

近年来，不管是新区开发还是旧城改造，新一轮城市建设和旅游开发大吹“复古风”，越来越多的仿古街、仿古建筑如雨后春笋般冒出，且愈演愈烈。究竟是为了追求历史沧桑感，凸显城市的历史文化符号，还是为了商业开发等功利意图，通过改头换面把城市推向影视化、布景化的虚拟氛围之中？

思考：

你认为城市建筑的“复古风”有何利弊？

云南的城市建筑历史悠久、各具特色，往往因地制宜，同时受各民族传统建筑文化的影响，形成与自然环境和谐、与民族文化共融的景象。云南现有15座历史文化名城，包括昆明、大理、丽江、建水、巍山5座国家级历史文化名城和腾冲、威信、保山、会泽、漾濞、剑川、广南、孟连、石屏、香格里拉10座省级历史文化名城。

一、昆明金马碧鸡坊

图2-3 金马碧鸡坊

金马坊与碧鸡坊位于昆明金碧路，最早建于明代宣德年间，金马碧鸡坊毁于1966年，1999年重建。为两座木结构斗拱牌楼，东称金马坊，西称碧鸡坊，两坊各宽三楹，下面可通车行人。牌坊上金马碧鸡四字为呈贡书法家孙清彦楷书，贴以金箔，与整座牌楼的丹漆彩绘相映，雄浑壮丽，金碧辉煌。相传在相隔60周年的鸡年，到了中秋节的傍晚时分，当太阳西下、圆月东升时，两坊正面相对而日月光亮相射，金马碧鸡坊的倒影随光移动而结合，这就是“金碧交辉”，被称为昆明八景之一。如图2-3所示。

二、大理古城

大理，又名叶榆城、紫城，简称榆城，位于点苍山中和峰东麓美丽的大理坝子之中。大理古城，始建于明代，素有“文献名邦”之称。古城悠久的历史留下了许多重要文物古迹，归纳起来可称为“三古”即古城、古塔、古碑。古城有太和城、羊苴咩城，大厘城（今喜洲镇）、龙尾城（今下关）、大理城；古塔有崇圣寺三塔、弘圣寺一塔、蛇骨塔、鱼骨塔；古碑有南诏德化碑、元世祖平云南碑、五华楼碑群、山花碑等。用鹅卵石砌墙亦是古城建筑的特色。俗谚云：“大理有三宝，鹅卵石墙不会倒。”城内房屋店铺一般楼层较低，多为两层木构架楼房，充满古朴气息。著名的“洋人街”上的西餐厅、咖啡屋、画廊、扎染服装店、大理石工艺品店……形成了餐饮与民族文化一条街。

三、丽江古城

丽江古城始建于南宋末年，具有800多年历史，面积约3.8平方千米。古城充分利用山川地形及周围自然环境，布局以四方街为中心，街道和住屋向四面八方辐射开去，又和无数小巷相通相连，路面都以丽江彩石板铺成，三水入城，穿街过巷，清水洗街，构成“小桥流水人家”的优美画面，显得古朴洁净。丽江古城不建城墙，据说是由于木氏土司的忌讳，因为筑城墙等于“困”字，其意不佳；一说丽江地处江湾腹地，有四环大山和金沙江作天然屏障，没有必要筑城墙。“三方一照壁，四合五天井，走马转角楼”式的瓦屋楼房鳞次栉比，被中外建筑专家誉为“民居博物馆”。古城居民素来喜爱种植花木培植盆景，使古城享有“丽郡从来喜植树，山城无处不飞花”的美誉。丽江古城文物古迹众多，文化蕴含丰厚独特，是我国保存最完整、最具民族风格的古代城镇。

四、建水古城

建水历史悠久、文化发达，有“滇南邹鲁”之美誉。最早为南诏时修筑的土城，明洪武二十年（1387年）扩建为砖城。建水古城基本采用中原汉制城建格局。市区的中心大街为建中路和东正路，一线连通西正街、永善街，全长约5公里，两侧连通21条小街、巷道。建中路为东西向，横穿整个城市。各条街巷纵横交错，形成较规整秩序的方格网状布局。建水城内留存的古建筑颇多，被称为“古建筑博物馆”。有“三箭之地一寺，五箭之隔一庙，七里之遥一桥，八里之远一塔”之说。城内有开滇南儒家文化先河的文庙，有“小天安门”之称的朝阳楼，有滇南大观园之誉的朱家花园，有列入世界纪念性建筑遗产的团山民居，遍布城乡的古井、古塔、古桥，展示出一幅鲜活生动、非同寻常的历史画卷。

五、巍山古城

巍山彝族回族自治县位于大理白族自治州南部60公里处，海拔1 720米，山川秀丽，气候温和。巍山古城建制悠久，明朝正式建城，至今整座县城依然较为完整地保持了600多年前建城时候的棋盘格局，是中国保存最完好的明清古建筑群之一，古城内大街小巷纵横交错，呈标准的井字结构建设，共有25条街道，18条巷，全长14公里；以代表性建筑——拱城楼为中心，街道成井字状分布开来。古城内的民居多数是院落式的，保持了大理白族的“三坊一照壁”“四合五天井”土木结构的特色，大部分坐北朝南，北门外的两条街道是主要居住区，临街为铺面及大门。

TASK 任务 5 云南的官署、园林及学宫

案例导入

云南民族村位于昆明市郊滇池国家级旅游度假区内，背靠滇池，与西山森林公园、大观公园、郑和公园等著名风景区隔水相望，相映生辉，是展示云南各民族文化风情的窗口和旅游基地。民族村景区内建有民族特色村寨，景点内错落有致、风格迥异旖旎的自然人文景观与浓郁的民族风情融为一体，蔚为壮观，引人入胜。

思考：

简要分析云南民族村的建筑形式与特点。

一、孟连宣抚司署

孟连宣抚司署又称孟连土司衙署，位于云南普洱市孟连傣族拉祜族佤族自治县城西 1 公里的娜允村中，明永乐四年（1406 年）开建。清光绪五年（1879 年）重修。它代表了傣族世袭土司的统治，自明清延续到民国时期，历经 500 余年。孟连宣抚司署占地 1 万多平方米，融傣族、汉族建筑特色为一体。建筑群坐北朝南，由门堂、议事厅、正厅、东西厢房、厨房、粮仓等建筑组成。建筑均为木结构，主体建筑议事厅为傣族干栏式建筑，装饰部分采用汉族的斗拱、飞檐、雕刻、方格窗等建筑风格。另有大量附属文物。孟连宣抚司署是云南省唯一的一座傣汉合璧建筑群，也是云南省边疆民族地区土司衙署中保存较完整、规模最大的一座。2006 年被国务院批准列入第六批全国重点文物保护单位名单。

二、建水朱家花园

建水朱家花园位于云南建水县城建新街，为清代乡绅朱朝瑛兄弟所建的朱氏宗祠。始建于清光绪三十四年（1908 年），后经过扩建，成为滇南一座融合了园林建筑和民居宅第建筑的迷宫式建筑群，有“滇南大观园”之美誉。

朱家花园占地面积 11 000 平方米，建筑面积有 4 600 平方米。朱家花园中的许多建筑又带有浓郁的滇南地方民族特色。其主体建筑即典型的建水民居形制，呈“纵三横四”布置，为“三间、六耳、三间厅附后山耳、一大天井四小天井”并列联排组合而成的建筑群。朱家花园属私家园林，花园坐南朝北，入口为垂花大门。左侧沿街的 10 间“吊脚楼”与其后的“跑马转角楼”相连，是当年的账房和物资供给用房。右侧前为家族祠堂，后为内院。祠堂前有水池、水上戏台、亭阁、庭荫花木等。朱家花园内雅外秀、形制规整、布局灵活、环境清幽、结构统一，在丰富的形式中包容了深刻的文化内涵，是内地文化与边疆文化相结合的产物，具有较高的建筑艺术价值。

三、建水文庙

建水文庙，亦称孔庙，是祭祀孔子的场所。建水文庙位于云南建水县城内文庙北街，规模仅次于山东曲阜的孔庙。建水文庙始建于元泰定二年（1325 年），至今已有 600 多年的历史。文庙坐北朝南，占地 114 亩（约 76 000 平方米）。文庙采用南北中轴线对称的宫殿式，东、西两侧对称布置多个单体建筑。主要建筑有一殿、二庑、二堂、二阁、三亭、四门、五祠、八坊，规模宏大、布局得当、建筑精美。整座文庙共有六进院落，纵深达 625 米。文庙前门有一高达 9 米的“太和元气坊”。入内有椭圆形泮池，俗称“学海”。文庙正中为主体建筑先师庙，是专门供奉孔子牌位、祭祀孔子的正殿。建水文庙内立有元、明、清各时期的石碑，记载着历代祭祀孔子的情况。文庙看起来庄严、古雅。如图 2－4 所示。

图 2－4　建水文庙

阅读材料

傣族居住的竹楼，又称“很”，是由“烘哼”演变而来的。“烘哼”意译为“凤凰”，在远古时代，傣家人没有住房，而是栖身于山洞或深山老林，后来，有一个名叫帕雅桑目蒂的人用山草盖了一间平顶草房，但一遇雨天就无法居住。一天，正当帕雅桑目蒂为建房而苦恼时，一只凤凰冒着风雨飞来，凤凰扬起双翅，呈“人”字形，当凤凰低头拖尾时，人字形的双翅恰似一座两层楼房造型。于是，帕雅桑目蒂从中受到启示，按照凤凰淋雨的样子建造了如今这种高脚住房。这种楼房，既能避雨防潮湿，又能防野兽，他就给这种楼房取名为“很”。人们为了纪念帕雅桑目蒂，把“烘哼”改名为“很帕雅桑目蒂”，后来，随着住房建造格式增多，人们便把各种式样的竹楼统称为“很”。

项目小结

本项目主要阐述了云南建筑的历史发展概况和类型，云南各民族的建筑伴随着人类的活动而产生和发展，历史悠久，类型丰富多彩；还分析了云南建筑方面的特点；最后对其中特色较为鲜明、影响较大、对旅游者极具吸引力的相关民族建筑进行了较为细致的介绍。

关键词

竹楼　归化寺　金殿　孟连宣抚司署

练习与实训

一、单项、多项选择题

1. 云南民族建筑的主要特点有：（　　）。

A. 民族性　　B. 地域性　　C. 融合性　　D. 多样性

E. 古朴性

2. 宾川白羊村遗址共发现地面起建的黏土木结构住房房址 11 座，距今约有多少年？（　　）

A. 2 000 年　　B. 3 000 年　　C. 4 000 年　　D. 60 000 年

3. “大房子”是哪个民族的民居建筑（　　）。

A. 傣族　　B. 基诺族　　C. 景颇族　　D. 阿昌族

4. 云南具有代表性的寺庙建筑主要有（　　）。

A. 鸡足山寺群　　B. 归化寺　　C. 彝族土主庙　　D. 景真八角亭

5. 云南拥有的国家级历史文化名城包括：（　　）。

A. 昆明　　B. 巍山　　C. 建水　　D. 大理

E. 丽江

二、判断题

1. 在云南沧源崖画中，我们可以看到古老的干栏式建筑形式。（　　）
2. 战国至西汉，在云南这块古老的土地上，已有规模较大的黏土木结构住屋建筑。（　　）
3. 木楞房是云南丽江、迪庆、怒江、大理、楚雄等地区普米族的民居建筑。（　　）
4. 构成“小桥流水人家”的优美画面的古城是大理。（　　）
5. 官渡金刚塔是国内现存十座金刚宝座塔中，建筑年代最早的古塔。（　　）

三、思考题

1. 简要阐述云南民族建筑在发展中的造型变化。
2. 云南民族建筑主要有哪些特点？
3. 云南民族建筑主要有哪些类型？至少列举出每一类型两种以上的建筑名称。
4. 云南代表性的民居建筑主要有哪些？谈谈你对其特性和价值的看法。

四、实训

（一）任务名称

云南建筑风俗考察

（二）任务目标

1. 增加对云南建筑民俗风情的感性认识，从而提高学习的兴趣。
2. 使学生认识建筑民俗的类型、作用、价值，增强认知与分析能力。

（三）任务要求

以学习小组为单位，选择当地典型的建筑类型为对象，开展民俗调研活动。

（四）任务实施

1. 对所教班级进行分组，每组6～8人为宜。

2. 小组讨论，设计调研方案。

3. 根据调研方案开展调研活动。

4. 整理调研素材，撰写并修改调研报告。

（五）成果考核

1. 各组提交调研方案和调研报告。

2. 教师根据提交材料评分，并纳入学生平时成绩。对于优秀的材料，供全班交流、学习和讨论。

推荐阅读书目

1. 段炳昌，赵云芳，董秀团．多彩凝重的交响乐章——云南民族建筑．昆明：云南教育出版社，2000。

2. 刘丽芳．中国民居文化．北京：时事出版社，2010。

3. 罗曲．民俗学概论．北京：中国社会科学出版社，2010。

项目 3 PROJECT 云南饮食民俗风情

学习目标

通过本项目的学习，同学们应该了解云南饮食的起源，熟悉云南饮食的特点及类型，掌握各类型中具有代表性的饮食习惯。

学习建议

在本项目学习过程中，同学们可以通过阅读推荐书目，也可以通过电视、网络等多种渠道更全面地学习和了解云南的饮食民俗风情，还可以到云南少数民族风味餐馆或民族地区品尝各种风味饮食，体验饮食民俗。

TASK 任务 1 云南饮食民俗的起源及特点

案例导入

哈尼族的长街宴

在云南省红河州的绿春、红河、元阳等县的哈尼族，每逢重要的节日都会举行长街宴。“长街宴”哈尼语称为“姿八多”，是轮流敬酒之意，届时各家各户都争相献上一桌自己的拿手好菜摆到街心以充分展示自己的烹调手艺，家家户户桌连桌，摆成一条七八百米长的街心宴，这是中国最长的宴席。人们共同饮宴，共同祝福，共同娱乐，庆祝象征他们团结和睦、吉祥幸福的传统节日。“长街宴”在“十月年”“六月年”（“苦扎扎”）“昂玛突”“祭龙节”等节庆时都会举办。

绿春哈尼族人口占全县总人口的88%以上，是全国哈尼族人口比例最高的一个县。绿春长街宴按哈尼历法每年农历十月第一个属龙日举行，是集哈尼族宗教文化、饮食文化、歌舞文化于一体的民间传统盛大节日，有“天下第一宴”的美称。绿春哈尼长街宴于2008年以3 050桌全长4 000米被上海大世界吉尼斯总部认证为“世界最长的宴席”，如图3－1所示。

2013年11月30日举办的长街宴规模原定为1 600桌，实际开了1 898桌。绿春县城建在山脊梁上，街上处处张灯结彩，行人熙来攘往。当地人都身着节日盛装，红、黑是主色调，衣服上五彩缤纷的花边和图饰黑、红、黄、绿很是晃眼。绿春长街宴与哈尼村寨传统的长街宴相比，虽少了一点原汁原味，但因其参与人数更多、规模更大、节日喜庆气氛更浓郁，特别是各个支系的哈尼族欢聚一堂，形形色色的哈尼服饰使你仿佛进入了一个服装展演会。旅游者可计划与元阳哈尼梯田一线游览，但行前一定要预订好长街宴的餐券和旅馆。

图3－1 哈尼族的长街宴

思考：

1. “长街宴”的饮食文化性体现在哪些方面？
2. “长街宴”能够满足游客的什么需求？

一、云南饮食民俗的起源

饮食民俗是指有关饮料和食物在加工、制作和食用过程中所形成的习俗。饮食是人类生活的重要组成部分，在长期的历史传承过程中，形成了不同的饮食民俗，成为民俗旅游活动中重要的旅游资源。人类祖先最早是靠猎捕动物、采摘野果植物为生，处于茹毛饮血、吃生吃野的阶段。随着火的使用、食用植物的种植、动物的驯化饲养，使人类的饮食习俗发生了历史性的跨越与飞跃，从此人类告别了饮食的蛮荒阶段，走向了文明。有了较为稳定的食物来源，用火烹制各种食物，渐渐形成了丰富多样的饮食民俗，并使饮食渐渐附加了文化的内涵。

云南的许多民族很早就以稻米为主食，“稻作文化”源远流长。据考古发现，云南的先民早在8 000多年前就以大米为食。目前已发现史前栽培稻遗址多处，云南宾川白羊村等众多的新石器遗址中，发现了稻痕和炭化稻谷，云南普洱、景洪等地野生稻分布广泛，稻种的各种生态类型十分丰富。从晋宁石寨山、江川李家山出土的大量青铜生产农具、生产场面也可以看出，云南的农耕稻作有着悠久的历史。

云南民族较早就开始了畜牧业生产。早在公元前，彝族、白族、纳西族、藏族等少数民族及其先民就培育出了现代马种中的西南马，到五代，“大理马”驰誉于世，以温习善走名扬四方。牦牛、黄牛、羊、猪等也较早地被进行了驯养。

云南饮食炊具的生产时间也较为久远，剑川海门口出土的距今3 000多年前的金属饮食器具是其有力的证据。春秋晚期至战国中期，滇池区域已处于青铜文化的鼎盛时期。古代铜饮食器具，如铜釜、铜壶、铜鼓、铜勺等大量出现。

云南自然环境优越，各种食物材料丰富，为云南多样化的食物及多样化的烹饪技艺奠定了基础。徐霞客游云南时在保山吃到了鸡坳、竹鼠，在丽江吃到了柔猪（乳猪）、牦牛舌头等80多味佳肴。

烟、茶和酒在饮食中的出现是人们饮食水平提高的表现，也是云南饮食文化形成的重要

图 3－2 云南烟丝展示

表现之一。烟草开始传入云南大约在明代万历年间。1869 年蒙自新安所响水河村的周氏兄弟用刀切烟叶，制成烟丝，如图 3－2 所示。1909 年蔡荣九在昆明创建了云南第一家手工卷烟厂——荣兴烟草公司，开创了云南近代卷烟工业的历史。云南各民族多有抽烟的习惯，过去多抽草烟（用烟叶卷制而成）、刀烟（烟丝），现在多抽卷烟和刀烟，抽草烟的越来越少。

云南是茶叶的故乡，树龄在 1 700 多年的野生“茶树王”在云南勐海被发现，大量的野生茶树群在滇南和滇中 20 多个县都有发现。全世界有制茶植物 380 种，云南就有 280 多种。云南各民族都喜欢饮茶，饮茶方式各有不同，茶叶在许多民族生活中有着重要的地位，还具有社交往来、交友的作用，如有的用茶叶作为请柬，有的用茶叶作为婚嫁的聘礼等。

饮酒是云南许多民族的饮食习俗，有悠久的历史，云南许多民族自古有“无酒不成席”“无酒不成礼”等多种说法。云南民族都有自己酿制的风味独特的美酒，如景颇族的药酒、哈尼族的焖锅酒、白族的大麦酒及梅子酒等。景颇族至今仍保留着制药酒的古老习俗，农历九、十月间上山采摘酸、甜、苦、辣四味草药，晒干后研成粉末，与糯米粉拌和发酵而成。各民族的饮酒方式也各有千秋，如彝族的转转酒、傈僳族的同心酒等，并且许多民族都有自己的祝酒歌，如彝族的酒就分拦门酒、迎宾酒、送客酒等，伴唱不同的酒歌，使酒文化的内涵得以发展与丰富。

二、云南饮食民俗的特点

云南历史悠久，民族众多，伴随着云南民族融合的漫长历史，云南 26 个民族都形成了自己独特的饮食习俗。由于地理环境、气候物产、政治经济、烹饪技术、民族习惯与宗教信仰的不同，使得云南各地区、各民族的饮食民俗千姿百态、异彩纷呈。

（一）丰富性

云南地形复杂，气候多样，民族众多，各民族在饮食民俗方面还受到经济发展、历史文化等的制约，因此云南的饮食民俗自然复杂而多元，十分丰富，这从食物种类、烹调技术、风味特色各方面都能够得到充分体现。

1. 饮食食材丰富

云南素有“动物王国”“植物王国”“香料王国”和“药材之乡”“花木之乡”的美誉，特殊的地理和气候条件决定了云南可食用的物种资源丰富多样，“常年蔬菜不断青”。在与大自然的相依相存中，少数民族向自然界采集原料、汲取养分，各种种植的瓜果蔬菜、养殖的畜禽水产及大量野生的植物菌类、昆虫动物，都成为云南民族丰富的食材。

2. 烹饪方式多样

云南烹饪技艺经过长期发展，形成了包括烧、烤、熏、炮、煮、蒸、炖、熬、煨、焖、炒、烹、炸、煎、熘、卤、汆、舂、焐、腌等 20 多种烹饪技法的食物加工体系。舂，即将食材制熟后放各种佐料一起在石臼中舂细拌匀，如哈尼族的舂野鸡。焐，即利用柴薪烧后的炭灰余热，焐制各种菜品，如焐干巴。腌，即将食材放上盐、酒及辣椒、花椒等各种佐料拌匀贮藏，如白族的腌猪肝鲊、普米族和纳西族腌制的琵琶猪等。

3. 烹饪口味众多

云南调味品品种多样，不仅有家种的香菜等佐料，还有大量丰富的野生佐料，如香茅草、香椿籽、野芫荽、大树番茄等，可烹饪出丰富的饮食风味，形成了酸、辣、苦、甜、咸、香、臭 7 味为主的饮食特色。如酸味的酸笋煮鸡、酸笋煮鱼，香味的香茅草烤鸡、香茅草烤鱼，苦味的撒匹、苦籽炒豆豉，臭味的臭豆腐、臭菜拌蝌蚪等。

4. 民族饮食独特

云南的每一个少数民族，都有他们的代表美食。彝族的坨坨肉、独龙族的石板粑粑、阿昌族的酸巴菜、傣族的炸青苔、白族的煎乳扇、哈尼族的辣血旺、景颇族的舂鳝鱼等，每一道菜都是风格迥异的美味佳肴。

（二）生态性

1. 食材生态

俗话说“靠山吃山，靠水吃水”，云南饮食“就地取材，就地施烹”，食材资源清洁，原料鲜嫩，具有原汁原味的生态特点。生活在山区、河谷、平坝的云南各民族，充分利用大自然的恩赐汲取食材，比如山茅野菜、竹类花卉、野生菌类，野生昆虫等。各种食材质地鲜嫩，即使人工种植、养殖的食材在许多少数民族地区由于自然环境优越，所受到的污染及使用的化学农药、添加饲料的成分也少得多。云南餐饮一直有吃新、吃鲜、吃生习惯，并有春天食花、夏天食菌、秋天食果、冬天食菜之说，其原料多为天然，属绿色食品。

2. 烹饪生态

云南许多少数民族的烹饪方式是比较生态的，油炸食品相对较少，大多以烤、煮、舂、凉拌居多，使食物的营养成分得到有效的保留。如彝族的牛汤锅、羊汤锅、坨坨肉原汁原味。景颇族有句食谚“舂筒不响，吃饭不香”，可见舂菜在景颇族饮食烹饪中的重要性。如图 3－3 所示。

3. 器皿生态

云南许多少数民族充分利用大自然的天然物材作为炊饮餐具，竹筒、芭蕉叶、葫芦、牛角等都能够成为炊饮餐具。景颇族、德昂族、傣族、佤族、独龙族、基诺族、傈僳族、怒族等民族都用竹炊具和竹餐具，他们用竹做碗、桶、杯、罐、勺、筷，甚至用来当锅做饭、做菜、烧汤，如竹筒烤饭等。傣族、景颇族等民族利用芭蕉叶做炊具、餐具，如芭蕉叶可用作碗包饭，用作盘放菜，用作盆盛汤（挖坑用芭蕉叶垫好后倒入竹筒烧好的汤）。如图 3－4 所示。

图 3－3　景颇族烹饪舂菜

图 3－4　芭蕉叶器皿

（三）美观性

云南民族饮食具有丰富而独特的美学特征，主要表现为：色泽美、造型美、器皿美、形式美、自然美、质地美、情趣美、奇异美和环境美等。

图 3－5　五色糯米饭

色泽美是指食物的色彩有机搭配，呈现出或亮丽或清新的美学特征。如壮族、布依族的五色糯米饭由青、红、黄、白、蓝五色组成，全由天然植物染制，生态而美观。如图 3－5 所示。

造型美是指云南民族菜肴形式与内容的有机统一，如凉菜的“孔雀开屏”，就是将荤素有机搭配，形成美丽的孔雀开屏形状，还有菠萝饭、小瓜蒸肉等器皿与食物的有机统一也是一种独特的造型美。

器皿美是指盛装食物的器皿的美观，如云南汽锅鸡的建水汽锅被称为“陶器一秀”，用建水西郊特有的红、黄、青、白、紫五色陶土烧制而成，“色如紫铜，声似磬鸣，光洁如镜，永不褪色”。

奇异美是指食物选料奇特、烹饪方法奇特、吃法奇特，青苔、蚂蚁、花蜘蛛等昆虫都可作为食材，怒族、普米族的石板烤粑粑，景颇族的“石头汤”，独龙族的“河麻芋头”，傣族的“石头煮青苔”等烹饪独特，傣族的“蜜多萝（又称牛肚子果）当下酒菜”等。

环境美是指云南民族饮食追求用餐环境的优美，与大自然的贴近，如丽江的小桥流水旁，大理院落中的花荫树影下，西双版纳竹影婆娑的竹楼上，无不处处体现出与优美的大自然环境的和谐。

（四）美味性

云南饮食口味杂、适应面广、兼容性强。口味独具特色且风味浓而不烈，咸而微甜，鲜而不腻，辣而不辛，南北咸宜。

云南民族口味的形成，与地理位置、环境、气候、物产、水质、食俗、历史变迁等密切相关。一方面，云南地处高原，海拔高，湿热与寒冷并存，四季不分明，水质含碱重，而酸辣则有祛湿、祛风、开胃之功效，所以，多数民族的口味均以酸辣为主；另一方面，由于云南有得天独厚的气候和地理条件，云南调味品非常丰富且盛产食用香料，除花椒、胡椒、八角、草果、辣椒、茴香、桂皮等通用香料一应俱全外，还有鲜见于其他菜系中使用的香料如香茅草、香芹草、酸笋、香椿籽、木瓜、青梅、山楂、野生香菜、苤菜等极佳的调味品，从而形成以酸、辣、苦、甜、咸、香、臭七味为主和具有若干独特烹饪方法的滇味体系，形成了云南饮食口味以酸辣为主，八味俱备的特点。云南各民族丰富而独特的饮食风味对旅游者有着极大的吸引力，因此，有人提出“吃在广东，味在四川，民族风味在云南”。

（五）地域性

云南民族饮食由于口味、历史、文化等综合因素有所不同，可以分为川味型、少数民族型、汉族型、综合型四个区域的不同风味。

1. 滇东北地区川味型

滇东北地区因接近内地，交通较为便利，与中原交往较多，与四川接壤，其烹调、口味与川菜相似，以麻辣为主。其中，昭通市和东川市在清代以前交替归四川、云南管辖。该地区因与四川、贵州接壤，其烹调方法和口味受川菜影响较深，类似川菜。

2. 滇西南、滇西和滇西北地区少数民族型

滇西和滇西北地区因与西藏毗邻，滇西南与缅甸、老挝接壤，历史上的南诏国、大理国均建都于大理，唐宋时期佛教盛行，寺院较多，因而该地区的菜肴，除具有民族特色外，其烹调特色受藏族菜、寺院菜影响。又由于少数民族较多，各少数民族菜点是其主体。如回族的壮牛肉汤、冷片、凉鸡、腊鹅，傣族以调料做馅的香茅草鸡，白族的乳扇、洱海鱼虾、素菜，彝族的乳饼、火烧猪，纳西族和藏族的火锅、虫草、天麻、贝母、猪膘肉，哈尼族和苗族的狗肉，壮族的野味、三七，普米族、怒族的醉鸡。这些具有民族特色的菜肴，各有千秋，形成了地方上的传统菜。

3. 滇南地区汉族型

滇南地区气候温和，雨量充沛，自然资源丰富，自明代以来经济文化发展较快，是云南汉族菜的发源地，是云南菜的本体，如过桥米线、汽锅鸡、鸡丝草芽、菠萝鸡片、石屏豆腐，以及杞麓湖、星云湖、抚仙湖、异龙湖的鱼类，玉溪的鳝鱼、泥鳅、蔬菜，开远的甜藠头等，均源于这一地区。

4. 滇中地区综合型

以昆明为代表的滇中地区菜肴则集中了上述三个地区的烹调精华及川、鲁菜的技艺而形成，常被称为滇菜，特点是温和清淡、鲜嫩回甜、酸辣微麻。

（六）文化性

对于云南许多民族来说，饮食早已超越果腹养生的生物学本能意义而跃上了思想感情表达、宗教信仰崇拜的文化层面，饮食文化中融入了农耕文化、原始宗教文化、佛教文化和道教文化等，令饮食文化变得丰富多彩。如哈尼族的开秧门、彝族的火把节、怒族的仙女节等许多农事的、宗教的、岁首的节庆，人们都会通过饮食的方式来进行表达。

云南民族的饮食生活超越了家庭的意义而具有相当的社会学功能，如亲朋好友间的迎来送往，社会交往的应酬，以及为了声势地位、礼仪排场的需要等。如糯米食品是傣族人民过傣历新年时家家必做、人人爱吃的节日食品，象征着平安地度过旧的一年，迎来了新的一年。所以傣族中有这样的谚语：“吃了毫诺索（糯米饭），人就长了一岁了”，表现了除旧迎新、面对未来的思想。糯米饭也是壮族喜爱的食品，每逢春节、赶花街、过小年等节日，人们都作为馈赠亲友的礼品及祭祀时的用品，表示对至爱亲朋的盛情及敬意，祝愿吉祥如意、幸福安康。壮族在办喜事或给亲戚通风报信时都以糯米粑粑为礼物，在一定程度上糯米粑粑是壮族维系姻亲关系的一种纽带。

云南民族很早就有歌舞伴餐的习俗，远在2 000多年前有歌舞佐餐的“滇王之宴”，1 000多年前南诏古国时有“南诏宴舞”，现代的“吉鑫宴舞”已成为世人瞩目的亮点。云南南涧的“跳菜”是在彝族宴请宾客的重大活动中的一种上菜仪式。“跳菜”分“宴席跳菜”和“表演跳菜”两大类。一类是“宴席跳菜”，是南涧民间在结婚庆典、新房落户、迎接贵宾、给老人祝寿等重大场合，因宴请宾客增加喜庆和喜悦气氛而跳菜，讲究“吃着并快乐着”；另一类是“表演跳菜”，舞台上表演的跳菜，演员通常在20人左右。上菜者用手抬、臂托、口衔、头顶各式菜肴，随着锣、大号、唢呐吹奏的上菜调，与引菜人跳着既稳又险、滑稽幽默的舞步为宾客的餐桌上满美味可口的菜肴，也为宾客餐前奉上一道愉悦的精神大餐。

此外，云南各民族在酒和茶方面的许多民俗也反映出浓厚的文化性。

TASK 任务2 云南饮食民俗的类型

案例导入

游大理洱海 品“三道茶”

“三道茶”是白族的传统饮品，也是白族敬客最具有特色的一种礼仪。白族热情好客，每逢贵客光临，便以“三道茶”敬之。“三道茶”有两种：一种是烤茶，另一种是接待贵宾的茶。烤茶一般用来招待常来常往的客人，其制作方法是：将茶叶放入砂罐中，然后将砂罐置放在炭火上烤，至茶叶变黄，往罐中倒沸水即可。烤茶一般敬三次，每次只敬半杯。有“头饮香，二饮味，三饮渴”之说，故称为“三道茶”。接待贵宾的“三道茶”中的第一道茶是“清苦之茶”，寓意做人“要立业，就要先吃苦”，茶的滋味苦涩，谓之苦茶，即烤茶；第二道茶是甜茶，茶内加红糖、乳扇丝、核桃仁片、橘皮、芝麻等，寓意“人生在世苦尽甜来”；第三道茶是回味茶，茶内加松子仁、蜂蜜、姜汁、花椒等，再加适量烤茶而成，回味无穷。寓意人生历程“一苦、二甜、三回味”的哲理。游客乘船游览于洱海上，边欣赏美丽的苍洱自然风光、观看白族歌舞表演，边品尝白族“三道茶”，好不惬意。

思考：

1. “三道茶”有何寓意？
2. “三道茶”饮食民俗是如何与旅游结合在一起的？

云南饮食民俗的类型根据不同分类标准可进行不同分类，如根据地域可分为城市型、河谷坝区型和山区型三种；根据区域可分为滇西和滇西南型、滇南型、滇东北型和滇中型四种；根据烹饪技法可分为煎炒型、炖焖型和烧烤型三种；根据口味可分为酸辣型、鲜香型等。下面我们根据饮食结构从主食、菜肴、小吃、烟酒茶饮、副食特产等几方面进行分类，并介绍云南民族饮食中特色突出的一些饮食民俗。

一、主食

云南少数民族由于所居住地区的气候条件、地理环境、生产力发展水平的不同，主食有大米、玉米、土豆、荞麦、青稞等，主食结构有明显差异，有的以一种为主食，其他为副食，有的是几种一起杂食。

（一）大米

云南水稻种植历史久远，生活在海拔2 000米以下的坝区、热带河谷地区及半山区的民族多以水稻种植农耕生产为主，以大米作为主食，如哈尼族、傣族、壮族、布依族、水族、佤族、布朗族等。在米饭制作上，各民族有自己的特点，形成不同的风味，如傣族的竹筒饭、菠萝饭，佤族的鸡肉烂饭，壮族、布依族、水族的五色糯米饭等。

傣族喜欢吃软米、糯米，其中竹筒饭、菠萝饭风味独特。傣族外出生产或探亲访友时，随身携带大米，到了用餐时间，在水边淘好米，砍一节或几节粗细适中的竹筒（以香竹最佳），其中留一个竹节为锅底，从另一端放入米和水后用青竹叶塞紧，烧起火堆，把竹筒斜靠在火堆上烧烤。竹筒饭留有薄薄的竹衣，就着腌菜和牛干巴来吃，清香可口，别具风味。

菠萝饭是傣族有名的风味食品，其做法是把新鲜的菠萝挖空，再把菠萝肉切成小块，先将米饭（紫米或糯米）煮到七成熟，放入切好的菠萝和米饭搅拌，然后灌入新鲜菠萝内，盖上盖子，放入大蒸笼内蒸15分钟左右，让菠萝的香味恰到好处地渗入米饭，味道甜而不腻，甜中略带点酸味，开胃爽口。如图3－6所示。

图3－6　菠萝饭

鸡肉烂饭是佤族礼仪饮食中的上等佳肴，制作方法一般是有两种：一种是把鸡肉斩成小块，与大米加盐混煮；另一种是把整只鸡煮熟后把鸡肉撕碎，再放进烂饭里混煮。以上两种煮法，都必须在进餐前，先放入酸竹笋煮上片刻，再加上姜、蒜、辣子、茴香、野芫荽及薄荷叶等佐料，精心拌匀而成。味道酸辣可口，香味扑鼻，实为难得的美味佳品。

五色糯米饭又称花糯饭、乌米饭，是壮族、布依族、水族等民族的传统美食，用紫蕃藤、黄花、枫叶、红蓝草等捣烂浸泡出液后分别拌上糯米，然后蒸熟而成，不仅色彩斑斓，而且味道香醇，象征着生活的美好。

（二）荞、麦、玉米、土豆

在海拔1 500～2 300米的山区、半山区居住的苗族、瑶族、拉祜族、怒族、彝族、哈尼族、傈僳族、汉族等民族多以荞、麦、玉米、土豆为主食。

居住在高寒山区的彝族多以荞为主食。荞耐寒、耐旱，生长期短，适应不同土壤，特别适合高寒山区种植，深受彝族的喜爱。荞有荞饭、荞粑粑等多种不同制作方法。

怒族以荞、玉米为主食，其“咕嘟饭”较有特色。“咕嘟饭”的原料是包谷面或荞面。其做法是先把水烧开，舀出一半待用。将包谷面或荞面放进锅里，盖上锅盖煮。等水渗透包谷面或荞面后，用小勺搅拌，这时面粥会越煮越稠。把先前舀出的开水适量倒进锅里，盖上锅盖焖上片刻，再搅拌，再焖，反复几次。这样做出来的饭，有一种沁人心脾的香味，入口之后，回味绵长。由于在烹饪过程中，会发出“咕嘟咕嘟”的面粥沸腾声，因此当地人便形象地称它为“咕嘟饭”。

土豆焖饭是云南许多民族喜欢的主食之一，其做法是将瘦肉、土豆各适量准备。瘦肉切丁，用料酒、葱、姜、酱油腌好。腌好的肉丁煸一下，可加一些酱油。土豆洗净切丁，与煸好的肉丁连同煸肉丁的油（不要放太多）、淘好的米一起拌匀，放到锅里把米饭焖熟即可。

（三）青稞、肉食

滇西北海拔高（3 200米以上），气候寒冷，适宜生长的农作物有限，以青稞种植为主，居住在此地的藏族、彝族、纳西族和少数白族以青稞、糌粑、牛羊肉为主食。

糌粑是藏族的传统主食之一。“糌粑”是炒面的藏语译音，它是以青稞磨成粉为原料，经炒熟后，以酥油为黏合剂制作而成的。其做法是：先将酥油溶化在热奶茶中，然后加上适量的青稞粉，搅拌成团状后便可直接食用了。由于糌粑吃法简单，携带方便，很适合游牧生活。

二、菜肴

云南有“动植物王国”的美誉，特殊的地理和气候条件决定了云南可食用的物种资源丰富多样。在与大自然的相依相存中，少数民族除种植、养殖外还向自然界采集原料、汲取养分，形成了各自独特的饮食习惯。在云南十八怪里就有许多关于菜肴的，如“鲜花当作下酒菜”“三个蚂蚱一盘菜”“牛奶做成片片卖”等。

（一）肉食类

云南民族的肉类菜肴有牛肉、羊肉、猪肉、狗肉、鸡、鸭、鹅、鱼等养殖的家畜家禽水产类肉食，还有大量野生的飞禽走兽、昆虫类、鼠类等肉食。

1. 家畜家禽水产类

云南民族食用的家畜家禽水产类有牛、羊、猪、鸡、鹅、鸭、鱼等，但在加工烹饪、风味特色方面各有不同，如彝族的坨坨肉、烤乳猪，哈尼族的辣白旺，傣族的烤鸡、烤鱼，佤族的狗香肠，布朗族的包烧、剁生，纳西族的吹猪肝，蒙古族的太极黄鳝、汉族的汽锅鸡等。

彝族的坨坨肉是将猪肉连骨带肉剁成拳头大小，炖煮至八成熟，撒上各种调料用手抓食，肉质鲜嫩。

辣白旺是哈尼族节庆、婚丧时杀牲待客中必不可少的饮食品种，用牲畜的生血拌上炒熟的花生、薄荷、姜蒜、芫菜根、盐、辣椒和生肉制成的，色泽绿中带红，味道香甜辛辣。

傣族有名的肉类菜肴有夹心香茅草烤鱼、烤鸡、火烧干巴、粽包蒸脑花、酸笋煮鱼等。夹心香茅草烤鱼、烤鸡是先把鱼、鸡洗净，然后将准备好的葱、蒜、青辣椒、芫荽切细，与盐巴拌和，放进鱼、鸡肚子里，用香茅草叶捆好，放到火炭上烘烤。这种烤法，鸡、鱼香味扑鼻，脆、香、鲜三味俱全，令人回味无穷。如图 3－7 所示。火烧干巴是把牛肉干巴用两三层芭蕉叶包好，放到炭灰中焐，再用木棒将干巴捶软、捶松，成肉丝状，即可食用。傣族有句话：“不吃烤干巴，不算尝过肉香”，烤干巴的甘美可想而知。粽包蒸脑花是把猪脑花划成小块，将猪舌头剁细，与切细的佐料拌匀，放入香茅草叶（结成小疙瘩），用芭蕉叶包好放入甑子里蒸熟即可食用。这道菜肉质软嫩，味道鲜美。酸笋煮鱼是一道富有地方特色和民族特色的风味菜。制作方法是将酸笋加入适量的冷水和食盐一起煮，水开后放入西红柿。酸笋煮好后放入鱼，几分钟后即可食用。酸笋煮鱼，味道鲜美，微酸甜，是傣族最喜爱的菜肴之一。如图 3－8 所示。

包烧是布朗族最具特色的烹调方法，将鱼或瘦肉切片或剁碎，配上佐料，用芭蕉叶包好，埋于火塘的炭灰中焖熟即食。这种菜带有芭蕉叶特有的香气，味道鲜美香辣。剁生是把生肉洗净，切碎剁烂，用少许酸醋或酸水浸泡片刻，合以食盐、辣椒、姜、蒜、花椒、芫荽等佐料制成酱状就可食用的一种食品。

图3-7　夹心香茅草烤鱼、烤鸡

图3-8　酸笋煮鱼

汽锅鸡是云南名菜之一，早在2 000多年前就在滇南民间流传。建水出产一种别致的土陶蒸锅，叫“汽锅”，是专门用来蒸食物的。汽锅鸡的做法是将仔鸡洗净后砍成小块，和姜、盐、葱、草果一道放入汽锅内盖好，汽锅置于一放满水的汤锅之上，用纱布将隙缝堵上，以免漏汽。汤锅的水烧开后，蒸汽就通过汽锅中间的汽嘴将鸡肉逐渐蒸熟（一般需3~4小时）。汤汁由蒸汽凝成，保持了鸡肉的原汁原味。如果在汽锅中分别加入云南出产的珍贵药材“三七”“虫草”“天麻”，就叫三七汽锅鸡，虫草汽锅鸡，天麻汽锅鸡，在保持美味的同时还增加了营养价值，能滋补强身。

2. 野生昆虫动物类

云南不少的少数民族有食用昆虫的习俗，蜘蛛、蜂蛹、蝌蚪、知了、蝉、蚂蚱、蚂蚁、竹虫乃至蟑螂都可能成为餐桌上的美味，如傣族吃知了、蝉，基诺族吃蜘蛛、蚂蚁、蝌蚪，彝族、白族、哈尼族吃蚂蚱，布朗族、哈尼族吃蟑螂。傣族将蝉去掉翅、足，把一些蝉炒熟，另一些生做，混合起来剁成酱，除放入常用佐料外，再将两个西红柿用火烧煨，拌在其中，风味别具一格。

基诺族在昆虫食用方面有名的风味菜肴有蝌蚪拌臭菜、酸烩蚂蚁蛋、包烧山蜘蛛等。蝌蚪拌臭菜是将幼小的蝌蚪捞起，洗干净，用开水烫一下，拌上调料后食用。吃起来细嫩软滑、清凉爽口，余味无穷。基诺族地区多蚂蚁，蚁蛋也非常大。每年农历三、四、五月间，基诺人寻到蚁蛋后，用带有酸味的佐料调拌即可食用，营养丰富，味道鲜美。山蜘蛛含有很高的蛋白质，是基诺族颇具风味的一道菜。基诺人将其去掉丝和脚，放在臼里与盐、姜、辣椒、野八角、蒜等佐料一起舂成肉浆，再用芭蕉叶包好放在火炭上烤熟，其味香辣可口。

（二）奶蛋制品类

云南民族食用蛋类、奶类制品，知名度较大，较有特色的有乳饼、乳扇等。

乳饼是彝族、白族等民族在长期生产和生活实践中创制出来的一种风味独特、营养丰富的美味食品。其制作方法是在牛奶或羊奶中兑入酸果榨汁液，酸化乳液，奶酪蛋白遇酸析出经过滤、压实、适度脱水后成品。乳饼可通过蒸、烩、煎、炸等方法烹制出口味各异、色香味美的多种菜肴。如火腿夹乳饼（蒸）、青蛙跳石板（烩）、锅贴乳饼（煎）等。

乳扇主产于大理洱源县邓川民间，是一种呈扇形的乳制品，分乳白色、乳黄色两种，具有营养价值高、醇香可口等特点，是当地白族群众招待客人的上等菜。制作方法是：先将鲜牛奶煮沸，再按1/3的比例加入食用酸，待乳汁凝结成块，取出拉制为扇形薄片，晾干即可。这种乳扇可生食，又可油煎烘烤，且便于保存、携带。这就是“云南十八怪”里说的

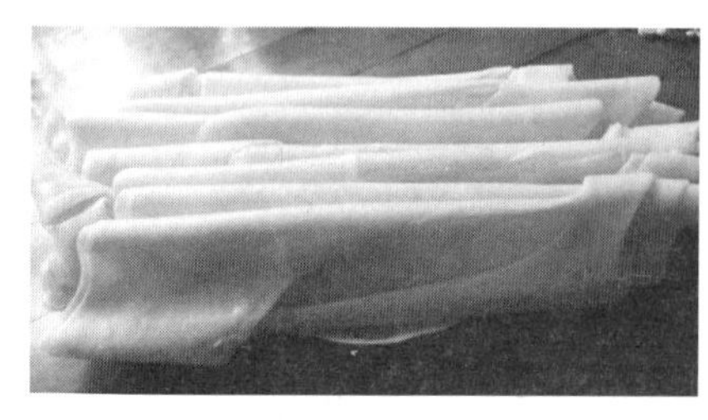

图 3－9　云南乳扇

“牛奶做成片片卖”。如图 3－9 所示。

（三）植物类

云南立体的地形和立体的气候使得植物种类繁多，大大丰富了人们的饮食，除了人们常见的瓜果菜蔬外，许多有特色的菜肴也不胜枚举。

云南鲜花资源丰富，各个民族食花现象非常普遍，经常食用的花卉有 200 多种。常见的花卉菜肴有芭蕉花、鸡蛋花、木棉花、杜鹃花、苦刺花、棠梨花、菊花、瓜花、玫瑰花、茉莉花、荷花、玉兰花等。芭蕉花味道清香，口感韧口，有包烧、煮、蒸、炒等多种烹饪方法，可以解腻减肥，有化痰软坚、平肝、和淤、通经等功效。芭蕉花炒肉的做法是剥去外层老化的花瓣，将浅黄色幼嫩的花心掰开，用沸水汆烫，取出横切成丝加少许食盐轻揉捏，挤去汁液以除涩味备用。先爆香姜、朝天椒、韭菜头和葱白，接着放入猪肉末炒至六七成熟，再放入芭蕉花拌炒至熟，最后放入韭菜和盐、味精等调料炒匀，放入香菜就可以食用了。

云南可食用的野菜众多，有海菜、水芹菜、蕨菜、水香菜、苦子果、臭菜、仙人掌、鱼腥草等。苦子果形如珍珠，色绿味苦，基诺人将其与臭菜、酸芥菜、苦凉菜、姜、盐、香茅草、野八角等佐料放在一起舂细、煮汤，其味清凉爽口，苦中有甜。鱼腥草是菜药合一的野生菜，具有消炎解毒的功效，可治扁桃腺炎、气管炎、肺炎等多种炎症，食时加豆豉舂细，味腥辣，是景颇族经常食用的野菜之一。

云南少数民族还将植物蔬菜制成各种美味爽口的酸腌菜，如布朗族的“南帕”、德昂族的酸扒菜、腌帕冬菜、懒腌菜等。

（四）菌类藻类

云南各种菌类藻类丰富，各民族很早就大量食用，干巴菌、鸡坳、松茸、牛肝菌、青头菌、见手青、奶浆菌，还有许多叫不上名的菌类都是可食用的美味菜肴。如图 3－10 所示。

鸡坳具有“菌类之王”的称谓，味道鲜美，营养价值极高，是名副其实的山珍。鸡坳按颜色可分为白鸡坳、黄鸡坳、青鸡坳三种，以青鸡坳最佳。每年农历六七月为鸡坳生长旺季，多长于稍微带酸性的土壤中，一两朵至多朵不等。鸡坳可做汤、清蒸、炒或油炸成鸡坳油，味道都极为鲜美香郁。如图 3－11 所示。

青苔是水生藻类植物，傣语称附生在江河中鹅卵石上的青苔为“改”，生长在湖中、鱼塘中的青苔为“捣”。傣族妇女把青苔捞回来洗净沙子等杂物后加工成干片备用。吃时将其放在火上烘烤，然后用手揉碎，放在锅里和葱花、油、盐一起炒，或是把青苔干片烤后放入蛋汤中食用。

图 3－10　云南菌类

图 3－11　云南鸡坳

三、风味小吃

（一）米制品类

云南米制品风味小吃众多，有米线、卷粉、饵块、饵丝、棕粑等诸多品种，吃法上又各有差异。

1. 过桥米线

过桥米线是云南味道鲜美、吃法独特的风味小吃。过桥米线由汤、片和米线、佐料三部分组成，在煨好的鸡汤中加入米线和其他食品，它以选料考究、制作精细、吃法特殊、独具风味而著称。过桥米线的制作和食用方法较为独特：以鸡为原料，配以火腿、猪筒子骨等熬成汤，趁滚热盛在大碗中，汤面上罩一层鸡油；吃时将鲜肉片、鸡丝、火腿片、猪肝片、生鱼片、豆腐皮、豌豆尖等放入汤中烫熟，再把米线放入汤中即可食用。如图3－12所示。

图3－12　云南过桥米线

过桥米线还有一个传说，相传云南蒙自南湖之中有个小岛，岛上环境幽雅，景色宜人。一书生在岛上亭子中苦读以应考科举，其妻每日为他送饭。因家离岛较远，饭菜送到常常凉了。一日，其妻炖了只肥母鸡，将汤倒入罐里，带上米线、佐料等送去。当郎君吃到时还是热乎乎的，原来是鸡汤上面浮着的厚厚油层能保温。因去岛上要过一座长桥，日子一久，"过桥米线"也就由此扬名。

2. 饵块

饵块是云南许多民族的著名小吃。制作方法是需选取品质好、有香味、有黏性的大米，泡过后放到木甑里蒸，蒸到六七成熟时取出放进碓窝里舂成面状后放到案板上搓揉成砖状或饼状，切成片或丝食用，可炒食、煮食、蒸食或烧烤后食用，如腾冲的"大救驾"、大理的扒肉饵丝、曲靖的蒸饵丝、昆明的烧饵块等。

烧饵块是将大小适中的薄块放到炭火上烘烤，中间包上糖和核桃面，或是卤腐、芝麻酱等，包成半月形，也有在其中加夹油条的，味道香软可口，是昆明等地人喜爱的早餐食品。

"大救驾"是云南腾冲的炒饵块，其做法是将饵块切成三角形的薄片，佐以鸡蛋、糟辣子、番茄、白菜心、葱、盐等配料，不放酱油。因此，其色彩呈红、黄、白、绿状，清新明快，味道香辣适度、清新爽口。"大救驾"名称的由来还有一个典故：清初吴三桂率清军打昆明，明朝永历皇帝的小朝廷一路奔逃至腾冲，饥饿难忍时，当地人炒了一盘饵块送上，永历皇帝就连赞"救了朕的大驾"，腾冲炒饵块由此称为"大救驾"。

（二）麦面制品类

1. 丽江粑粑

丽江粑粑是纳西族的传统风味食品，以麦面为主，辅以其他十余种原料煎制而成，特点是外酥内脆且松软，色泽金黄，搭配酥油茶食用更是回味无穷。

2. 油香

油香是回族传统的食品。制作方法是用温红糖水和面粉，揉匀、擀成圆形后放入油锅里炸至外表焦黄。一般在节日、丧葬、追悼死者时都要炸油香，炸好的油香要送清真寺请阿訇和前来礼拜的人品尝，还要馈赠亲友和邻居食用。

3. 喜洲破酥粑粑

破酥粑粑是大理喜洲镇的名食。做法是将发酵的面粉用香油搓揉，内包火腿丁、猪油渣、红糖作馅，再用烧炭火的炉子烤熟，味道酥软香甜。

（三）豆制品类

1. 烧豆腐

烧豆腐是滇南民间风味小吃，在昆明也广为人们所接受，所用豆腐以建水县、石屏县出产的为佳品。豆腐用优质黄豆做成，经发酵后，成了“闻起来臭，吃起来香”的美味食品，用炭火烤至金黄发胀，蘸以调料，口味香酥、鲜嫩，别有风味。如图 3－13 所示。

石屏制作豆腐已有 400 多年的历史。石屏豆腐从原料、加工到食用，都是一门考究精致的艺术。石屏豆腐讲究的是使用优质大豆，奇特之处在于加工时不用盐卤和石膏，而是直接使用境内特有的天然井水（俗称“酸水”）作凝固剂，营养丰富而不含任何有害物质，味道独特。如图 3－14 所示。

图 3－13　建水烧豆腐

图 3－14　石屏豆腐

2. 鸡豆凉粉

鸡豆凉粉是丽江传统名小吃，其制作方法是把鸡豌豆泡透磨细过滤成浆，煮熟冷却后成为鸡豆凉粉，然后可根据需要或凉拌或煎炒。所配佐料有辣椒、韭菜、绿豆芽及各种调味品，味鲜美、韧性好。

四、烟酒茶饮

（一）烟

云南大多数民族都抽烟，烟文化在吸烟的工具及恋爱婚姻的定情定亲中得以体现。

吸食烟草的工具有烟锅、烟斗、烟杆、烟盒、烟枪、烟管、烟筒、烟嘴、烟针、烟袋、烟肚兜、烟荷包、火镰包等。白族、水族、哈尼族偻尼人、德昂族、彝族等都使用烟锅和烟斗吸烟。烟锅由烟锅头、烟锅嘴和烟杆三部分组成，烟锅杆的长短显示着食用人的年龄特征，象征着人的辈分、贵贱、地位和权势。傈僳族男女腰间都挂一个绣花烟包，人们聚在一起互相敬送嚼烟以示亲热。小伙子如果看中哪位姑娘，就把绣花烟包解下扔给她，姑娘如果有意，也会将自己的烟包扔给小伙子作为定情之物。在德昂族的传统婚姻习俗中，定情定亲烟是不可缺少的。青年男女意愿结为终身伴侣时，将烟用棉纸包好置于筒帕内，待父母睡熟后悄悄挂在门上。父母第二天见了，就知道儿女已确定婚姻大事，便开始着手进行相关准备。男青年的父母要在15日内请媒人携带用棉纸包的一捆烟草，在夜深人静时登上姑娘家的竹楼，点燃火塘的火，唤醒姑娘的父母，让其坐在火塘的上方和右方，媒人将烟举过头顶，双手敬给他们，征求他们对这门亲事的意见，请求尊重孩子们的意愿，认可这桩婚事。若主人收下烟草，这门亲事就算确定了。

（二）茶

云南采茶、种茶、饮茶历史久远，优质茶叶丰富，其中以“普洱茶”名气最大。普洱茶产地广泛，今云南省澜沧江流域的普洱市、西双版纳州、临沧市境内都是普洱茶的产地。普洱茶香气浓、味醇厚、性温和，具有降脂、减肥、美容、益寿等功效，在国际国内享有盛誉。

云南各民族在长期的历史长河中，形成了不同的饮茶习俗，赋予了茶叶深厚的茶文化色彩。茶的食用方式有沏茶、烤茶、煨茶、煮茶、酸茶、腌茶、凉拌茶等，还有的民族在茶中加入了不同配料，使茶的味道更加丰富，如苗族油茶、怒族的油漆茶、藏族的酥油茶等。

被称为“古老的茶农”的德昂族、布朗族喜欢制作酸茶，在竹筒中放入茶叶，有的还加入少许槟榔，将竹筒密封放置一个月，让茶叶发酵变酸而成。此茶放入口中细嚼，有生津止渴、清热解暑的功效。茶叶是德昂族社交中最常见和必不可少的礼品，寓意着“茶到意到”。探望久别的亲戚朋友，见面礼是一包茶叶；请媒人说亲时，带去女方家的首先是一包两三斤重的茶叶；有喜事邀请亲朋好友时用一小包系有红十字线的茶叶做请柬。

藏族的酥油茶是在浓茶中放入适量的酥油和盐，有时还放入奶汁、鸡蛋、核桃仁等，置入特制的木桶内反复搅拌融合而成，富含维生素，营养丰富，是藏民不可缺少的生活饮品。

（三）酒

云南少数民族大多喜酒，有“无酒不成宴”“有饭不吃酒来代”的说法。酒是云南许多少数民族表示礼节、遵守信义、联络感情不可缺少的饮料，如彝族谚语说：“汉人贵在茶，彝人贵在酒。”彝族人日常生活要饮酒，迎宾待客要饮酒，逢年过节、婚丧喜庆要饮酒，磋商大事、调解纠纷要饮酒，酒几乎无处不在。

哈尼族的焖锅酒具有悠久的酿造历史，使用玉米、高粱、稻谷、苦荞等为原料，经过浸泡、蒸、发酵后进行焖酒。焖酒时，蒸酒饭用的木甑是圆台形的，甑内安放一个接酒的器皿，锅、瓢、盆、剖开的葫芦均可。甑的上口放置一个盛冷水的铁锅，锅内的水随时撤换以保持冷凉。甑底的水加热沸腾后使甑内的酒饭蒸汽上升，在甑顶的锅底凝结成酒滴，落入接酒器皿中。焖锅酒清澈晶莹，醇厚甘甜，是哈尼族山寨节庆必备的饮料。除哈尼族之外，傣族、景颇族、拉祜族等都善于酿制品质极佳的焖锅酒。

酒在傣族生活的各个领域也显示出巨大的文化功能。《百夷传》记筵宴风习时说：“酒初行，一人大噪，众皆和之，如此者三，乃举乐。”这表面上是描述酒在宴会中起兴的功能，实际上是通过酒联结人际关系，傣族在《敬酒歌》中唱道：“我的朋友，请你接过这杯米酒，一杯尊敬的酒，一杯真诚的酒……让血和酒一起流，让心和心一起跳，友谊常以米酒为证，这规矩来自远古。”真是“贵客到，献米酒”，以酒叙旧，以酒表敬，既沟通了彼此的思想，又联络了感情。

三道酒是彝族接待贵客的最高礼节。第一道酒为拦门酒，即在门口用美酒迎接客人；第二道酒为祝福酒，即在酒宴上向远方高贵的客人敬上双杯美酒，并献上祝酒歌；第三道酒为留客酒，即客人要离开时，主人送客到门口时请客人喝下离别时的最后一杯酒，长号、唢呐同时吹奏“留客调”，男女青年欢歌起舞，主人手捧酒杯，唱起送客人的酒歌。

普米族对酒情有独钟，普米族谚云：“无酒不成话。”普米族常喝的酒按味道浓淡分为烧酒和水酒，水酒味淡，俗称“苏里玛”。

喝“同心酒”是傈僳族、怒族、独龙族等待客的最高礼节。喝“同心酒”的方式是两个人共饮一杯酒，一人用左手，一人用右手，共同执一个竹酒筒（或杯或碗），嘴贴嘴，共饮一筒酒。傈僳族谚语“喝了‘同心酒’，走遍天涯海角都是情”极好地表达了傈僳人热情好客、情深义重的民族特点。

五、副食特产

云南具有各种丰富的副食特产，可供各地游客选购携带，是馈赠亲朋好友的极佳礼品。

1. 中草药材、保健药品类

云南有许多贵重的中草药材，如天麻、三七、虫草、螺旋藻等。

螺旋藻是一种生长于水中的蓝绿色的微小植物，在显微镜下呈弹簧状，故名螺旋藻。研究发现，螺旋藻是目前人类已知的营养成分最丰富、最均衡的生物，具有保健和医疗的双重功效，能有效提高人体免疫力，增强骨髓造血系统功能，降低血脂，改善心血管功能，延缓衰老。云南丽江永胜的程海湖是目前世界上继中非乍得湖、墨西哥可可湖之后，全球能天然生长螺旋藻的三个湖泊之一。

虫草在云南丽江、怒江、迪庆海拔3 000米以上的高山草甸中生长，是一种名贵的中草药材，因冬天真菌钻入虫体内寄生呈虫状、夏天真菌从虫体内抽出长成一株紫红色的小草，故又称为冬虫夏草。夏草抽出之时，体内有效成分最多，是采集的最佳时机。虫草的功效与人参一样，具有较强的滋补功能。

2. 野生菌类

云南野生菌众多，除了在菌类上市的季节可饱餐新鲜美味的各种菌外，许多菌类还被制作成腌制的、油炸的或干的产品，可一年四季食用，如腌干巴菌，油炸鸡枞，油炸牛肝菌，等等。

3. 茶类

下关沱茶是下关茶厂生产的优质茶，选用滇南茶区生产的优质毛茶和普洱散茶，经加工压成“砣”形。沱茶经久耐泡，色泽清澈，气味清香。

普洱茶因产地旧属云南普洱府（今普洱市）而得名，现在泛指西双版纳州、普洱市、临沧市等主要茶区生产的茶。普洱茶有生茶和熟茶之分，生茶自然发酵，熟茶人工催熟。熟茶外形色泽褐红，汤色红浓明亮，香气独特陈香，滋味醇厚回甘，叶底褐红。“越陈越香”被公认为是普洱茶区别其他茶类的最大特点。普洱茶保健功效显著，现代医学对普洱茶功效的研究认为普洱茶具有暖胃、减肥、降脂、防止动脉硬化、防止冠心病、降血压、抗衰老、抗癌、降血糖等功效。如图3－15所示。

图3－15 云南普洱茶

雪茶为地衣类地茶科植物，状如空心草芽，生长在海拔4 000米以上的雪域高原，洁白如雪，故名雪茶。雪茶性凉、味甘，具有生津止渴、清热解毒、平肝降火、滋阴润肺、降脂降压等药用保健价值。

4. 云南咖啡

咖啡含有丰富的蛋白质、脂肪、蔗糖以及淀粉、咖啡因等物质，制成饮料后香气浓郁、滋味可口、营养丰富，因而和茶叶、可可组成了世界三大饮料，并雄居榜首。云南咖啡属阿拉伯原种的变异种，经过长期的栽培驯化而成，一般称为云南小粒种咖啡，已有一百多年的栽培历史。云南咖啡由于得天独厚的地理环境和气候条件，形成了浓而不苦、香而不烈、带一点果味的独特风味，世界一流咖啡专家评价是全世界最好的咖啡，其栽培技术、单产也是世界一流的。

5. 果脯类

大理盛产梅子，雕梅是用优质盐梅加工而成的，主产于洱源县。其制作方法是：将成熟的新鲜梅子用石灰水浸泡半天，然后捞出阴干放置三五天，再用小刀将果肉雕刻成曲线花纹并取出果核，压扁成菊花状，用红糖、蜂蜜、白酒等配料装入瓶中密封，一个月后可食用。玉溪冬瓜蜜饯历史悠久，相传其制作始于明代后期，至今已有400多年的历史。玉溪冬瓜蜜饯分为红蜜饯和白蜜饯两种，两种蜜饯均呈透明状，且色泽鲜艳。红蜜饯用红糖加工，呈琥珀色，红润透明，肉质脆嫩，味道芳香，清凉适口，有养肝润肺，化痰解暑的功能，被誉为“琥珀蜜饯”；白蜜饯用白糖加工制作，其色洁白晶莹，通明透亮，入口即化，满口蜜汁，十分爽口，被誉为“水晶蜜饯”。

云南许多少数民族有嚼槟榔的习俗，如傣族上点年纪的人喜欢嚼槟榔。傣家人嚼食的槟榔经过制作，成为一种紫红色的条状物，掰下一小块，加点芦子（一种藤状植物，干品）、石灰（熟石灰，经制作，有红色、白色两种）和草烟（即平常吸食的烟丝）入口嚼食。嚼上一会，吐一口红汁。据说槟榔味道辛辣清凉，可以下气消食，可使牙齿黑亮，可防蛀牙，从而促进身体健康。

6. 肉制品类

云南民族烟熏、腌制的肉制品也别有风味，如宣威火腿、琵琶肉等较为有名。

宣威火腿，因产于云南曲靖宣威市而得名，因品质优良，足以代表云南火腿，故常称“云腿”。其皮薄肉厚肥瘦适中，切开断面，香气浓郁，色泽鲜艳，瘦肉呈鲜红色或玫瑰色，肥肉呈乳白色，骨头略显桃红，似血气尚在滋润。宣威火腿历史悠久，驰名中外，是宣威市的传统名特产品，属中国三大名腿之一，以风味独特而与浙江金华火腿、江西的安福火腿齐名媲美。

猪膘肉，又称琵琶肉，是纳西族、普米族、藏族等民族有名的腌肉制品，肉色油亮鲜红，肉味浓烈香鲜。其具体方法是：将宰杀后的猪刮毛洗净，开膛取出内脏，剔去骨头。然后撒上用花椒、胡椒、草果、盐等调制的佐料面，还要抹上烧酒。用线把刀口缝好。在猪耳朵里各塞上一个核桃，在猪鼻孔里也各插一根粗细刚好能塞严鼻孔的小木棍。放几天之后，取出木棍，灌一些盐水进去，再塞严木棍。同时，在针线缝合处涂上一些核桃油。如此反复数次后，就可放在火塘篾笆上熏或晾在房头，等到干了之后即成一具完整的琵琶肉。由于腌制方法复杂，存放时间较长，所以其味道非常可口。如图3－16所示。

图3－16　猪膘肉

阅读材料

白族《敬茶歌》

头道茶，香喷喷，苍山绿茶洱水清；先吃苦来后享福，创业多艰辛。砂罐烤出雷响茶，玉杯斟茶色如金；解渴解暑解疲乏，精神百倍增。

二道茶，甜津津，吃了长寿葆青春；大理名产配作料，捧来奉嘉宾。洱源乳扇油亮亮，漾濞核桃脆生生；补脾益肺安心神，古传却是真。

三道茶，暖透心，神清气爽脑清新；姜椒桂茶加蜂蜜；能健体强身。一苦二甜三回味，意味深长情更深；今日喝我三道茶，亲上又加亲。

注：杨镇圭著《白族文化史》，211－212 页，昆明，云南民族出版社，2002 年。

项目小结

本项目主要阐述了云南民族在饮食方面的历史发展概况，云南先民种植食用稻米的历史久远，饮食金属炊具的生产时间可追溯到距今3 000 多年前，在长期的历史传承过程中，形成了丰富的饮食民俗；云南饮食民俗具有丰富性、生态性、美观性、美味性、地域性、文化性等多方面的特点；最后本项目对云南饮食民俗的类型进行了介绍，并对其中特色较为鲜明、影响较大、对旅游者极具吸引力的饮食民俗进行了较为细致的介绍。

关键词

饮食民俗　三道茶　长街宴　跳菜　汽锅鸡　过桥米线　大救驾　竹筒饭　花糯米饭

练习与实训

一、单项、多项选择题

1. 云南“稻作文化”源远流长，据考古发现，云南的先民以大米为食的时间距今（　　）。

A. 10 000 多年　　B. 8 000 多年　　C. 6 000 多年　　D. 4 000 多年

2. 云南民族饮食具有丰富而独特的美学特征，主要表现为（　　）。

A. 造型美　　B. 自然美　　C. 质地美　　D. 环境美

3. 在传统节日期间，制作食用五色糯米饭的民族有（　　）。

A. 壮族　　B. 布依族　　C. 水族　　D. 傣族

二、判断题

1. 云南素有“动物王国”“植物王国”“香料王国”和“药材之乡”“花木之乡”的美誉，特殊的地理和气候条件决定了云南可食用的物种资源丰富多样，因此“常年蔬菜不断青”。（　　）

2. 云南民族具有丰富的饮食风味，形成了酸、辣、苦、甜、咸、香、臭 7 味为主的饮食特色。（　　）

3. 哈尼族在结婚庆典、新房落户、迎接贵宾、给老人祝寿等重大场合，因宴请宾客增加喜庆和喜悦气氛而跳菜，讲究“吃着并快乐着”。　（　）

三、思考题

1. 云南饮食民俗有何特点？

2. 云南饮食民俗的文化性体现在哪些方面？

3. 云南饮食民俗可分为哪几种类型？请列举出每一类型中特色鲜明的两种以上的云南民族饮食。

4. 谈谈你对云南茶文化的认识和了解。

5. 谈谈你对云南酒文化的认识和了解。

四、实训

（一）任务名称

云南饮食民俗风情考察体验

（二）任务目标

1. 增加对云南饮食民俗风情的认知与体验，从而提高学习的兴趣。

2. 使学生认识饮食民俗的类型、特点，增强感性认识。

（三）任务要求

以学习小组为单位，以当地饮食民俗为对象，开展调研、体验活动。

（四）任务实施

1. 对所教班级进行分组，每组6~8人为宜。

2. 小组讨论，设计调研、体验方案。

3. 根据方案开展调研、体验活动。

4. 整理调研素材，撰写并修改调研、体验报告。

（五）成果考核

1. 各组提交调研、体验方案和调研体验报告（1 500字以上）。

2. 教师根据提交材料评分，并纳入学生平时成绩。对于优秀的材料，供全班交流、学习和讨论。

推荐阅读书目

1. 王子华，汤亚平．彩云深处起炊烟——云南民族饮食．昆明：云南教育出版社，2000。

2. 殷国禺．哲学视野中的云南文化．昆明：云南民族出版社，2006。

3. 云南省烟草学会．云南烟俗文化．昆明：云南民族出版社，2005。

项目4 PROJECT 云南服饰民俗风情

学习目标

通过本项目的学习，同学们应该了解云南服饰的起源，掌握云南服饰的特点、功能，熟悉云南服饰的类型，并对各类型中具有代表性的民族服饰进行深入的认识和理解。

学习建议

在本项目学习过程中，同学们应当阅读推荐书目，通过电视、网络等多种渠道更全面地学习、了解云南的服饰民俗风情，可以到民族博物馆参观学习，还可以深入少数民族地区实地调查了解有特色的民族服饰。

TASK 任务1 云南服饰民俗的起源、特点及功能

案例导入

楚雄彝族赛装节

每年农历正月十五，聚居在永仁县直苴地区及附近中和、大姚县桂花等地的彝族人民，都要聚集在一起欢度赛装节。所谓赛装节，就是服装、服饰大比赛的日子。这是一个充分显示彝族人民聪明智慧和勤劳能干的节日，也是一个爱美比美的节日。

赛装场上，色彩纷呈，满眼都是花花绿绿的鲜艳服饰，令你目不暇接。彝族妇女不光是在帽子、衣服、围腰上绣花，而且还在挎包、鞋子、鞋垫上也绣满了各种图案。并且各人的工艺、构图、用色都互不相同，各有千秋。风雨雷电，日月星辰，山水木石，花鸟禽兽，各种人物都可以入绣。其构图上的繁简虚实，形象的夸张变形，色调上的对比反差，令人叹为观止。到彝族的赛装节会上观光，是一种赏心悦目的享受。赛装场，色彩缤纷，满眼都是花花绿绿、五颜六色、五彩缤纷的鲜艳服装，一定会令你目不暇接。

赛装场，除了赛装展示服饰之美，还是直苴彝族青年男女传情递意、谈情说爱的好场所。

彝族赛装节不但反映着原始部落的政权组织形式，而且涵盖了彝族的歌、舞、乐、绣等几乎所有门类的艺术，是祭祀文化、服饰文化、婚俗文化、歌舞乐文化以及古盐道文化的大展演，这当中最具代表性的是彝族服饰。

思考：

1. 彝族赛装节反映了彝族的哪些民俗文化？
2. 你对彝族的服饰民俗有何认识？

一、云南服饰民俗的起源

服饰民俗是一个地区生活风尚的表征，服、饰结合的民俗，既指衣饰，也含穿着者的行为和文化习惯。服饰从最早的防寒御体之物不断发展变化，不但在服装、饰物方面日渐丰富，而且其民俗文化内涵也不断丰富发展起来。

人类服饰的最早出现，应当可以追溯至史前“毛人”渐脱去“毛”而成为“人”的漫长过程中，云南民族服饰的发展也不例外。在云南丽江永宁摩梭人中流传着这样的神话：妖猴与神女私通，生下一群似人似猴的怪物，为改变丑陋的模样，他们用烫水浇在身上，烫落了身上的毛，由于很疼，他们忍不住抱头缩身，所以头上、腋下等处的毛发至今还留着。烫光了毛，身上光光的，觉得冷和羞，就找东西来披裹，这才有了衣服。苗、瑶等少数民族把盘王尊为民族起源的始祖、开天辟地的大神和创造种种文物器用的文化英雄，其中包括衣物的制作。

在保山市蒲缥塘子沟遗址中出土了距今8 000年的骨针和骨锥，说明至迟在旧石器时代晚期，“蒲缥人”就已能将兽皮缝缀为衣了。到中石器或新石器时代（距今4 000—3 500年），在云南全省的遗址中都发现了石锥、骨锥、角锥或骨角针、陶制纺轮、网坠、穿孔蚌、贝、抿、珠、镯、笄、环等一些缝制工具和装饰品，说明当时衣物的缝制与织制已发展到了一定的水平。临沧的沧源崖画、玉溪元江的它克岩画众多的人物形象以剪影式的画法，将人的衣饰打扮栩栩如生地呈现出来，有的赤身，有的穿衣服，有的披羽毛（或兽皮），有的穿羽毛（或兽皮）做的裙子。

进入青铜器时代，有关纺织工具和装饰用品大为丰富起来。剑川县海门口村发现的早期青铜器时代遗址中，与服饰有关的除石制、骨制与角质的工具及饰品外，还有铜锥、铜针、铜镯等器物。楚雄万家坝东周墓群中出土有铜镯、玉环、玛瑙珠等服饰用器。战国至汉代，滇池地区的滇人服饰比新石器时代有了很大进步，从文物资料来看，服饰有羽毛做的羽装、衣服后面拖着长尾的尾服、条纹布衣、披毡、其他各类长短衣服等。饰品也琳琅满目，有头饰、手饰、扣饰等，材质有金、青铜、玉、红绿松石、玛瑙等，做工精细，造型美观。

唐宋时期，即云南的南诏、大理国时期，云南民族服饰发展很快，这从古代绘画《南诏图传》《大理国画卷》和剑川石钟山石窟的人物中得到了生动具体的反映。南诏、大理国国王的服饰气势非凡，文武官员的服饰等级分明，做工精美，大众的服饰纺织品材料多样、样式丰富。这一时期形成的服饰传统对以后的云南民族服饰有很大影响。

元代至清代，云南民族的纺织、印染、绣花等技艺继续发展，服饰的材料、样式不断丰富，文献对白族、傣族、壮族、纳西族、布朗族、佤族、哈尼族等民族服饰有较为具体的记载，此时期各民族的服饰基调、形制、用料等奠定了近现代民族服饰的基础。

由于地理环境的封闭及生产力发展水平、社会发展水平的不同，云南的一些少数民族在中华人民共和国成立初期，还不同程度地保存着原始的生活与生产方式，在服饰民俗方面自然也可以窥见服饰发展的历程。处在不同社会发展阶段的云南少数民族服饰，从最原始的缠裹树叶、兽皮，到“滇人织造”；从火草衣、桐华布到披毡和贯头衣，其多层次文化内涵，无疑是人类服饰史研究中的实物见证，有着不可估量的价值。最为原始的服饰，应当是未经缝制的用以护身裹体的兽皮衣、树皮衣、树叶衣或草衣等。云南独龙族、怒族过去的服饰就反映了这方面的情况，在很长一段时期，他们都以树叶、兽皮做衣料，斜披于肩，白日为衣，夜晚做被。他们阴部保护物有护阴板、树叶、树皮、兽皮及其他可供使用的野生天然物质等。这些衣物虽然制作极为简单粗糙，既不织，也不纺，但它们确确实实是“穿”在身上的衣服，它们是服饰的源头，是最早的服饰形态。

二、云南服饰民俗的特点

（一）丰富性与多样性

云南民族众多，服饰千姿百态。由于特殊的地理环境和历史原因，居住在这里的 25 个少数民族，各自都有自己独特的服饰装束；有的民族因支系不同，服饰也就不同；即使是同一支系，也往往因居住地域的差异而服饰又各有千秋。如彝族在云南分布广泛，分布在滇东北、滇西北、滇中、滇西、滇东南及滇南的各地彝族支系服饰多姿多彩，居住不同海拔地区的彝族服饰也由厚重保暖的披毡到凉爽舒适的领褂、宽裤脚等各有不同。

（二）民族性与地域性

一个民族的服饰，就是一幅颇具风情趣味的画卷，也是一座民族民间工艺美术的宝库。它不仅以千姿百态的造型款式标志着不同的形象特征，而且也体现着各个民族不同文化的背景。各民族传统服饰均保持着自己鲜明的个性。长期相互为邻、交叉居住的兄弟民族，其服饰十分接近，其差别细微到外界人无法察觉的程度，但他们各自的特点也是十分清楚的，从不同的服饰，可以识别出不同的民族。一个民族富有特色的传统服饰，对于别的民族，是一种区别的标志；而对于本民族，却是互相认同的旗帜、结成整体的纽带。

地域性是指由于居住区域自然环境、气候条件不同，服饰有明显区别。一方面，居住同一区域的民族，其服饰有共同的特征。居住在寒冷山区的民族服饰厚重，色彩深沉，如藏族、纳西族、普米族、怒族等服饰，而居住在炎热河谷地带、平坝的民族，服饰薄轻，色彩明亮，如傣族、佤族、布朗族、基诺族等服饰。另一方面，居住在不同区域的同一个民族，其服饰也有区别。如彝族在云南分布广泛，有的居于高寒山区，有的居于坝区平地，其服饰千姿百态，丰富多彩。

（三）历史性与发展性

一般来说，某个民族服饰的质料、工艺、形制和该民族的生产技术水平是相适应的，一定的服饰的质料、工艺、形制，也就是一定发展水平的标志。由于云南省的一些少数民族居住在闭塞的山区僻壤，与外界的交往困难，生产力发展水平落后，反映在服饰上，表现出过去时代的影子，既可能保留着母权制向父权制转化的痕迹，也可能表现出民族大迁移的征候。云南的独龙族、怒族穿麻布，反映的是较为原始的服饰；纳西族少数民族妇女“披星戴月”，既是妇女起早贪黑、辛勤劳作的反映，也是妇女地位崇高、母权至上的象征；而据德昂族的一个传说，妇女腰戴藤圈和篾箍，是母权制向父权制过渡时对妇女的一种束缚。而白族、壮族、彝族等精美的刺绣服饰，反映了服饰在材质、工艺等方面的发展进步，各民族人民在长期的社会生活中创造出风格迥异、特色鲜明、风采奇丽的云南民族服饰。

（四）古朴性与审美性

云南少数民族服饰的古朴性与审美性可以从材料、图案、造型、工艺、寓意等方面得以体现。

在云南，古有“桐华布”，今有“火草衣”。“树叶为衣”是云南各民族的服饰传统，可谓山野本色、妙趣无穷。云南少数民族服饰将宗教文化、图腾文化运用到服饰图案中，如纳西族的东巴教服饰、瑶族的道教服饰、回族的伊斯兰教服饰等。纳西族的“七星披肩”是青蛙图腾崇拜；彝族服饰上的绣虎斑纹是老虎崇拜；苗族崇拜牛，便将头饰打扮成“牛角形”；傣族崇拜大象，则在织锦上织出大象图案；不少民族妇女的衣服饰件上绣有蝴蝶、蜜蜂、马樱花等图案，也都是远古图腾的对象。云南少数民族独特的服饰图案，是对现实生活的反映，他们远离城市的喧嚣，用独特古朴的方式将服饰、人与自然融为一体。云南少数民族服饰造型的古朴在贯头衣这一样式上得以充分反映。在一块布的中央剪裁一个方形或菱形的洞，将头从洞中贯入，这块布就披搭在身体的前后，因之称“贯头衣”。它是人类纺织产生后最初的服饰形式，这种服饰与我国商周时期的服饰风格大体一致。现在佤族、哈尼族、德昂族、景颇族、布朗族等妇女服饰，基本上都属贯头衣类型。其中，以文山彝族“龙婆”和寻甸彝族妇女的贯头衣最有特色。麻栗坡县彝族花倮人的祭服用1.5米宽、3米长的整布制成，中留一孔，贯头而入，在特定祭祀场合穿着，宗教活动中遵祖训、守古制的风气在一定程度上保留了这种服饰“化石”的作用。

云南少数民族服饰工艺的审美性反映在刺绣、蜡染、扎染等服饰工艺制作方面。刺绣是民族服饰装饰手段中不可缺少的。云南少数民族服饰尤其重视刺绣，很少有不挑花刺绣的，无论是衣襟、袖口或是胸肩裤脚，都有精美的图案装饰，特别是一些特殊部位的装饰物，如围腰、头巾、腰带、绑腿、挎包、荷包等。蜡染、扎染也是比较典型的云南少数民族服饰的装饰手法。擅长于蜡染的民族有苗族、侗族、水族、布依族等，其中苗族蜡染工艺技高一筹。大理则是扎染的故乡，扎染织物不仅用来做衣服还用来制作窗帘、桌布和被单等，用途非常广泛。蜡染和扎染的工艺原理相似，都是屏蔽部分织物使其不能上色，使之与上色部分相结合来构图，形成一些朴实的图案。

云南少数民族服饰有一定的寓意。傣族是一个性格温柔善良、重和睦、轻纷争的民族。他们最爱孔雀，把它称为“吉祥鸟”，因为“哪里有孔雀，哪里就是安宁的地方”。于是，傣家人把孔雀作为自己民族性格的象征，作为自己民族的审美对象，把孔雀的形态、动作编成舞蹈，衣着服饰上点缀孔雀的图案。这充分体现了傣族人民渴望和平、自由、安宁的古朴情愫。“披星戴月”是纳西族千百年传承下来的古老服饰，是丽江纳西族妇女服饰的重要标志。纳西族妇女的七星羊皮披肩用绵羊皮做成，形状上方下圆，上部缝黑边，下面再钉上一横排七块圆形五彩丝线绣成的“七星”，每颗星中心各垂两根白色的羊皮飘带，代表北斗七星，故又称“披星戴月”，象征纳西族妇女早出晚归、辛勤劳作之意。

三、服饰的功能

（一）满足生存需要的保护性功能

服饰是人类生活的重要物质资料，从最原始的意义上来说，服饰是为满足人类的基本生存需要而产生的，实用是服饰的首要功能。古人为避风寒，为保护身体，他们或利用自然物，或改造自然物，将其做成衣服，保护身体免遭虫兽荆棘的伤害。为了防御与保暖，古人用树叶、火草、兽皮包裹身体，在手腕和脚上戴护腕、绑腿（如独龙族以竹片护腿）以防乱石荆棘的刺伤。此外，对性的遮饰，从树叶、兽皮到竹木的护阴板，都有对性进行保护的意味。

（二）顺应自然环境的适应性功能

云南“一山分四季，十里不同天”，为适应多变的自然环境，各民族长期形成的服饰，除历史、文化等因素外，就是对自然环境适应的结果。他们或因地制宜，随季更衣；或根据物产选择衣料衣饰；或观察自然加工服色服式。生活在高寒山区的民族，服制多皮革毛毡，长衣大袍；河谷坝区民族，则喜棉布丝绸，短衣薄裙；山地民族多扎绑腿，水乡村姑好打赤脚；干冷之地爱戴厚帽，湿热之邦不离斗笠。

（三）确定社会角色的区别性功能

民族服饰是民族文化的载体，从民族服饰上可以了解个人在社会群体中的角色，如民族、性别、年龄、职业、婚姻状况等。云南许多少数民族根据不同的年龄有不同的服饰，如纳西族的摩梭人和普米族的女孩在13岁举行“穿裙子礼”。西双版纳哈尼族的服装，随年龄的变化而变化，因儿童、青年、老年（壮年）各不相同，民间有“服饰三变”的说法。男童戴圆帽，穿黑衣，一般不加饰品，女童戴圆帽，多用银泡、彩穗作饰，饰物随年龄的增长而增多；年满15岁以后，男女均要改变头饰、服饰，在衣服、帽子上饰以众多的饰品；结婚生育以后，便逐渐减去鲜艳饰物；至45岁以后，男女要去掉饰品，穿一身朴素的黑衣蓝裙，显得素雅、庄重。

在一些民族中，从事专职宗教活动的人员如藏族的喇嘛、活佛，傣族的和尚、佛爷等，都有特定的服饰。此外，各种各样的祭司、巫师在进行祭祀活动时所穿的衣服与平时是不同的，如纳西族的东巴，彝族的毕摩等。

（四）恪守礼仪伦常的规范性功能

云南各民族围绕出生、成年、婚礼、丧礼等人生的四大礼仪，或多或少都有一些人们所要遵守的规范性的礼仪伦常，而在这些礼仪中，大都会通过服饰等物化的方式来使人们遵循相关伦理纲常规范。这种服饰制度对人们的行为举止，起着规范化、象征化的指导作用。

（五）感应天地神灵的幻化性功能

在某些文化形态较为古老的少数民族中，服饰作为特定时代或特定文化的产物之一，必然要留下古老文化心理的印迹。为与神灵世界沟通信息，实现感应，服饰被人们当作一种特殊的标志或象征物，行使着与咒符、祝辞、巫图神话等类似的宗教或巫术的文化功能。如哈尼族认为着黑色可以“避鬼护身”，彝族在小孩帽子上绣虎图腾保护小孩。

（六）记述史事古规的阐释性功能

原来没有文字的口传文化的民族，服饰记述史事古规的符号性功能更为突出。景颇族民歌里说“筒裙上织着天下的事，那是老祖公写下的字”，景颇族“目瑙纵歌节”时领舞者“瑙双”（主祭者）头上戴的长羽犀鸟头装饰，是远古神话一个浓缩的象征；对苗族花披肩和花裙子上的各种图案，有说是古代苗文的拼合，有说是对历史的追忆；傣族织锦上的许多图案，大多是对佛经故事的形象或象征性的记述；瑶族道公的法衣上绣满诸灵百神，犹如一部穿在身上的道教法典；彝族的歌手唱道：要问老古时候的事，老辈子已绣在衣服上了；要分辨各个民族兄弟姐妹，看看穿着的和挂着的（饰品）就清楚了。我们还没有学会写字的时候，祖先缝在衣服上的故事我们就会讲了……

（七）美化身体生活的审美性功能

不同的少数民族服饰，反映出不同民族、不同时代的装饰习俗和其中蕴藏着的审美情趣、审美理想、审美追求。人类在很早的时候便会利用自然物和改造自然物以装饰自己，在距今三四千年前的新石器遗址中，就发掘出了不少的原始装饰品，可见人类装饰自己的要求和行为都是十分古老的，服饰的审美要素已然暗含其中。随着服饰的发展，服饰的审美功能愈发复杂化和多样化，其图、形、色、质就是一个自足的审美形式构成系统。透过不同的服饰，不同时代、不同民族在长期社会实践和文化环境中所形成的审美情趣、审美理想和审美追求也就可知其大概。

TASK 任务2 云南服饰民俗的类型

案例导入

白族扎染

大理白族地区的扎染原料为纯白布或棉麻混纺白布，染料为苍山上生长的廖蓝、板蓝根、艾蒿等天然植物的蓝靛溶液。工艺过程分设计、上稿、扎缝、浸染、拆线、漂洗、整检等工序。制作时，根据人们喜欢的花样纹式，用线将白布缚着，做成一定襞折的小纹，再浸入染缸里浸染。如此反复，每浸一次色深一层，即“青出于蓝”，浸染到一定程度后，取出晾干，拆去缬结，便出现蓝底白花的图案花纹来。这些图案多以圆点、不规则图形以及其他简单的几何图形组成。

白族扎染取材广泛，常以大理的山川风物作为创作素材，其图案或苍山彩云、或洱海浪花、或塔荫蝶影、或神话传说、或民族风情、或花鸟鱼虫，妙趣天成，千姿百态。用户可根据各种图案的扎染布制作衣裙、围腰、床单、窗帘、桌椅罩等生活用品。如图4－1所示。

图4-1　白族扎染

国家非常重视非物质文化遗产的保护，2006年5月20日，该扎染技艺经国务院批准列入第一批《国家级非物质文化遗产名录》。

思考：

1. 白族扎染有何特色？
2. 为什么扎染技艺能够列入《国家级非物质文化遗产名录》？

云南民族服饰丰富多彩，可以根据不同标准分为多种类型。

从自然环境和气候特点的角度分，有三种类型：一是寒冷地区的宽大厚重型。这种服饰在滇东北、滇西北的民族中较为普遍，以藏族、纳西族、傈僳族、彝族等为代表。其特点是腰肥、长袖、大襟、色彩单一浓厚、多层重叠、厚重保暖。二是炎热地区的轻薄短紧型。这种服饰在滇西南、滇南河谷湿热地区的民族中较为普遍，以傣族、景颇族、佤族、阿昌族等为代表。其特点是短小、轻薄、紧身、色彩鲜艳、易洗易干。三是气候温和坝区的轻便舒适型。这类服饰在滇中地区的各民族中较为普遍，以大理白族等为代表。其特点是使用方便、简洁明快、色彩素淡。根据色彩分为尚黑型、尚白型、鲜艳型和素淡型四种；根据性别分为男式、女式两种；根据年龄分为儿童、中青年、老年等几种；根据穿着场合分为日常装与盛装等。在此，我们依据服饰形制和用料特点，将云南民族服饰大致分为四种类型，即长衣（袍）裙裤靴装、披皮或披毡衣裤装、上衣下裤装和上衣下裙装。

一、长衣（袍）裙裤靴装

这类服饰的特点是外衣长大，呈袍状；女子长裤外还穿及地长裙；脚穿长筒靴；头戴毛帽或缠包头；用料以毛、棉为主。较为典型的是滇西北的藏族，普米族和纳西族摩梭人的男女衣装也基本属于此类型。他们普遍使用较长、较宽的布带，层层缠于腰间，对御寒保暖起着较大的作用，正如民间谚语所说："身穿万件，不如腰系一线。"

藏族的主要服装款式是藏袍。藏族男子服饰按使用场合，分为"勒规"（劳动服饰）、"赘规"（礼服）、"扎规"（武士服）三种。春夏穿的"勒规"藏语叫"楚巴"，一般用七彩大花带子将"楚巴"围系在腰间，两只袖子交叉经前腹围系在腰后，尽显康巴汉子的强健与奔放。"赘规"为节庆盛装。配饰主要有藏钱包、手镯、长刀、身佩护身符等。"扎规"为武士服，男子头戴狐皮帽，身穿貂皮镶边的氆氇或毛呢楚巴，腰插长刀，身佩挂护身符和长短枪，倍显武士英姿勃发的阳刚之美。河谷地区的藏族妇女，上身穿长袖彩绸衫，平时穿的彩绸衫袖子只是齐腕长，节庆或礼仪时穿的衣服袖子特长，一般长出手腕三四尺（约1～1.33米），俗称水袖，是妇女跳“弦子”舞的道具，不跳“弦子”舞时则卷叠于腕上。下身里面穿绦棉布料裤子，外面再穿一条白茧绸裙子，腰前系红、橙、黄、绿、蓝、靛、紫七色横条纹相间的七彩“帮典”，汉语称围腰或围裙，宛如彩虹挂身。头饰用约两尺长（约0.67米）的七色丝线辫入发辫后盘缠于头上，将丝线穗垂于右耳后。藏靴主要有“松巴鞋”和“嘎洛鞋”。藏族男女的头、手、胸、腰上都喜欢佩戴用珠宝、金、银、铜、玉、象牙等制作的精美饰物。

丽江宁蒗县永宁一带摩梭妇女，头戴布料大包头，身穿大襟小褂，系百褶裙，腰系彩带，佩戴首饰，美观大方。百褶裙所需布料极多，可达数丈，长及脚面，宽可绕身数匝。她们习惯于将宽出的一部分裙子掖于后腰处，既方便走路、生产与劳动，又能够使腰背腿脚得到很好的保暖。服饰色彩普遍为黑色或深色，耐磨耐脏，还可充分吸收日光的热度，抵御寒露霜降。

二、披皮或披毡衣裤装

这类服饰的特点是上衣下裤，衣外披一张首尾四肢俱全的羊皮，或穿无袖羊皮褂，或披羊毛擀制的黑色或白色的披毡；穿鞋；缠包头或戴有装饰色彩的帽子；衣物多用棉布、麻布缝制。各地山区的彝族，丽江山区的纳西族，大理山区的白族，昭通、曲靖山区的汉族、苗族等有类似穿着。如图4－2所示。

图4－2　云南披皮或披毡衣裤装

气候寒冷地区的彝族，男女老幼都喜欢穿羊皮褂，用羊毛毯——披毡护身，俗称“察尔瓦”。昭通巧家县的细褶子披毡选料精细、制作考究、造型古朴、结构紧凑，在历史上特称为“东爨披毡”，在明代开始就是进贡朝廷的贡物。一般的披毡长约两米，宽约一米，横、纵边都串以领绳，领绳收缩时把披毡聚攒成许多褶，主要有白、黑两色。披毡在牧民的生活中可以当衣服、当被盖、当坐垫、当睡袋、当盾牌，用途丰富，四季皆宜，能为牧民挡雨、遮风、御寒、隔潮、遮阳，是高寒山区耕耘放牧者随身携带的贴身贴心之物。

独龙毯是独龙族最早的服装样式之一，也是独龙族文化的象征。独龙毯以野生麻为原料，经手工加工成线纺织而成，花纹为红、黑、蓝、白相间的直条纹。如图4－3所示。这种毯子耐磨结实，人们多以披裹整块麻布毯为服装，独龙族男子过去用一方独龙毯披于背后，由左至右腋，拉向胸前系结，下身穿短裤，遮掩至臀股前后，女子上身以一条麻布毯做衣，下身也以一条麻布毯为裙。现在独龙族普遍穿上了布料衣装，但仍在衣外披覆独龙毯或条纹线毯。

三、上衣下裤装

这类服饰在云南各民族中分布面较广，其特点是上穿有领长袖右衽衣（大襟衣）或对襟衣，多长及下腹，少数甚至及膝，有的还外罩坎肩；下穿中长裤或长裤（个别有穿短

图4-3 独龙毯

裤)；女子系围腰或腰带；穿鞋；缠包头，或顶头帕，或戴各式帽子。衣服用棉布缝制，也有用麻织品或毛织品、棉毛混纺缝制的。彝族、白族、纳西族、哈尼族、瑶族、拉祜族、壮族、满族、回族、蒙古族、汉族等民族的男女式服装普遍呈此种类型。

彝族支系繁多，各地服装差异大，服饰区别近百种，琳琅满目，各具特色。除小凉山的彝族穿裙子外，其他地区的彝族都穿长裤。许多彝族支系的服饰刺绣精美，云南永仁等地的彝族举行每年一度的赛装节，妇女们穿上自己最漂亮、刺绣最精美的衣裳会聚到赛装场，显示自己精巧的手艺和才智，同时学习别人的经验。石屏县龙武、哨冲一带“花腰彝”妇女的服饰结构复杂，精美艳丽。花腰彝以绣花折叠头巾为帽，上穿夹袖长衣，外罩开襟绣花领褂和大花带系腰；下着青布宽口过膝裤，裤口绣彩色花边。整套服装除了银饰之外，一切全靠手工精制而成。一套精美的花腰彝服饰需要3~5年的时间才能完成。服饰上都有数十种不同纹式和图案拼凑起来的刺绣，而服饰中的每一个花样图案都记载着一个神话传说或民间故事。

黑色是哈尼族服饰的主色调，哈尼族崇尚黑色，将黑色视为吉祥色、生命色和保护色。适应于梯田农耕劳动，具有共同的刺绣图案、装饰物品和审美色彩是哈尼族服饰的基本特征。哈尼族男子服装、服饰和头饰比较单纯，朴素大方，各地款式基本一致，大多为紧身短衣、宽松长裤和黑布包头。哈尼族妇女的头饰、服装和服饰多样复杂，各具特色，不同地区形成了不同的服饰文化圈。红河元阳等地的奕车妇女头戴白布缝制的尖顶软帽，后面一截燕尾边沿绣有精美的花纹。上身穿靛青色对开式短袖土布衣，无领无扣，由宽宽的五色腰带扎腰。下身穿被称作“拉八”的黑色短裤，裤脚口打上适当的褶纹，大腿以下全部裸露着。现在奕车妇女已改穿长裤，传统服装只在婚嫁活动、节日期间偶尔穿着了。

白族崇尚白色，以白色为尊贵。白族服饰因聚居地不同而略有差异，但所体现出来的总体特征是：用色大胆，浅色为主，深色相衬，对比强烈，明快而又协调。大理地区的男子多穿白色对襟衣，外套领褂，海东地区男子则外套皮领褂，或数件皮质、绸缎领褂，俗称“三滴水”，腰系皮带或绣花肚兜，下着蓝色或黑色长裤。享有“金花”美誉的大理白族妇女的服饰，绚丽多彩，主要有头帕、上衣、领褂、围腰、长裤几个部分。上衣多为白色或浅蓝色，外套为黑色或红色领褂，右衽结纽处挂“三须”“九须”银饰。腰系绣花或深色短围腰，下着蓝色或白色长裤，或上下一体，色调一致，或衣、褂、裤、围腰各为一色，于多色块对比中求和谐。喜戴银制或玉制首饰。白族在服饰方面的审美倾向深受自然环境的影响，比如大理坝区未婚女性编独辫盘于顶，缠以绣花布或粉色毛巾，或辫上缠红白绒线，左侧头巾边飘着一束鲜艳雪白的缨穗，这种头饰的造型与色调，是对大理上关花、下关风、苍山雪、洱海月的“风”“花”“雪”“月”四大自然景观的模仿和再现，富有丰富的文化内涵。

云南的蒙古族采用了适应渔耕、农耕生活的服饰，衣色尚青、黑，反映出高原的环境特点。

四、上衣下裙装

这类服饰的特点是上身穿短衣或稍长的衣裳，下穿裙子。裙子有筒裙、搭裙（一幅布两头交叠在一起）、褶裙（皱褶多的称百褶裙）三种，有长及脚背的、有长及膝盖或小腿的、有仅长及大腿中上部的。筒裙多用棉布和织锦缝制，其他裙有用棉、麻或毛织品等缝制。傣族、布朗族、景颇族、阿昌族、德昂族、佤族、基诺族、哈尼族僾尼人、苗族、傈僳族、怒族等民族的妇女基本是这种穿着打扮。

小凉山彝族妇女百褶裙的裙身多由三截色彩不同的裙幅拼接而成，色彩对比强烈，艳丽生辉。

景颇族妇女上穿无领短衣，用青蓝布或黑色、红色绒布制成，配以银饰，鲜亮美丽。下着筒裙，遮到胫部，色彩鲜艳。

傣族男子上装一般穿无领对襟或大襟小袖衫，下装一般穿长裤，毗邻缅甸一带，下装穿笼基［形似妇女的筒裙，但稍短，不足三尺长（约1米），颜色较素，不起花纹，多为方格或一色］。男子文身习俗还比较普遍，是一种古老的风俗，属于婚姻关系的成年仪式。文身部位多在胸、腹、四肢，而不及于面部。所刺花纹有动物状，也有刺飞鸟的，还有的刺文字、佛经的，但不刺家畜。傣族妇女服饰较为复杂，很富有民族特色，但各地差异较大。西双版纳傣族妇女服饰，内穿浅绯色紧身小背心，外着大襟或对襟圆领窄袖短衫，紧身衣长只到腰部。身着色彩艳丽的花筒裙，结发于顶，常插以梳子、鲜花或覆以花头巾。饰物有耳环、手镯、腰带之类。新平花腰傣妇女上衣有两种，即贴身短褂和无纽扣外衣，短褂前下摆处钉细银泡，外罩一件只可遮盖胸部的蓝色或粉红色无领无纽短衣。下穿宽大的土布筒裙三条，以一条自织的艳丽多色的彩带绕腰数周，既可系裙，又可束腰，“花腰”即由此而得名。

佤族的传统服饰，以黑色为基调，以自制土布为衣裤的布料。最古老、最具佤族本色的是佤山中心区即西盟地区佤族的服饰，较多地保留了佤族原来服饰的特点。男子用黑布或红布缠头，穿无领短衣，裤子短而肥大。佤族地区的妇女，喜留披肩长发，头戴发箍，耳坠垂耳，胸前挂着数十串自制的天然果珠或料珠；上穿无领短小坎肩，腹部裸露在外，佩带数个篾腰箍，手臂戴银镯；下穿开口条纹花短裙，小腿套藤篾圈或裹护腿布。搭配得十分自然得体，它既适应了阿佤山炎热的亚热带气候，又充分地利用自然物，弥补过去佤山纺织品的奇缺。佤族妇女服饰美丽大方，个性突出。

基诺族成年男子的上衣，对开无领，用砍刀布制成，上背中央缝有用彩线绣在一块黑布上的月亮花。裤子是长腿腰裤，裤长仅到膝盖下一点，裤腰上用一彩线织成的裤带扎腰，坠于腹下。基诺族成年妇女的服装，上衣为无领圆口，内载胸兜。下穿筒裙，长过膝，下半截用黑布做成，腰部是白砍刀布，穿时两头在前交叉。妇女头上均戴用白色砍刀布制成的三角形帽子，帽披长及脖子处。此外，筒帕是基诺族服饰的重要组成部分。如图4-4所示。

德昂族的服饰富有自己的特色。德昂族女子上身穿蓝色或黑色的紧身短衣，下穿花色

图4-4 基诺族服饰

艳丽长裙。不同支系的妇女，多用裙边横织的线条颜色加以区别。红德昂是红、黑相间的颜色；花德昂则镶有白红色相饰；黑德昂是红色衬夹白色。红德昂和花德昂支系的妇女剃头后用黑布包裹，喜戴大耳环、银项圈，穿蓝、黑色对襟短上衣，下摆用小绒球装饰。德昂族的姑娘成年后，在腰部佩带上五六圈甚至二三十圈藤篾制的“腰箍”。这些“腰箍”，宽窄粗细不一，多漆成红、黑、黄、绿诸色，有的刻着各种花纹图案，有的还包上银或锡片，在阳光照射下闪闪发光，鲜艳夺目。德昂族认为姑娘身上佩带的“腰箍”越多，做得越精致，越说明这个姑娘勤劳、聪明、有智慧，也表明这个姑娘心灵美好。所以，德昂族的妇女都佩带腰箍，并以此为荣。在青年男女社交期间，小伙子为了获得姑娘的爱情，往往精心制作“藤篾腰箍”，送给自己心爱的姑娘佩带，于是“藤篾腰箍”又成了青年男女爱情的信物。此外，德昂族男女极为喜欢以五彩绒球作装饰，是其服饰中引人注目的一大亮点。

苗族妇女较为典型的装束是短上衣，百褶裙，裙子以白色、青色居多，服饰的用料、颜色、款式、刺绣等方面都极具民族风格。苗族素以服饰艳丽、银饰精美繁杂而著称，在《后汉书·蛮夷传》中就有苗族先民“织绩木皮，染以草实，好五色衣服”的记载。苗族服装大多是刺绣、挑花、蜡染、编织、镶衬等多种方式并用，做工考究。苗族因居住地区和支系不同在风俗习惯等方面颇不相同，妇女服饰成为区分不同支系的特殊标志。根据衣服头饰的区别，分为黑苗、白苗、花苗、青水苗等，各支系服装具有各自的特色。配饰以头、颈、胸及手等部位的银饰为多见，苗族银饰在各民族首饰中首屈一指。苗族服饰反映了苗族历史悠久、居住分散、风俗多样的特点。除了支系与支系之间的区别外，不同地域的妇女服饰也各不相同，县与县，甚至寨与寨之间在服饰上都有严格区别。苗族的服饰不仅是美的表达，也寄寓着对先民、祖居地的怀念，尤其是刺绣图案有着深刻的象征意义，折射出民族历史上的分支、迁徙、战争等。苗族服饰图案被称为“研究民族历史文化的活化石”，也有人称苗族服饰是“穿在身上的书”。

五、其他服饰

此外，云南各民族服饰的种类众多，除主体的衣裤（裙）外，各民族饰品的种类有头饰、颈饰、耳饰、胸饰、肩饰、背饰、腰腹饰、臂饰、腕饰、指饰、脚饰及体饰等，包括

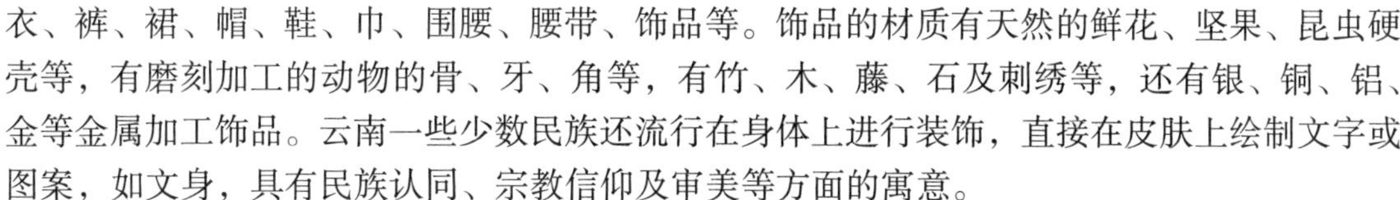

衣、裤、裙、帽、鞋、巾、围腰、腰带、饰品等。饰品的材质有天然的鲜花、坚果、昆虫硬壳等，有磨刻加工的动物的骨、牙、角等，有竹、木、藤、石及刺绣等，还有银、铜、铝、金等金属加工饰品。云南一些少数民族还流行在身体上进行装饰，直接在皮肤上绘制文字或图案，如文身，具有民族认同、宗教信仰及审美等方面的寓意。

1. 帽子

帽饰、帽子是服饰的重要组成部分。云南各少数民族都有自己传统特点的帽子，其中尤以童帽最为精彩。童帽不但种类繁多，造型栩栩如生，而且装饰技艺多样，饰纹精美，寓意深远。红河彝族牌坊帽，帽沿以铜或铝制成佛像装饰，形同牌坊，有祈福避邪之意，寄托着母亲对孩子的挚爱。昆明汉族的虎头帽，上绣有“王”字，并有牌坊型莲蓬，风格上与彝族的极为相似。傣族童帽，用盘绣、镂空拼绣等技法，以五色丝线绣制而成，风格上显得华贵富丽。

2. 背心、方巾、香包

壮族背心绣片，既有绣鸟、蝴蝶、花卉，以白布贴绣出花卉图案，将丝绣的花鸟图案分隔开来，构图对称，极为精致；也有贴花锁绣背心。

路南彝族挑花大方巾分为五个图案区，每个图案区上下左右对称。第一区绣有人物、狗；第二区绣有人和蝴蝶或蜜蜂；第三区为树木图案；第四区为蝴蝶图案；第五区为中心图案，以黑线绣成一朵大的花卉造型，内分别绣有二至四区的代表图案和民居。每层图案都由不同的色线绣成，整体构图紧凑、严密，繁而不乱，是绣件中的精品。

香包，也有称荷包的，是云南民间的传统刺绣工艺品，也是青年男女表达爱情的信物和装饰品。在云南民间习俗里，端午节戴香包，可以祈吉避邪。香包的种类很多，有动物造型的猴子串香包、彩马香包，有蝴蝶香包、绣球、八卦香包，等等。香包小巧玲珑、绣工精细，便于携带。

3. 鞋子

白族、彝族、壮族、布依族、蒙古族、普米族和傣族等都有穿绣花鞋的习惯。在大理白族民间，至今许多老年妇女仍喜欢穿自己缝绣的绣花鞋，鞋上多绣有“寿”字或吉祥图案，她们认为穿这样的绣花鞋能长寿健康。童鞋多以动物为造型，与儿童天真可爱、喜欢小动物的童趣融为一体，其中比较有代表性的“十二生肖鞋”，把中国特有的属相运用到童鞋上来，更具民间情趣。

4. 各种配饰

苗族、瑶族、景颇族等许多民族喜欢佩戴银饰及各种饰品，如云南瑶族各支系的妇女都以佩戴银牌、银链、银颈圈、银耳环、银手镯、银戒指及串珠等饰物为美，各支系的儿童喜欢在胸前、腰间和帽边佩戴野猪、虎、豹、熊等野兽的爪和牙以辟邪。

怒江一带的女子一般头戴珊瑚珠、海贝壳、料珠镶嵌的红绒扎辫帽子；居住在德宏一带的傈僳族女子头戴缀满珠饰的红、白、黑相间的头帕和各种银器，喜欢在上衣及长裙上镶绣花边。

基诺族的耳饰具有鲜明的民族特色。基诺族以戴耳环为美，男女都戴。基诺族还以耳环孔的大小作为勤劳勇敢的象征，耳环孔越大，越象征着勤劳、勇敢。因此，基诺儿童从小就扎耳环孔，在耳孔中塞木棍或纸，更有甚者是以鲜花、香草为耳饰。

5. 体饰——漆牙、文身

布朗族青年男女有漆牙习俗，主要用于布朗族成年礼。届时，凡15岁左右的男女少年会聚到一起，用一种布朗语称“考阿盖”的树枝烧成黑烟，互相给异性“漆牙”，或用嚼烟法，将牙染黑。基诺族尚保存着漆牙的习俗，“唇红齿黑”是基诺族心目中美的象征。此外，傣族女子也有漆牙的习俗。女子到15岁时，便结伴染牙齿，表明自己已跨入了青年的门槛。染牙齿的原料主要是掺有少许松脂的黑烟。一些傣族妇女，还用嚼槟榔的方法来加深牙齿的颜色。

文身，就是用刀、针等特定的工具以人体肌肤为“画布”，刻刺出花纹或符号，涂上颜色，并永久保存。傣族是我国现存文身最多且仍在流行文身习俗的民族，阿昌族、德昂族、布朗族、佤族、克木人等也都有文身习俗。云南独龙族妇女历史上有文面习俗，过去，女孩子进入成年前都必须文面。在文面时，一般由老年有经验的妇女先用竹签蘸锅烟水在少女脸上画出图案，然后用小木棍敲击荆棘的硬刺或带针的木棍，使之依图案刺破皮肉，再将锅底灰或草汁揉入伤口，脱痂后即成青蓝色纹样。关于文面有多种解释，较普遍的一种说法是，独龙族妇女在历史上反抗民族压迫、求得人身安全的一种消极斗争形式。1966年，国家明令禁止文面，从此独龙族女孩免除了脸部被刺痛之苦，现在世的文面独龙族妇女已为数不多了。

阅读材料

哈尼族古籍《斯批黑遮》

先找树叶做衣裤，到地边树上摘树叶，到箐沟边上割芭蕉叶；蕉叶虽大容易烂，树叶太小难遮身……不是帝孟要的衣，不是帝孟要的裤。树叶难遮体，树叶难暖身，去种棉花纺纱织布做寿衣。雪白的棉花拿出来，手摇的纺车抬出来，绕线的锭子安起来，勤快的妇女来纺线，细细的棉纱纺出来……长长织机当马骑，梭子左右来回舞，织机达达响不停……有了帕玛要的衣，有了帝孟要的布。拿来傣家制作的红砂锅，倒进蓝来染布，勤脚快手儿媳妇，染出惹人爱的青布来……先把大布量一量，拿起剪刀来裁布，先剪一件夹层衣，又裁一条宽脚裤……你的好儿孙穿针引线缝新衣，缝出双层厚衣裳，衣角两边缝得齐。

注：转摘自雷兵著《哈尼族文化史》，191－194页，昆明，云南民族出版社，2002年。这是哈尼族的殡葬祭词，帝孟、帕玛指死者，要给死者寻找寿衣，最先从树叶找起，反映了哈尼族服饰的形成和演变过程。

项目小结

本项目主要阐述了云南民族在服饰发展方面的历史发展概况，服饰从最早的防寒御体之物不断发展变化，不但在服装、饰物方面日渐丰富，而且其民俗文化内涵也不断丰富发展起来；云南民族服饰具有丰富性与多样性、民族性与地域性、历史性与发展性、古朴性与审美性方面的特点；还分析了云南民族服饰从原始的保护性到高层次的审美性等多方面的功能；最后依据服饰形制和用料特点，将云南民族服饰大致分为四种类型，即长衣（袍）裙裤靴装、披皮或披毡衣裤装、上衣下裤装和上衣下裙装，并对各类型中极具代表性的民族服饰进行了较为细致的介绍。

关键词

服饰民俗　蜡染　扎染　披星戴月　察尔瓦　藤篾腰箍

练习与实训

一、单项、多项选择题

1. 在保山市蒲缥塘子沟旧石器时代晚期遗址中出土了骨针和骨锥，说明当时的“蒲缥人”就已能将兽皮缝缀为衣了，距今（　　）。

A. 5 000 多年　　B. 6 000 多年　　C. 7 000 多年　　D. 8 000 多年

2. 认为姑娘身上佩带的“腰箍”越多，做得越精致，越说明这个姑娘勤劳、聪明、有智慧，也表明这个姑娘心灵美好。具有这一服饰民俗的民族是（　　）。

A. 彝族　　B. 哈尼族　　C. 德昂族　　D. 布朗族

3. “披星戴月”象征着妇女早出晚归、辛勤劳作之意。具有这一服饰民俗的民族是（　　）。

A. 纳西族　　B. 傈僳族　　C. 普米族　　D. 怒族

二、判断题

1. 大理白族女子的头巾集大理风光的“风”“花”“雪”“月”于一体，粗犷与秀美并存，古朴与浪漫同在。（　　）

2. 蜡染、扎染是比较典型的云南少数民族服饰的装饰手法，擅长于蜡染的民族以白族为代表，擅长于扎染的民族以苗族为代表。（　　）

3. 气候寒冷地区的彝族，男女老幼都喜欢穿羊皮褂，用羊毛毯——披毡护身，俗称“擦尔瓦”。（　　）

三、思考题

1. 云南服饰民俗有何特点?

2. 云南服饰民俗具有哪些功能价值?

3. 云南服饰民俗有哪几种类型? 列举出每一类型两种以上特色鲜明的云南民族服饰。

4. 为什么说苗族服饰是“穿在身上的书”，苗族服饰图案是“研究民族历史文化的活化石”?

5. 谈谈你云南傣族服饰的认识和了解。

6. 谈谈你云南彝族服饰的认识和了解。

四、实训

（一）任务名称

云南服饰民俗调研

（二）任务目标

1. 增加对云南服饰民俗的感性认识，从而提高学习的兴趣。

2. 使学生认识服饰民俗的特点、功能，增强理解能力。

（三）任务要求

以学习小组为单位，以某几种服饰民俗为对象，开展调研活动。

（四）任务实施

1. 对所教班级进行分组，每组6~8人为宜。
2. 小组讨论，设计调研方案。
3. 根据调研方案通过网络、博物馆、实地等方式开展调研活动。
4. 整理调研素材，撰写并修改调研报告。

（五）成果考核

1. 各组提交调研方案和调研报告（1 500字以上，图文并茂）。
2. 教师根据提交材料评分，并纳入学生平时成绩。对于优秀的材料，供全班交流、学习和讨论。

推荐阅读书目

1. 邓启耀．民族服饰：一种文化符号．昆明：云南人民出版社，1991。
2. 玉腊．百彩千辉——云南民族服饰．昆明：云南教育出版社，2000。
3. 龚正嘉，等．云南少数民族服饰与节庆．北京：中国旅游出版社，2004。
4. 施惟达，段炳昌，等．云南民族文化概说．昆明：云南大学出版社，2004。

项目 5

PROJECT

云南婚恋民俗风情

学习目标

通过学习，你应该能达到：

1. 了解婚恋民俗的起源；
2. 熟悉云南典型的婚恋民俗风情；
3. 理解云南婚恋民俗的特点。

学习建议

云南少数民族的奇婚异俗很多，在学习过程中，首先要掌握一定的人类婚姻发展的知识，避免断章取义；其次要掌握云南婚恋民俗的特点；在此基础上，广泛阅读、观看各民族的婚俗资料，在有条件的情况下，尽可能参与各民族的婚礼，增加感性认识，深化认识。

TASK

任务 1 云南婚恋民俗的起源及特点

案例导入

环境与婚俗

云南地处边疆，经济、文化发展较慢，至今为止，还有部分少数民族人口处于温饱线以下。落后的生产方式、复杂的地理交通条件，使许多偏僻地区的少数民族习俗还处于原生状态。以云南少数民族的婚俗为例，云南至今还存在诸多富有特色的婚俗，如永宁纳西族摩梭人的“走婚”（又称：“阿注婚”，“阿注”在纳西族代表朋友），景颇族的“交错从表婚”“平行从表婚”“抢婚”“服役婚”“交换婚”等。其实，任何风俗都是一个民族在具体的历史地理环境下的理性选择，是他们适应环境的一种方式，是体现本民族风格和传统文化的重要元素之一。

思考：

说说您还知道哪些民族的婚俗？

一、婚恋民俗的起源

在人类社会中，婚姻不是自始存在又永恒不变的，它经历了复杂漫长的历史发展过程。它经过最初的杂乱两性关系发展到原始禁忌、习惯、道德和法律加以确认和调整以后，产生了对人们具有普遍约束力的行为规范，从而形成了人类社会的婚姻家庭制度。婚姻的演变过程分为几个阶段：

第一阶段是原始群团的杂婚。在前婚姻时代，同一原始群体内的男女，在两性关系方面是杂乱的，没有固定的配偶形式，不具有特定的习俗惯制，也不可能形成家族。

第二阶段是血缘婚。血缘婚是杂婚的进一步发展，是指排斥了父母辈与子女辈之间的通婚后，在群团生活中以同胞兄弟和姐妹之间的婚姻为基础，逐步扩展开来的同辈血缘婚。这种同辈血缘婚的典型样式是：一群兄弟与其一群姐妹之间互为共夫或共妻，子女自然形成集体共有，子女以男子长辈为共父。这种婚姻俗制自然形成丈夫多妻、妻子多夫的生活。

纳西族《创世纪》、傈僳族的《开天辟地的故事》、白族的《氏族来源的传说》、景颇族的《目瑙斋瓦》、彝族的《梅葛》等古歌中描绘的都是典型的一群兄弟姐妹之间的婚姻。

第三阶段是伙婚。伙婚是从血缘婚发展来的一种婚姻俗制，它和血缘婚最大区别就在于伙婚排斥了同胞兄弟姐妹通婚这一古俗。伙婚俗制的特点是：一群兄弟（亲的、从的、表的及再从、再表兄弟）和不是自己姊妹的一群不一定是姊妹的女子通婚，兄弟共妻，女子共夫。这种婚俗严格排除亲兄弟姐妹之间的任何婚姻关系，也排斥与旁系兄弟或姐妹通婚。在纳西族东巴经中讲述了一个传说《人类迁徙记》：从先祖从忍利恩一代，有五个兄弟和六个姐妹因无适当婚配，就相互结了婚，结果触犯了天神，天神降下大灾难。这个古老传说追述了对血缘婚的排斥，可以作为向伙婚过渡的思想依据。

第四阶段是对偶婚。血缘婚与伙婚习俗中的共夫共妻是多偶婚的结构形式，伙婚之后，氏族成员禁止在本氏族内婚配，只能到其他氏族中求得丈夫或妻子，这就是对偶婚，特点是：一男一女在或长或短的时间内，过着相对稳定的配偶生活的婚姻形式。即一个男子在许多妻子中有一个主妻，一个女子在许多丈夫中有一个主夫。其产生于原始社会晚期，是从群婚向一夫一妻制的过渡形态，从血缘结构上为父系氏族和一夫一妻制的形成奠定了基础。现居住在云南泸沽湖畔的摩梭人，其带有神秘色彩的“走婚”，其实就是对偶婚的残留形态。

第五阶段是专偶婚。俗称一夫一妻制，指一男一女结为夫妻的婚姻制度。这种婚姻制度形成了以男子为中心的婚姻家庭。它经历了长期的演变过程。

二、云南婚恋民俗的特点

（一）恋爱自由，恋爱方式多种多样

自古以来，云南绝大多数少数民族的青年男女婚前均享有充分的社交恋爱自由，成年后的青年男女可以自由来往，自由社交，并通过各具特色的社交方式加深了解，相知，相爱，缔结美满的婚姻。

1. 对歌和跳舞

以歌为媒、以歌定情、自由恋爱，是云南少数民族比较普遍的求偶方式。彝族、白族、

傣族、壮族、傈僳族……都是歌的民族，凡民族节庆、赶集、庙会、社交娱乐活动、集体性劳作等场合，是青年男女们对歌谈情的好时机。

跳舞和唱山歌是彝族人民从古至今相沿成习的文艺活动，人人喜爱。彝族人常说："是人不跳弦，白活几十年""听见四弦响，心喜脚板痒"。彝族青年男女的相识和恋爱都离不开跳歌场。余暇时间，成群结队的彝族小伙子们穿上白衬衣，挎上自己心爱的龙头月琴，边弹边唱着优美动听的山歌，去跳歌场上迎接即将到来的姑娘们。"我的阿妹啊/你家住南山/我家住北山/两山相碰难/南山流下一股。"通过对歌，双方尽吐肺腑之言。在歌场上结成的姻缘是相当牢靠的，十之八九能成，所以彝族青年把这称为"比蜂蜜还甜"的爱情。

白族人常说："三弦一弹，歌要唱响""听见三弦响，脖子就痒痒"，三弦伴歌声，成为了白族青年男女谈情说爱的一种重要形式，山野地头，夜晚河边，总有白族小伙和姑娘们的对歌声：心悠悠/妹是鱼儿海底游/哥是海上打渔人/一心把妹求；任你东西南北走/网网撒在你前头/两手轻轻来收网/鱼在网里头。

傣族的情歌情深意长，在"串姑娘"的夜晚，傣族小伙悄悄来到傣家姑娘的竹楼下，深情地歌唱：妹啊/你像天上的月亮/我彻夜站在窗前把你凝望/你是天国的孔雀/我要变成鹭鸶随你飞翔/你是锁在箱子里的宝石/我要把宝石镶在我心上。姑娘也回答：哥啊/我是一滴清澈的夜露/愿把你的心田滋润/我是草棵里的一只山雀/值不得你翻山越岭来捕捉/我愿敞开竹门让你进来/我愿为你点着火塘。

此外，布依族、阿昌族、德昂族、水族、壮族、拉祜族、佤族等也是歌的民族，他们的歌渗透于生活的方方面面，所以，很多少数民族在历史上就形成了以歌为媒、对歌择偶的传统。

2. "串姑娘"

"串姑娘"就是找姑娘玩的意思，云南省许多少数民族青年男女都有"串姑娘"的习俗。

佤族青年男女15岁以后就可以"串姑娘"了。吃了晚饭以后，姑娘们就三五相邀聚于一家，等候小伙子们到来。小伙们也三两成群到姑娘家串，"串姑娘"时，男女青年结下情谊，再经过多次交往，加深了解之后，如果小伙子爱上了某个姑娘，便托人或亲自给姑娘送去求婚礼物。如果姑娘收下礼物，就算答应了男方求婚。

傣族小伙子"串姑娘"，必带手电、竹笛，披个毯子。到姑娘家竹楼下，吹竹笛表述心意，姑娘有意，则会等阿爸阿妈睡去悄悄下楼，与小伙子谈悄悄话。夜深渐凉，小伙子便会用毯子把姑娘一裹，带到寨边林中，彻夜密谈。有的姑娘在纺线场上纺线，小伙子用手电一个个照，找着合意的就会在她身边吹笛、拉琴，姑娘有意则会把藏在裙子下的小竹凳抽出来给他坐，谈至夜深，小伙子也就敞开披毯，把姑娘拥入怀抱。若姑娘无意，那么，小竹凳就不会抽出给他坐，小伙子也就白费精神了。

拉祜族青年男女一般在16岁左右即可参加"串姑娘"活动。"串姑娘"有两种方式：一种是小伙子单独到自己中意的姑娘屋前吹奏芦笙，若姑娘被芦笙曲打动，即循声而出，与小伙子对唱情歌，借歌言情；另一种是集体的"串姑娘"活动，即某寨的小伙子邀请另一寨的姑娘集体对歌，相互中意者可单独活动，小伙子寻机抢下姑娘的头帕、挂包等物，或是姑娘抢小伙子的帽子、佩刀，若是对方不愿意，可索回被抢之物，但不得指责抢物者。若被抢者不表示反对，说明有意接触，日后再相会时，双方都以相互道歉为由，进一步交往，情投意合后即互赠礼品作定情信物。集体“串姑娘”是拉祜族青年普遍采用的恋爱方式，他们认为，做任何事都应该光明正大，谈情说爱也不例外。白天相互追逐，抢意中人的东西，太阳和阳光下的万物可以做证，夜间与情人相会，要燃起篝火，有月亮、星星和篝火为证，纯真的感情就无法隐藏。有些地方的青年在恋爱活动中还特意请一些“特邀代表”参加，“代表”由人们信得过、品质好、能言善辩的男女青年担任，他们应邀到恋人们的约会处，一边品尝恋人们赠送的糯米粑粑，一边充当证人。“代表”有权过问恋爱进展情况，但无权干预恋爱的成败。

3. “串公房”

“公房”是指专为方便青年男女进行社交活动而建造的场所，青年男女们在“公房”内聚会、娱乐、谈情说爱。“串公房”的习俗曾经在彝族、哈尼族、壮族、苗族、傣族、佤族、纳西族、拉祜族、景颇族、瑶族、布朗族、阿昌族、德昂族、独龙族、傈僳族、布依族、基诺族17个少数民族中盛行。但严格意义上的“串公房”在1949年以后基本上消失了。“公房”有多种，一种是村寨集体建造的男女分住的“公房”，“公房”中有一个火塘，周围以木板为床，这就是彝族阿细人中的青年人晚上社交娱乐活动的场所。一般是本村男青年到外村串女“公房”，本村女青年则在本村女“公房”接待外村男青年的来访。另一种是集体建造的男女公共的“公房”，如独龙族青年的“公房”是共用，不分男女。独龙族男女青年的婚前社交活动是很自由的，在“公房”里交往，其父母不加以干涉。还有一种是庄户人家为自己家的姑娘搭建的“姑娘房”，傣族叫“喊哄”，通常搭建在房屋的附近，供自己家的姑娘和女伙伴在这里纺线，同时带上果品接待来访的男青年。男女青年“串公房”一般不发生性关系，极少数发生性关系的男女双方必须结为夫妻，否则要受社会的谴责。

此外，少数民族青年男女谈恋爱的方式还有吹乐、丢包、爬楼、抛绣球等方式，通常情况下，这些恋爱方式并不是单独使用，而是综合运用。

（二）爱情信物朴素

1. 俐侎人的“西卡”

俐侎人，是云南省临沧市特有的一个彝族支系，主要居住在临沧市永德县乌木龙乡、凤庆县郭大寨乡和营盘镇一带。他们保留着一种奇特有趣的“西卡”婚俗。“西卡”，俐侎语的意思是“结婚证物”。男女婚配，由男方砍一段长约10厘米，直径约1厘米的樱桃树小木棒，刻上些能说明男女属相、婚配日期之类的图案，女方准备一根红丝线，大喜之日，将红线拴在小木棒上与新人一并送入洞房，便被视为“合法”夫妻，这个小木棒便是“西卡”，由新人珍藏直到白头。若有夫妻感情破裂要离婚，就请来原媒人将“西卡”一破两半，双方各执一半，由媒人送至女方娘家，就算离婚了，双方可再择偶婚配，若女方先于男方另嫁他人，新的男方还要向原配男人纳一定数额的聘金聘礼，烧掉原来的“西卡”，才能拥有新的“西卡”而步入婚姻殿堂。如果离异后想要破镜重圆，再请来原媒人，将各执一半的“西卡”合拢，拴上红线即可。

2. 树叶信

景颇族以物为媒，平日以物代信来表达恋情。当小伙子爱上了某个姑娘，就用树叶包上树根、大蒜、火柴、辣椒等物，再用线细心扎好，送给心上人。树根代表思念之情，火柴和辣椒代表他的爱炽热而坚定，大蒜代表请求姑娘考虑两人的婚姻，树叶代表小伙子有满肚子的话要讲。若姑娘将原信奉还，代表她与小伙子心心相印；若再加一块火炭奉还，代表她十分反感。

3. 鲜花示爱

布朗族男女青年恋爱，以花为媒。当小伙子爱上一位姑娘时，便会采来鲜花送给她。若姑娘对小伙子有意，就会把花戴在头上，而小伙子便会找机会和姑娘约会。基诺族青年男女之间也流行用鲜花示爱的恋爱方式：如果小伙子看上哪位姑娘，就可以摘几枝鲜花送给她，如果姑娘有意，就接受鲜花，如果不愿意就转身离去。

4. 傣族的凤凰情书

情书是傣族独特的恋爱物证，其情书有六种形式，以凤凰情书最为别致。当小伙子爱上一位姑娘，就在纸中央画上一只美丽的凤，围绕着它写上倾慕的情诗，再设法交给姑娘。若姑娘也倾心于小伙子，便在纸上加画上一只口含着花的凰，交还给男方。

5. 配饰、用具

青年男女将随身佩戴的首饰物品或日常生活用具赠送意中人，作为传递爱情的信物，这种习俗云南少数民族中较为普遍，如手镯、项圈、头巾、衣服、烟盒、背篓等。

对于傣族青年男女来说，筒帕（挂包）是相互表达爱慕之情的信物之一。假如小伙子收到倾注了姑娘的心血、勤劳和智慧亲手做的筒帕时，就是获得爱的信息，需要把自己亲手制作的礼物回赠对方。从此两相欢悦，直到结成美满的姻缘。

独龙族青年男女相爱后，就互相赠物为誓，通常情况下，姑娘送给小伙子一条自己精心编织的独龙毯，小伙子则送给姑娘一把锄头和自己亲手编的背篓。之后小伙子就把事情告知父母，让父母请村寨中一个能说会道的媒人为其说媒。

（三）说亲方式有趣

1. “讨谷种”

在云南西盟佤族中，男女青年经过恋爱后，男青年便请媒人去姑娘家提亲。媒人先独自一人来到姑娘家，把男青年的人品、家境向姑娘的父母详细介绍，然后告辞而去。第二天，媒人带着男青年到姑娘家正式求婚。待吃过水酒后，媒人便以试探的口气对姑娘的父母说：“听说你家的谷种很好，我们想讨回去种！”姑娘的父母若是满意这个男青年，就谦逊地说：“我家谷种是有，但是不好。不知合不合你们的意？”这时洗耳恭听的男青年，立即高兴地回答：“我们家土地肥沃，谷种撒下会长好的。”这样，这门亲事就定了。若是女方父母不同意，他们便会推辞：“我家谷种不好，你到别家去讨吧！”或者直截了当地说：“我们家的谷种还嫩，不适合你们那里的气候！”这样的拒绝，语言委婉，彬彬有礼，不伤感情，大家在面子上也好过得多。

2. “敬茶说亲”

独龙族男女相爱后，小伙子会请一个能说会道的男子去女方家说婚。说婚的媒人去时要提上一个茶壶，背囊中带上茶叶、香烟和茶缸。到姑娘家后，不管对方态度如何，媒人以最快的速度，将茶壶灌满水，自己走到火塘将火烧得大大的，放上茶壶。然后从背囊中取出茶叶和茶缸，到姑娘家的碗柜中拿出碗来，做好泡茶准备。姑娘家的人不管同意与否，都只能围在火塘边等候。水一开，媒人立即在茶缸中泡好茶，再倒入碗中。按顺序先敬姑娘父母，然后是姑娘的兄弟姐妹，最后是姑娘自己。接下来，就开始说婚事，说的无非是小伙子如何好，家中人如何喜欢姑娘等。如果姑娘的父亲或母亲将茶一饮而尽了，姑娘和其他人也跟着将茶喝了，这门亲事就算成了。如果说到深夜，茶水还是没人喝，那第二天晚上再来。如果接连三个晚上仍是没人喝茶，说明姑娘家不同意婚事。

（四）婚礼习俗各具特色

1. “抢婚”

云南的彝族、傣族、白族、阿昌族、傈僳族、景颇族、瑶族、普米族等民族在历史上都有抢婚习俗，通常是在男女自由恋爱婚姻受到阻拦的情况下发生。宁蒗县的普米族至今保留着古代“抢婚”仪式。迎亲那天，男方要派媒人、两位伴娘和几个精明强悍的小伙子前去迎亲，在女家的巧妙配合下，装模作样地将姑娘抢走。即将出嫁的新娘在父母的有意安排下到山上或田间劳动，迎亲的人来后，由一位小伙子找到姑娘，对她大声说：“某某家请你去吃茶！”说完上前迅速“逮”住假装要逃跑的姑娘。这时埋伏在新娘周围的几个美丽健壮的姑娘便一拥而上，对“捕”新娘的迎亲者拳打脚踢，甚至撕坏或扒下他的衣服，逼迫他投降交出新娘。随后，大家一起簇拥着新娘回到女家举行出嫁礼，唱歌喝酒，为她送行。

2. 哭婚

该习俗是壮族、彝族、哈尼族、藏族、普米族、傈僳族等民族的婚姻风俗，一般在婚礼前几天或婚礼当天进行，由新娘的母亲及家属中的女眷陪伴新娘哭诉，以表达新娘对少女时代生活离去的悲伤、对父母养育之恩的报答、对家人离别的眷恋，也有对婚姻不满的控诉。

3. 布朗族的“偷婚”

布朗族青年爱情成熟之后，男方父母会请媒人带着猪肉、茶叶、草烟去姑娘家求亲。姑娘父母一边先假意推却，不收礼物，等媒人再次送上礼物时才会接受。他们将肉分成小块，用芭蕉叶包好，由姑娘分送给亲戚。婚期临近，如果男方到女方落户，男方就要准备好礼物，摆在饭桌上，由媒人送去。双方家长聚集女方家，对新郎、新娘进行教育。

婚期第二天，在新娘家办酒席，宴请亲朋好友。鸡叫之后，新娘和同伴们要悄悄把新郎接到女家，叫作“偷女婿”，接着举办仪式。如果女方落户到男方，就在男方家办酒席，在当晚鸡叫以后，由新郎和他的同伴悄悄把新娘接到男方家，叫作“偷新娘”。

4. 白族的“掐新娘”

白族姑娘出嫁时，参加婚礼的客人争着掐新娘的脸。据说：“掐一把喜洋洋，掐两把幸福长，掐掐扭扭闹洞房。”掐得越多，表示祝福越多。在新郎、新娘入洞房时，在火盆里烧上几个干辣椒，把新郎、新娘呛得直打喷嚏、流眼泪，表示新郎、新娘“亲热”的意思。

（五）婚姻自主情况各不相同

历史上有的少数民族婚姻完全自由，有的由父母包办。纳西族、白族、彝族、普米族、怒族、独龙族、景颇族、哈尼族等少数民族，婚前男女社交自由，但择婚嫁娶则由父母包办。而傣族、佤族、拉祜族、基诺族、布朗族，青年男女社交及婚姻均较为自由，父母一般都不干涉。由于有的少数民族青年只有社交恋爱自由而无婚姻自主权，因此，在这些少数民族的历史上曾经出现过“抢婚”“跑婚”（私奔）“情死”等习俗。

TASK 任务2
云南典型的婚恋民俗

案例导入

“谁说摩梭人没有父亲?”

笔者在上大学时，曾经带领一个会议旅游团到云南民族村参观，来到摩梭寨子时，笔者以导游身份，洋洋洒洒地向客人介绍摩梭人的“走婚”，客人也听得津津有味，笔者的导游词恰巧被寨子中的服务员摩梭姑娘听见，她非常生气地质问我：“谁说摩梭人没有父亲?”笔者一下子哑口无言。也许是笔者不太准确的用词伤害了她的民族感情。

在传统的摩梭社会，的确没有父亲这个称谓，子女与生父之间的感情也比较平淡，父亲的职责由舅舅承担，但随着摩梭人与外界的交往，“父亲”的观念也逐渐深入摩梭人的思想意识之中。

思考：

结合案例思考，在旅游过程中，我们对少数民族的独特婚俗应该保持什么样的态度?

一、摩梭人：最后的母系婚姻

摩梭人是纳西族的一个支系，生活在云南丽江东北部的川滇交界处泸沽湖畔，至今一直保留着母系家庭结构和“走婚”习俗，被外界称为“最后的母系部落”。正因为有了母系家庭，才使摩梭人一直保留着独特而神奇的婚俗——走访婚，简称为“走婚”。

摩梭人以母为尊，女为贵，母亲是摩梭人生活中的轴心和靠山，摩梭人离不开母亲，离不开以母亲为主的家屋，女性在母系家屋中享有尊贵的地位；母系家庭中的成员，少则十几人，多则几十人，均系一个或几个外祖母的后裔组成。在母系家庭中，男不娶，女不嫁，夜间，女子在家中花楼接待来自另一家庭的男子，而男子则外出与另一家庭的女子偶居，所生子女皆属女方，血缘按母系计，财产按母系继承，男子只负责抚养自己姐妹的孩子；摩梭人以生女孩为荣，在每个母系家庭中由一个最能干、公正而且有威望的妇女安排生产、生活，保管财产，称“依杜达布”或“达布”，她是母系家庭的一家之长，负责一切内外事务，达布往往是自然产生的，不须经过任何选举或仪式，家庭成员都绝对服从达布的安排，母系家庭中的成年男性一般以舅舅的身份和名义进行活动，他们尽力协助达布参加全家的一切活动，抚养姐妹的子女，共同维系母系大家庭，当他们年老的时候，就由他们姐妹的子女照顾。

在同一摩梭母系家庭中与母亲同辈的女性全部被称作母亲（“唉咪”），男性全部被称作舅舅（“唉乌”），这种独特的母系文化使摩梭小孩子拥有多位母亲和舅舅，在体贴关爱与自由的氛围下成长，舅舅要承担起教育和抚养自己姐妹的孩子的责任。

摩梭母系家庭内的一切财产由家庭成员共分，其生活的原则是“分享”不是“占有”，生活的主导意识是“我们”不是“我”；摩梭母系家庭中摩梭女人享受着高度的自主空间，男人也轻松无压力。

摩梭母系家庭与走婚，二者相辅相成。由于这种“同一根根”的母系文化，导致了走婚这种特殊的婚姻形式，因为走婚保持了一个家庭中的成员只会是一个母亲的后代，保持了母系家庭的母系纯洁性，维护了“同一根根”的延续。摩梭人的走婚，是世界种种婚俗中，绝无仅有的一朵奇葩。

走婚又叫“阿注婚”，因为“阿注”是泸沽湖摩梭人中有情爱关系的男女双方的互称，所以走婚又叫“阿注婚”。“阿注”婚姻的显著特点是：亲密的伴侣之间不存在男娶女嫁，男女双方仍然属于自己原有的家庭。婚姻形式是“男不娶，女不嫁”，夜晚男方到女方家走访、住宿，次晨回到自己家中。因为是由男方的“走”而实现的婚姻，所以当地人又称这种关系为“走婚”。走婚男子日暮而聚，晨晓而归，暮来晨去。每当夜幕悄悄降临后，这个家庭中成年男人们就出去了，他们当中有各位舅舅、哥哥、弟弟，各奔东西南北，去自己的“阿注”家。对方的姐妹们在家中等候自己心中的“白马王子”到来。

这种婚姻关系不受家长、亲族的干预和强迫，也不太注重对方的门第、身份和地位，主要看重对方的人品、才干、外貌等。“阿注”关系的建立较为自由，而且以感情为主要基础。在劳动中、在转山和转海等节日中、在日常生活和相互帮助的交往中，或因对方品格、容貌产生了爱慕，便可向对方表示自己愿意结交“阿注”的心愿。一般是男方向女方赠送诸如花头巾、衣服等礼物，如果对方乐意接受便可建立关系。如果女方有意，也可以大胆表露，主动赠送男方自己绣的腰带、做的食物，如果对方乐意也可以建立关系。还有一种形式是，男女结交“阿注”，必须先由男方请人履行一种当地人叫“佐佐嘎”的手续（意为互换东西）。当一个男子看中一个女子后，男子要请媒人带着给女方的衣裙、腰带、鞋子、茶叶等物品，到女方家给女子的母亲说明来意，母亲先要征求女儿的意见，如果同意，当即收下礼物，回赠一条女子亲手制作的麻布裤子和麻布腰带。经过“佐佐嘎”的男子首次走访女“阿注”时必须邀上媒人或自己较亲密的男友一人，随身带着茶叶、糖食等，女方家中则盛情款待，同时将男子带来的茶、糖，分送给本村每一户人家或只分送给自己的亲族，表示自己的女儿已有了“阿注”。

经过一段时间相处，双方如果觉得性格不合，感情淡漠或破裂，无论男方或女方，都可以结束这种关系。假若男方不愿再维持“阿注”关系，只要给女方说一声“我以后不来了”就行了；或者长期不走访女方，婚约自行解除。如果是女方不愿意，就可以当面告诉男方“你不要来了”，或者在男方走访时，面带难色或拒绝男方进入花房，男方自觉没趣，就该理智地退出。在结交“阿注”期间男女双方如果知道对方另找“阿注”时，通常要给其送一个用麻布包着火炭、辣椒、鸡毛的小包，以示警告或绝交。如果对方愿意改悔，就向送包者赔礼道歉，这样就可以言归于好。

二、普米族：歌声中的婚礼

云南大多数少数民族都能歌善舞，歌声几乎成为少数民族婚礼自始至终的音乐背景。生活在滇西北的普米族是其中的一个代表，整个婚礼都在歌声中进行，十分别致而隆重。

（一）《出嫁歌》（也称《哭嫁歌》）

在举行婚礼的前夜，新娘的家族及亲友围坐在木楞房内的火塘旁，边喝芳香的自制苏里玛，边对唱《出嫁歌》：

今晚啊/木房里来了许多亲人/火塘没有熄灭/姐妹们把我端详/昔日的友情啊/就要被该死的公鸡啼走/但愿今晚不要天明/伙伴们要把交情叙完/……

歌唱中，新娘哭了，哭得令人心碎，哭声中夹杂着细细的吟唱，那份难以割断骨肉亲情的歌，牵挂着长长的思念，引得母亲和少时的伙伴们也泪雨涟涟。

（二）《梳妆调》

第二天清晨，哭得略显疲惫的新娘在邻居阿姐的帮助下抹去夜间的泪痕，特请一位妇女给新娘梳妆，歌手们高唱《梳妆调》。欢乐的《梳妆调》赞颂着霞光下新娘的美丽、勤劳、贤良。踩着歌声，亲朋好友们送来了布、手帕、珠珠、钱等礼物。

（三）《认亲调》

当接亲的队伍到来时，新娘家在门前用青松翠柏枝叶搭起彩门，门上悬挂两块红布，阻止接亲队伍进门。双方对唱《认亲调》。迎亲的人们喝着新娘家（也称舅舅家）的青稞酒即兴对歌，一问一答，唱出了普米族的婚俗规矩。这个时候双方的歌手尽显歌喉与机智。

女方："我们从大门里面望出来/你们来的路上有一头猪/猪的前面有一只狼在挡路/你们喜气洋洋来到这里/但还是回去吧/免得恶狼伤害你们。"

男方："我们来到舅舅家的地方/舅舅家的路上有一头猪/这头猪的嘴巴是铁嘴巴/铁嘴巴变成了一把铁钥匙/拿这把钥匙打开舅舅家的铁锁/我们就能平平安安走进舅舅家……"

只有男方的歌手唱赢挡门的歌手后，才能去迎新娘。

（四）《果碟调》

当新娘家摆上果品、斟上酒时，新郎家的歌手唱起《果碟调》：

"坐在舅舅家发福的地盘上/餐桌上碟碟果实已摆成行/葵花子像鲜白的海贝壳/核桃仁像发光的黄金坨/木瓜丝像醒目的红珊瑚/柿子像油亮的红珠粒/板栗仁像味美的鸡蛋黄。"

（五）《送亲调》

吃完正餐，送亲队伍准备启程时，女方长辈（新娘的叔父或伯父）唱起《送亲调》，嘱咐男方家在往后的日子里要善待新娘：

我家姑娘不会缝衣服哎/请好好地指教她/我家姑娘见人不会讲话哎/请好好地指教她/我家姑娘不会纺线哎/请好好地指教她/我家姑娘不会织绸布哎/请好好地指教她/我家姑娘不会放牧畜哎/请好好地指教她/我家姑娘不会饲养鸡猪哎/请好好地指教她。

送亲队伍出发后，男方家派来的媒人却要被锁在一间屋子里不让出来，这就是普米族的婚礼中又一奇俗"锁媒人"。新娘被送亲客簇拥上路，媒人却要锁在一间屋子里，与陪锁着的女方歌手对唱"锁门调""开门调"，媒人唱赢了，方能开锁放行。接亲人一路上要受多次阻拦，双方展开热烈的对歌。

（六）《上马调》

新娘头顶着盖头，穿红戴绿，打扮得漂漂亮亮，在众多送亲者的簇拥下告别父母和兄弟姐妹，登程上路。临上马前，送亲的人把新娘围在中间，集体唱《上马调》：

敬上一杯酒/新娘莫回头/盘里托珍珠/酒里喜气流/新娘请上马/银镜挂马头/喝碗"苏里玛"/盼个好兆头。

歌声、号声、鼓锣声响彻山谷。歌声中，由姑娘们组成的送亲马队簇拥着骑上高头大马的新娘，前往新郎家。一路上，她们歌声不断，嬉戏逗趣，好不热闹，好不风光！在宁蒗等地，新郎和迎亲者不直接来到女方家迎亲，而是采用半路迎娶的方式。在兰坪等地，新郎和迎亲者要直接来到女方家，且要经过一定的仪式，才能迎娶新娘。兰坪等地迎亲和送亲的人们一般不骑马，而是走路、乘汽车或拖拉机。

（七）《下马调》

送亲和迎亲队伍在路上，一问一答对起歌来，悠扬动听的普米歌声夹着阵阵欢笑，在山岭草场间久久回荡。对歌对够了，笑够了，小伙子们这才唱起《下马调》：

敬上一杯酒/新娘请抬头/盘里有福气/喜气装满楼/新娘请下马/喝下甜蜜酒/阿哥在家望/盼你到屋头。

歌声中，新娘下马喝了一杯迎亲酒。接着，姑娘们也纷纷下马，接受小伙子们的敬酒，接着又收下了男方家赠送的礼物。之后，姑娘和小伙子又纷纷上马，簇拥着新郎和新娘，向男方家浩浩荡荡奔驰而来。

（八）《关门调》《开门调》

快到新郎家门口时，新郎家的人立刻唱起《关门调》，并把大门关上。据说这样做是为了关住财神，守住福气。迎亲和送亲的马队来到新郎家门口，见大门紧关，便一起唱起了《开门调》，男方家的歌手自然应答，这样几经对答后，大门开了，迎亲和送亲的人们这才下马走进院内。等人们都走进大门后，大门又关上了。据说这是财气福气，只准进，不准出。

男：从我家金子大门望出去/银子路上有只鸡/老鹰挡路来不了。

女：那只鸡是只金子鸡/金子人走出来/赶走老鹰让鸡进来了。

（九）《迎亲调》

新人队伍进到新郎家后，婚礼主持人让新郎、新娘站在中间，其余的所有宾客站成两行，男方家唱起《迎亲调》，新娘家歌手还要唱《送亲调》，妙趣横生的大规模对歌开始了。

全体齐唱：黑熊吼起来/黑狗蹦跳着/善神赐福气/我们全接着。

迎亲者唱道：湖水鲤鱼送姑娘/鱼水情谊长。

送亲者齐唱：太阳月亮送新郎/星光永相伴！

新郎、新娘在众人的和声中唱道：夫妻情长吉星照/星光照耀好景长！

……

（十）《祝福调》

在进行了较长时间对歌之后，由婚礼主持人用一根缠着彩色布条的棍子蘸上酥油，分别在锅庄、神台、大门以及新郎和新娘的头上点指，祝福新郎和新娘幸福吉祥。接着要举行敬锅庄仪式，最后是新郎和新娘拜天、拜地、拜神仙。仪式中，婚礼主持人唱《祝福调》。

（十一）《做客歌》

仪式结束后，紧接着男方家在房中、院坝内大开喜筵，盛情款待全体宾客。在美味佳肴中，普米族特有的琵琶肉和香甜的苏里玛酒是必不可少的。酒宴开始前，全体宾客要齐唱《做客歌》，然后才正式就餐。

酒足饭饱之后，人们齐聚在院坝里、房子旁，载歌载舞地庆贺婚礼，往往通宵达旦。

三、傣族：凤尾竹下拴线

拴线，傣语称为“树欢”，其意是“拴魂”。拴线分为结婚拴线、荣升拴线、喊魂拴线、出远门归来拴线、迎客拴线等多种。其中的结婚拴线仪式较为隆重，民族特色较为鲜明。

按照傣族的传统习惯，婚礼仪式一般先要在缅寺（佛寺）中举行。婚礼开始前，缅寺的佛堂前摆上花毡，花毡上陈设着敬佛用的鲜花和果酒。新婚夫妇到来后，并坐在花毡前。缅寺的和尚便在他们面前诵经，表示对新郎和新娘的祝福。然后在早已准备好的托盘中取出两条彩色丝线，分别拴在新郎、新娘的手腕上，表示他们的灵魂和心已经拴在一起，相亲相爱，永不分离。这就是傣族别具一格的“拴线婚礼”。

也有的人家，结婚时的拴线仪式不在缅寺举行，而是在女方竹楼中举行。婚礼主持人先拿一条白线从左至右缠绕在新郎、新娘的肩背部，再在一对新人的手腕上各拴上一缕白线。在座的长辈也轮着为一对新人拴线，边拴线边诵念祝词。

正式的婚礼开始了，火塘前面放着一张竹制的蔑桌。桌子上摆放着糯米饭团和两只宰好的鸡，还有酒、蜡条、芭蕉和线团。桌子一边坐着主婚人和证婚人。新郎、新娘按男左女右坐在对面。这时由主婚人或请一位老人唱《祝福歌》，向新婚夫妇祝贺：

哦——
让我们的祝福，传进男女老少的耳朵。
让摩弄（知识渊博的人）的卜卦，变成一支好听的歌。
永远脱离灾难，永远躲过不幸。
老虎豹子不来伤人，烈火洪水不来降祸。
要说吉祥的时辰啊，就是我们选择的今天。

今天，天神撒下了谷种，今天，天女撒下了花粉，
今天，善良战胜了邪恶，今天，智慧放射出光辉，
今天，斑鸠逃脱了火线，今天，白兔躲过了龙口，
今天，猎手交上了好运，今天，大象走出森林跳舞，
今天，召勐（首领）向百姓施舍，今天，金块银块比不上的珍贵日子。
苦难被我们抛弃了，迎来了喜庆的时光。
坐在席上的老人们啊，我们该给下一代祝福了。

从今天到明天，从眼前到将来，
你们二位结为夫妻，要共同操心过日子。

假若养儿育女，就先生一个相玉（女孩），
让她来坐织布机。

从今天到明天，从眼前到将来，
你们俩要像筷子成双，要像枕头成对，
要像两股水汇合一起难分。

白头到老，长久健康。

我的话句句真诚，我的祝福充满希望。
起来吧，孩子，起来吧，孩子。

老人们祝福完毕，主婚人用一条线从新郎的左肩拉到新娘的右肩。其他的长者和亲戚也用同样的方式给新郎和新娘拴线。拴线婚礼有一定的规矩，一般是男方的亲戚先给新娘拴线，后给新郎拴线；女方的亲戚则先给新郎拴线，后给新娘拴线。一条条洁白的银线，将新郎和新娘拴在一起，祝他们同心相连，白头到老。

拴线仪式结束后，婚宴正式开始。在藤子编织的圆桌上，铺一层鲜嫩的芭蕉叶，表示对客人的尊敬。芭蕉叶上摆满了具有傣族风味的佳肴。新郎、新娘不停地向客人敬上香烟和糯米酒，当席的客人不时向新郎、新娘提出各种各样的问题，要求他们必须一一回答。由此常常引起哄堂大笑，婚礼的气氛十分热烈。

傣族婚礼过程中，要请赞哈（民间歌手）歌唱婚礼歌，表示祝福。歌词优美动人，常牵动着新郎、新娘和许多人们的心。他们尽情赞美“宝石般的小伙子，配给金子一样的姑娘”。或说新郎、新娘是天生的一对，男的是田，女的是谷；男的是水，女的是鱼；男的是树，女的是藤。赞颂新郎、新娘的爱情从撒种到收获，经历了漫长的岁月，两人共同栽培的友谊树苗，今天已长大，枝叶茂盛，要开花结果了。希望他们不要忘记父母的养育之恩和为操办婚事付出的艰辛，也不要辜负热心的乡亲们，是他们送来了白鸡蛋、黄母鸡，为新郎、新娘拴线，祝福新郎、新娘永不分离，相爱到老，苦难不挨身，寿命长百岁；愿子孙兴旺，生子像太阳，生女像月亮。这些赞美之词都是用赞哈调来演唱的，委婉动听。

赞哈有男有女，大都是口齿灵俐，通晓本民族文化，善于表达感情的人。赞哈是婚宴上人们心理和情绪的代言人，他们唱到精彩处，人群中会不时爆发出“水！水！水！”的欢呼声，将婚礼推向高潮。

第二天，新郎、新娘回到男方家，男方家要举行同样的拴线仪礼。

四、哈尼族奕车人：古老遗风未尽的婚恋

在滇南红河南岸风光明丽的大羊街、浪堤、车古一带山区，居住着一支风情独特的少数民族——哈尼族奕车人。他们的社会文化习俗中至今保存着若干母系氏族社会历史时期的残余，比如在奕车人的社交及其婚姻的形态中，他们男女青年的社交及婚姻中盛行着一种恋人越多越荣耀、“恋爱宴会”“不落夫家”等遗俗。

奕车未婚的青年男女享有充分的社交、恋爱自由。奕车人每家在盖房时，都会在大房子旁盖一至两间小屋，当他们的儿女长大成人后，这就是专门为他们夜间寻伴求偶、谈情说爱所用。一般儿女们到十五六岁就必须自己搬出大房，表明他们已经有谈情说爱的成人资格了。若他们已到此年龄仍留宿于父母身旁，则将被大家和父母视为“不成器的人”，这对他们将来的婚嫁都会产生不良影响。男女青年在社交、恋爱生活中充满了远古时代“随合而居”的气氛。他们只要在血亲视线之外，即便在大庭广众之中手牵手、甚至拥抱亲热都是正常的。

哈尼族奕车人青年男女有“串姑娘”习俗。按照奕车人的老规矩，如果应邀的姑娘超过一定的数额，便可在本村“公房”中举行“阿巴多”宴会。“阿巴多”宴会，是指未婚男女青年的一种特殊的酒与歌的集体恋爱宴会，是一种奇妙而充满情趣的情与爱的交流方式

和聪明才智的比试。

“阿巴多”人数可达一二十人，有的多达三十余人，青年男女配对就宴。一般而言，这种奇妙恋爱宴会的主动发起者是男青年，他们商议选定一个年轻未婚姑娘众多的远方村寨作为邀请“阿巴多”的对象。一旦确定了邀请的对象，小伙子们眉飞色舞，急忙回家筹集最好的食物，请村里的最佳烹调高手烹制美食。

夜幕降临了，在一阵阵清脆、幽远的“哟哟”约会呼唤声中，小伙子们点着火把将姑娘接到本村公房。“公房”里灯烛通明，他们摆开数张八仙桌，桌面上摆满了大块腊肉、干巴、清蒸鲤鱼、腌鸭蛋、大块煎豆腐、大块粑粑、煮大公鸡等。准备就绪，宴会开始，男女青年配对入席。桌外有一位风趣的斟酒人，给每人面前的酒杯里盛满酒。随即，小伙子头和姑娘头先举杯互相对唱敬酒歌，小伙子头唱：“阿哩！聪明美丽的姑娘呵，天上是闪闪烁烁的繁星，村边凤尾竹在甜甜低语，在这宁静的良宵佳辰里，我们欢乐地相聚在一起，请喝下这杯甘美的醇酒，作为甜蜜爱情的永生纪念。”姑娘头回唱道：“人说山林里的画眉鸟会唱歌，你比小鸟的巧嘴唱得更动人；妹妹是个憨头憨脑的姑娘，阿妈没有安我一副会唱歌的金嗓子，阿爹没有配我一个能喝酒的好喉咙。”然后互相敬酒，一一互唱互敬下去。当一对男女相互敬酒之际，其余各对则相互敬酒对歌。酒过三巡，东方欲晓，姑娘们便要告辞回去了。小伙子们用芭蕉叶包扎好各种美味，分别送给姑娘们在半路上吃，并商定好下一轮到姑娘村寨举行“阿巴多”的具体日期。姑娘们这才脚踏青霜消失在山路尽头。

哈尼族奕车未婚男女青年这一奇妙的“阿巴多”宴会习俗，为未婚奕车男女青年之间增进感情，丰富其爱情生活内容提供了良好的机遇。

奕车青年男女享有多角相爱的权利，不受他人干涉也不会相互嫉妒。如果一女和一男今晚相恋，明晚可以再与别人相恋，此后又可以返回去再和第一个人相恋，男的也是如此，恋人越多，身价越贵。但是，在众多恋人之中必有一个是“第一位”恋人，其余均属“次要”者。当然，“第一位”与“次要”者随时可能有被替换的现象。无论男女，一旦确定了较为稳定的恋人之后，便将其余恋人逐渐淡忘。男女青年幽会到一定程度，男青年便对父母提出向女方求亲的要求，双方父母若无异议，亲事即成。

奕车人的婚嫁遵循“一夫一妻”的婚姻制度。一对男女一旦建立感情、决定终身并为父母认可之后，男方便请媒人向女方父亲提亲说合，之后就上聘迎娶。迎娶新娘，女方父母便以美酒佳肴设宴款待，并请血亲男性长者前来陪客。席间，歌手吟唱令人垂泪的《送嫁歌》：

十五的月亮圆圆的了，
山里的花朵红红的了，
长翅的鸽子要远飞了，
养大的女儿要出嫁了。
出嫁的姑娘呵，
像山坡坡的麻栗树叶，
飘到哪里就到哪里落……

此时，好心的邻居婶娘和同龄姐妹们，在大房门外的“扭然”里正给要出嫁的姑娘梳妆打扮。平日欢声笑语的姑娘这时却不说话了，姑娘听到大房酒席上老人牵肠挂肚的《送嫁歌》，对将要背井离乡，离开父母和兄弟姐妹、同伴们留念忧伤以及对自己的未来不可猜测的担心，造成十分复杂的心情。

奕车人的“不落夫家”婚俗，就是指双方虽然成了亲，但尚未养育儿女的奕车女子，要回娘家居住，此时她处于一种很“自由”的状态，其感情也是十分自由的，只要在没有孩子之前，哪怕已经结婚了，也还可以自由恋爱，甚至把自己的情人带进家来。但是女子必须遵守两条法规：一是每个街天（12 天内）必须到丈夫家住一两天；二是在过“十月年”“五月年”时，必须回丈夫家吃祭品。但在有了孩子之后，妻子就要长期落住在丈夫家。落住夫家后，妻子严禁与他人谈情说爱，违者要被赶出家门。

五、傈僳族：以歌为媒，竹为柬，舞为婚

聚居在怒江的傈僳族，他们的婚姻习俗可以用一句话来概括，那就是“歌为媒，竹为柬，舞为婚”。

（一）歌为媒

在怒江傈僳族地区流传着这样一句话：“没有一个好嗓子，休想找到一个好媳妇。”这是歌声拨动了爱的琴弦。只要唱起恋爱歌，双方就能心领神会，就能触动心灵的情爱之弦。傈僳族有各种各样的山歌曲调，有固定的婚礼歌，祝婚歌；什么场合唱什么歌，也有非凡的要求。若离开了歌声，青年男女们难相识，难相恋，更别说求亲和结婚了。

傈僳族青年男女在生产生活的实践中，如果有一方对另一方产生了爱慕之情，那么这一方就会设法寻找机会，与另一方对歌。有时一对青年男女或是在山间小路上相遇，或是在桥上相逢，或者隔河在田间劳动，深山密林中砍柴，有一方就会背过身子，手扶耳朵丢过一支歌去；另一方对忽然飘来的歌声稍加思索就回敬于对方。在对歌中，只要没有长辈在场，双方可以互相询问各人私事，家庭情况，等等。这种对歌多采取含蓄、巧妙的比兴手法。除了平时青年男女可以自由进行对歌，进行恋爱之外，一年一度的春浴活动是傈僳族青年男女进行社交活动的最好时机了。年节过后的第二天，傈僳族群众都会去到有温泉的地方进行洗浴。这种春浴活动一般要进行半个多月。因此，这段时间，凡有温泉的地方，总是窝棚林立，炊烟袅袅。在这里，青年男女除了要尽情的洗浴以外，那就是要通过对歌来找寻自己的意中人了。这种方式是自由的，既无媒人，也不受父母干涉，只是通过对歌进行婚恋。因此，被称为“歌为媒”。

（二）竹为柬

傈僳族是个尚酒的民族，求婚时，以酒为礼，媒人斟酒给女方父母，女方父母喝下了酒，就意味着同意了婚事。酒是通向幸福的一种桥梁，是传情达意的媒介。双方决定姻缘后，男方还要送上聘礼，由媒人作中介议定，以牛为象征性的名目，实际上往往以锅、酒、布、兽皮等代替，有贫寒者若无替代之物，也可以在婚后补送。送过聘礼，便选一个日子，男女双方家人、亲戚聚集在一起，又以酒为愿。定婚者所喝之酒称为“同心酒”，以此象征心与心相连，再难以分离了。

定婚之后，就要筹办婚礼了。傈僳族的婚礼很特别，尤其值得一提的是婚礼的特别请柬。傈僳族的请柬，是一种实物柬。在举行婚礼前，主人家便以竹棍、蒿枝制成筷子。在竹筷尾端和蒿枝筷腰部，分别刻上代表花、鸟、虫、鱼、树叶的各类象形符号。有多少双筷子，就刻多少种符号，极少雷同。在举行婚礼的前三天，把筷子分别送到所邀请的人家去，以筷代柬，请客人按时前来做客赴宴。新婚之日，接到请柬的人们会到婚宴场把竹棍或蒿枝

交给主持婚宴的人，并向新人祝福，一起庆贺、狂欢。而主人家一数这些小棍，就知道来了多少客人，按数预备，就不会出现人多菜少的尴尬局面了。

（三）舞为婚

居住在怒江傈僳族自治州境内的傈僳族，很注意选择吉日举行婚礼，按传统，鼠、猴、蛇三个日子比较好，它们象征着可以多子多福，家族兴旺。

举行婚礼时，男女双方家庭宴请宾客，迎亲队伍带酒、馒头、猪肉和象征着光明的松明前往女方家，队伍中有舅舅和媒人。到女方家后，迎亲者邀众对歌跳舞，形成一种热闹的气氛。次日，新娘离家，多由母亲陪送，送亲队伍相随，有的还边走边歌，在男方家门口又要隔门对歌。新人进门，三立三跪九叩首，拜神祖、天地和父母。这时，火药枪齐放，鞭炮齐鸣。拜完天地、父母，婚宴开始。双方共同举杯同庆，菜也应是双数，六碗、八碗或十碗不等，荤素各半。此后欢宴宾客，到晚上，就在院中烧燃篝火，村人围火歌舞，常常酒酣歌畅，舞乐人乐，不知夜深。

傈僳婚礼上跳的舞蹈有多种：一种叫“瓦器器”，意为踏脚起舞，俗称跳脚，是一种群众自娱性广场舞蹈，堪称傈僳族的音乐舞蹈史诗。其特点是：音乐与舞蹈和谐一致；舞蹈节律鲜明，刚柔兼济、张弛疾徐、错落有致。另一种叫“阿尺目刮瓦器”，意为“山羊的歌舞”，也是婚礼上经常跳的舞蹈。其特点是：不用乐器，自始至终踏歌起舞，乐歌以领唱和伴唱合成，每一乐曲开头，都有一个无唱词内容的起音，其音颤抖悠扬，宛如旷野里山羊的悠悠长鸣，参舞者分男女两队，每队有一名领唱者，其余合唱，唱词内容十分丰富，可唱几天几夜尚不能绝。

项目小结

本项目主要阐述了云南婚恋民俗的特点，分析了婚恋民俗的起源与发展，介绍了云南几个典型的少数民族婚恋民俗，揭示了云南各民族婚恋民俗具有的奇特性、趣味性和审美情趣。

关键词

婚姻　恋爱自由　恋爱方式　爱情信物　对歌　串姑娘

练习与实训

一、单项、多项选择题

1.“串姑娘”意思是（　　）。

A. 找姑娘玩　　B. 送花　　C. 唱歌　　D. 跳舞

2. 景颇族姑娘如果将小伙子送给她的树叶信原样奉还，表示（　　）。

A. 对小伙子十分思念　　B. 让她考虑考虑

C. 她十分反感小伙子　　D. 她与小伙子心心相印

3. “西卡”是（　　）的爱情信物。

A. 彝族撒尼人　　B. 彝族俐侎人　　C. 哈尼族　　D. 白族

二、判断题

1. 苗族青年男女谈恋爱，常写凤凰情书。（　　）

2. 自古以来，云南绝大多数少数民族的青年男女婚前均享有充分的社交恋爱自由。（　　）

3. 白族的“掐新娘”的目的是表示亲热。（　　）

三、思考题

1. 简述婚恋民俗的起源与发展。

2. 简述云南婚恋民俗的特点。

3. 简述摩梭人的走婚。

四、实训

（一）任务名称

民族婚俗体验

（二）任务目标

1. 增加对婚恋民俗的认识，进一步理解民族婚俗的含义。

2. 培养学生对异文化的尊重态度。

（三）任务要求

以个人或学习小组为单位，参与当地民族的结婚仪式，观察婚礼程序。

（四）任务实施

1. 找机会，做计划。

2. 实地参与体验。

3. 撰写参与民族婚礼的心得体会。

（五）成果考核

1. 提交调心得体会。

2. 教师根据提交材料评分，并纳入学生平时成绩。对于优秀的材料，供全班交流、学习和讨论。

推荐阅读书目

1. 杨利先．相约彩云下——云南民族婚恋．昆明：云南教育出版社，2000。

2. 乌丙安．中国民俗学．2 版．沈阳：辽宁大学出版社，2003。

3. 苏丽春，李艳．云南民俗风情与旅游．昆明：云南大学出版社，2005。

项目

PROJECT

6

云南歌舞娱乐民俗风情

学习目标

通过本项目的学习，同学们应该了解云南歌舞娱乐民俗的起源，熟悉云南歌舞娱乐民俗的特点，掌握云南歌舞娱乐民俗的类型及其中独具特色的一些音乐、舞蹈和游戏竞技项目。

学习建议

在本项目学习过程中，同学们应当结合本项目后面提供的推荐阅读书目有选择地阅读学习，还可以通过电视、网络等多种渠道更全面地学习、了解云南的歌舞娱乐民俗风情，有条件的同学还可以到云南民族村、云南民族聚居地区亲身参与体验云南的歌舞娱乐民俗风情。

TASK

任务1

云南歌舞娱乐民俗的发展及特点

案例导入

大型旅游歌舞秀《勐巴拉娜西》延续西双版纳美丽传奇

“勐巴拉娜西”一词频繁出现在傣族贝叶经叙事长诗中，意为“一个神奇、美丽的地方”，恰与云南西双版纳傣族自治州的寓言相符；2004 年，一档名为《勐巴拉娜西》的大型旅游歌舞秀正式登陆西双版纳傣族自治州首府景洪市艺术宫。10 年来，这档风姿绰约的演出续写着西双版纳的美丽传奇，成为当地首屈一指的民族品牌与文化骄傲。

每晚 8 时，景洪市艺术宫的大幕徐徐开启，傣族、布朗族、哈尼族、基诺族、彝族、苗族等 10 多个世居少数民族的演员衣着靓丽、尽情歌舞；《勐巴拉娜西》共分 5 场：版纳神韵、孔雀吉祥、泼水欢歌、圣洁祝福和一江春水。其中，傣族叙事长诗《召树屯》是点睛之笔，王子召树屯与美丽的孔雀公主楠曼诺娜上演了凄美的悲欢离合；婀娜窈窕的傣家小卜哨肩挑水桶款款走来，舞台上空的雨丝真实地徐徐洒落；古代傣族王宫中的长甲舞、金刚舞、蜡条舞在荡涤污垢、为人祈福……这里有历史，更有现代；这里有风俗，也有民情。台下观众不时被民族特色、现代舞美深深震撼，不断送出叫好、惊呼和潮水般的掌声。如图 6 –1 所示。

勐巴拉娜西旅游服务公司副总张有良介绍，《勐巴拉娜西》项目于 2003 年年底策划启动，2004 年 4 月 14 日傣历新年泼水节正式对外公演，10 年来，这台大型歌舞秀共计演出 3 000 多场，接待游客 200 多万人次，年均接待观众 30 万人次，实现票房收入 2. 42 亿元。

“为什么推出《勐巴拉娜西》？西双版纳的旅游世人共知，但在发展过程中遭遇到很多难题，关键就在于旅游业还须找到文化灵魂，《勐巴拉娜西》应运而生；同时，我们还希望它提升西双版纳的民族文化影响力，让我们这片土地的少数民族风情广为人知。”张有良说，事实证明，西双版纳的旅游与文化通过《勐巴拉娜西》成功“联姻”，逐步成为云南旅游和文化市场上的旗帜与品牌。

资料来源：人民网（http：//yn. people. com. cn/GB/212782/15296433. html）。

思考：

西双版纳是如何将民族歌舞与旅游业有机结合的？

图 6 –1　大型旅游歌舞秀《勐巴拉娜西》

一、云南歌舞娱乐民俗的历史发展

（一）云南音乐的历史发展

云南音乐的发展历史悠久绵长，早在 3 200 多年前的殷商中晚期至周初，云南铜鼓、编钟、铜葫芦笙斗等就揭开了云南民族音乐艺术灿烂的历史篇章；春秋战国时期，考古发掘出土的楚雄铜鼓、羊角钮钟、江川曲管葫芦笙、祥云葫芦箫、编钟，均为典型的中原乐器；汉代，呈贡发掘的东汉梁堆墓内的抚琴和吹箫陶俑，昭通出土的歌舞画像砖等，展示了云南各民族丰富的音乐艺术。司马相如《上林赋》所记汉皇室宫廷宴乐中的“巅歌”即滇人之歌，《后汉书》载有明帝时代的《哀牢行者歌》《白狼歌》；东汉永宁元年（公元 120 年）西南夷掸国献乐并到洛阳演出，安帝与群臣共观“大奇之”；三国时诸葛亮南征尝抚琴，滇人乃著《琴经》。

到唐贞元十六年（公元 800 年），南诏王异牟寻派大型歌舞团赴长安献演《夷中歌曲》，即著名的“南诏奉圣乐”，以其宏大气势、丰富多彩而轰动京城。随后，云南乐曲《弥臣乐》《菩萨蛮》《天南滇越俗歌》《高黎贡山谣》等传入中原。宋代，云南各民族民间歌谣十分活跃，民俗节日期间游演普遍。元时期，音乐活动已十分兴盛，唐宋词调、元南北曲、祭孔《大晟乐》等文化音乐及作为军乐的唢呐吹打乐、宗教的佛腔道乐、民间的元宵灯锣鼓乐、各地的时令小曲、曲艺音乐等各式各样的音乐艺术形式传入云南，与云南民族音乐融合，协调发展，代表儒家祀典礼乐的云南洞经音乐在云南各地快速发展。清代至民国200年间，中原各种戏曲声腔进一步传入，滇剧、花灯、傩戏及白族、壮族、傣族等少数民族戏曲应运而生，各种地方民族乐器与歌、乐一道进入各族人民的日常生活。五四运动后，云南新音乐活动兴起。20世纪20年代，中共云南特别委员会书记王德三亲自教唱《国际歌》并用花灯调谱写革命歌曲。20世纪30年代，人民音乐家聂耳汲取云南民族音乐养分，创作了《义勇军进行曲》《开路先锋》及《金蛇狂舞》等30多首革命歌曲和器乐曲，为中国革命新音乐开拓了道路。抗日、民主斗争中，云南音乐歌咏活动不断发展，抗日救亡歌曲在城市乡村广为传唱，音乐家李凌、冼星海、安娥等参与了云南音乐创作演唱活动，近百支各行业歌咏队在昆明开展活动声援爱国民主运动，用欢乐的歌声迎来了云南的解放。

中华人民共和国成立后，云南民族音乐以繁荣的姿态放射出夺目的光彩。《小河淌水》《耍山调》《猜调》《海菜腔》《有一个美丽的地方》《远方的客人请你留下来》《阿波毛主席》《北京有个金太阳》《景颇山上丰收乐》《撒尼心向红太阳》《阿佤人民唱新歌》《富饶美丽的潞江坝》以及电影《山间铃响马帮来》《五朵金花》《芦笙恋歌》《阿诗玛》中的一大批根据云南民歌改编创作的歌曲传遍全国及海外，先后涌现出了黄虹、杜丽华、赵履珠、王郁芝、金小风、宗庸卓玛、曹新华等在全国有影响的各民族歌唱家及一大批各民族民间歌手、乐手。同时，滇剧《借亲配》《关山碧血》、花灯《依莱汗》《探干妹》、白剧《望夫云》、傣剧《娥并与桑洛》、壮剧《螺蛳姑娘》、彝剧《曼莫与玛若》、曲剧《祥林嫂》等戏曲音乐享誉全国，歌剧《多沙阿波》《葫芦信》及大批优秀音乐作品不断推出，展示了云南民族音乐“富矿”的影响力。

改革开放以来，云南音乐创作演出空前活跃，全省创作新歌近2 000首，演出大型音乐会1 500多台。纳西古乐出访欧洲、傈僳族多声部合唱声震首都、云南洞经音乐跻身国际音乐节，作为中华民族文化艺术宝库中璀璨明珠的云南民族音乐的艺术感染力和影响力在新的世纪与日俱增，正在焕发出更加耀眼的光芒。

（二）云南舞蹈的历史发展

云南民族舞蹈源远流长，云南现存最早的舞蹈图像是3 000多年前新石器时期的沧源崖画舞蹈图像，有圆舞、羽人舞等；在江川李家山、祥云大波那等地出土了铜制葫芦笙及葫芦笙铜乐舞俑，反映了原始社会时期的云南舞蹈。自公元前7世纪到西汉时期，云南进入了青铜器时代，大量出土的青铜器上雕铸有舞蹈形象，如晋宁石寨山出土的贮贝器面部舞蹈图像、锣面舞蹈图像、四人乐舞铜扣饰、八人乐舞铜扣饰、双人盘舞等，反映了这一时期舞蹈活动的广泛性。如图6－2所示。

图6－2　双人盘舞

唐宋时期，典籍上已有了关于云南民间舞蹈的记载，《蛮书》及《新唐书南诏传》云：“昆池等州乌蛮种”“姚州部落百姓，男女皆披羊皮，俗好饮酒歌舞。”公元800年，南诏王异牟寻进献长安的著名的“南诏奉圣乐”是一场大型的乐舞。纳西族在《东巴经》中记载的《东巴舞谱》是云南迄今所见的专门记录各种舞蹈跳法的古籍，记载了上百种原始舞蹈。

元代，《马可·波罗游记》中记载了永昌（今保山）大理病人家属请巫师跳舞的情景：“在乐声中，他们跳舞和唱颂神歌，敬奉他们的偶像。”这种祭祀跳神的舞蹈至今在大理的白族、滇西北的彝族和普米族中还存在。元人文璋甫在《火节》诗中写道“只疑灯火烧元夜，谁料乡傩到百蛮”，此时的云南少数民族中已经有了傩舞。明代在云南的屯田制及“改土归流”使汉文化大量传入云南，花灯歌舞逐渐流传。明清时期的建筑上出现了彝族“打歌”，傣族的“孔雀舞”“象脚鼓舞”等舞蹈图案。

民国时期，“龙灯”“狮舞”已在汉族、白族、蒙古族、彝族、纳西族等民族中流传，各民族的民间舞蹈都已比较普及，如独龙族的“剽牛舞”、藏族的“弦子舞”等。抗日战争及解放战争时期，涌现出大量新型民间舞蹈，如“金凤子开红花”、彝族的“满三娘劳军”、纳西族的“解放区好地方”等。

改革开放以来，具有影响力的各种大型民族歌舞不断涌现。近几年来《云南映象》《云南的响声》《丽水金沙》《香巴拉印象》《勐巴拉娜西》等大型歌舞蜚声海内外，影响巨大。

（三）云南游戏竞技的历史发展

游戏竞技活动的产生、发展与人们所居住的环境、生产、生活活动密切相关。云南少数民族的生存环境相对来说较为艰险，面对崇山峻岭、深谷急流、多变气候及频繁的自然灾害、史上战争，他们积累了大量的运动技能与知识。如攀爬采集练就的爬树、爬杆、爬绳、攀岩、荡秋技能；狩猎活动孕育的射箭、射弩、掷石头、打弹弓、抛流星等技能；农耕生存衍生的鸭子赛跑、青蛙赛跑项目；战争烽烟熏陶的摔跤、赛马、武术、顶杠等项目；民俗活动延伸出的赛龙舟、磨秋等。

云南游戏竞技活动历史源远流长，我们同样可以从考古发掘、崖画、青铜文物等方面得以考证。生活在云南的少数民族自古以来大多都擅长使用弓、弩、弹弓等弹射工具进行狩猎生产活动，在沧源崖画中就有反映原始狩猎场面的画面。

二、云南歌舞娱乐民俗的特点

（一）云南音乐的特点

1. 原生性

原生性是指云南音乐与生产生活、宗教的关系比较密切，保持着极其古老的原始风貌。

2. 民间性

民间性是指云南音乐大多属于民族群体的创造，参加创作、传播与发展，具有浓厚的生活气息和炽热欢快的娱乐情趣。

3. 共融性

共融性是指云南音乐由于各民族多种文化相互交流与影响，既具有自己民族的特色，又吸收借鉴了其他民族的音乐成分，包含着多种文化的影响与融合。

4. 丰富性

丰富性是指云南音乐不仅种类丰富，而且各民族音乐具有自身丰富、特色各异的特点。云南音乐包含民歌、戏曲音乐、曲艺音乐、宗教音乐、民俗礼仪音乐等类型，仅云南民歌总数就有两万多首。

（二）云南舞蹈特点

1. 古朴性

云南各民族的社会经济发展不平衡，中华人民共和国成立时，一些民族的社会形态、生产方式、生产力水平、宗教信仰、意识形态等诸多方面，都尚处于未进入阶级分化时期，许多民族都无文字，他们的历史是靠口耳相传的方式一代一代的流传下来，除了利用民间文学、说唱音乐来进行传授外，生动形象的民族舞蹈，也就成为口耳相传的一种形式，如景颇族目瑙纵歌、苗族芦笙舞等。

他们的许多民间舞蹈属于原生性的“史前艺术”。“打歌”“哦忍仁”“祭火舞”“跳虎”“奥玛妥”都属原始社会的自然崇拜、图腾崇拜的原始性集体歌舞。云南山川阻隔，交通不便的封闭性，又使这些原始性舞蹈得以长期保存，并保持其古朴稚拙的美感。

2. 交融性

云南历史进程中的民族分支与融合；现实各民族的“大杂居，小聚居”。云南又是中原文化与南亚文化的融合地：南传小乘佛教与北传大乘佛教的临接点；古“南方丝绸之路”的通道。这些都免不了各民族在文化交流中彼此消长。明代时，中原、东南亚及本土乐舞已在云南共存，并相互吸收。这种共存融合的现象，在汉时的《白狼歌》、唐时的《南诏奉圣乐》就已出现。在民族融合分支的过程中，在各民族的杂居交流中此消彼长，形成了云南民族民间舞蹈的交融性特点。

3. 民俗性

跳民间舞蹈本身既是一种民俗活动，它依附于民俗活动，又是许多民俗活动的重要内容。人生的生、成、婚、丧四大礼仪，都有舞蹈伴随。汉族春节舞龙，彝族“跳虎”“跳哑巴”“祭火”，哈尼族的“碗舞”“木雀舞”，都是民俗活动中的舞蹈。这些舞蹈都形象深刻地反映了这些民族的民风民俗，作为审美对象，它具有隽永而深厚的文化内涵。

4. 群众性

云南民族民间舞蹈与群众相结合，是大众创作的，是集体智慧的结晶，具有人人参与的广泛性。男女老少，不论民族，参与人数多、规模大。如在打歌时，人们拉手、搭肩、扣手“联袂踏歌”，景颇族的目瑙纵歌气势空前，人数众多，场面蔚为壮观，被称为“万人之舞”。

（三）云南游戏竞技的特点

1. 丰厚性

云南少数民族游戏竞技资源项目繁多。而每一种同名目的在不同民族中又有不同的器械、不同的娱乐方式和竞赛规则。据不完全统计，不同名目的游戏竞技就有300余项。

2. 民族性和独特性

由于民族众多，各民族在发展中所处的地理环境、生产方式、宗教信仰等不同，久而久之，便形成了各具特色的与其生存环境、宗教信仰等相适应的游戏竞技，如云南有些少数游戏竞技与“山地文化”结下了不解之缘，隶属山地民族文化，这与云南山多、山高、谷深有关。如独龙族和傈僳族的溜索，景颇族、阿昌族、布朗族等的长刀是祖先狩猎自卫、刀耕火种的最好见证，具强烈民族性和独特性。

3. 广布性和地域性

因生存的自然和社会环境各异，社会进程不一，各地民族游戏竞技就不尽相同，表现出明显的地域性，如赛马遍及全省，但洱源独占鳌头；霸王鞭是白族游戏竞技特色之一，东巴舞是丽江纳西族游戏竞技特色等。

4. 与其他资源的良好配置性

一是与民族节庆往往融为一体，逢年过节，各地区、各民族都要举行一些民族游戏竞技活动，如大理白族在春节时要举行霸王鞭、耍狮、舞龙、舞虎、花灯等一系列活动，农历八月初八的耍海会上的游花船，农历六月二十五日火把节上的洱海龙舟赛、农历六月二十三至二十五日的“绕三灵”等，4 月中旬傣族的泼水节上的丢包、放高升、赛龙舟等。

二是与其他自然和人文旅游资源配置也较好，如丽江有中国最南现代冰川发育的极高山地——玉龙雪山、天下第一树——万朵茶花、泸沽湖、虎跳峡、长江第一湾及国家级历史文化名城大研镇、东巴文化、纳西民族风情、母系遗存的摩梭文化等，使民族游戏竞技活动融合于自然和人文景观中，共同组成了特色鲜明、风格独特的旅游胜地，利于旅游资源的整体综合开发。

5. 多功能性

云南游戏竞技旅游资源的多功能十分突出。一是健身功能，少数民族将其健身与娱乐融为一体，在欢娱中得到美的享受和体质的增强；二是观赏功能，由于民族游戏竞技项目的独特、优美等特点，游人乐于观赏；三是科考功能，可通过各民族游戏竞技了解各民族风俗、宗教、文化、艺术等，是考察各民族文化的一个重要渠道；四是参与功能，民族游戏竞技活动往往是劳作之余的娱乐，简单易学，游人很快能模仿并参与其中，既健身又娱乐享受。

三、云南舞蹈的功能

1. 娱乐功能

云南民族民间舞蹈的娱乐对象有神、人、己，即娱神、娱人、娱己。娱神是指各民族以歌舞取悦于神灵，祈求其保佑生活平安、生产丰收，如纳西族的东巴舞，巍山彝族正月十六日南诏第一代王细奴逻的生日时到其神庙——巡山殿打歌。娱人即通过表演性舞蹈供人们娱乐观赏，如汉族的狮子舞、花灯，傣族的孔雀舞等。娱己即自娱，云南的一些民族在历史上比较封闭，文化活动形式单一，跳舞是一种比较普遍的娱乐形式，在生活中占有重要位置，民间许多说法充分证明了这一点：“笛子一吹，调子就飞；芦笙一响，脚杆就痒”“为人不跳乐，白在世上活”“为人不跳弦，白活几十年”。石屏的彝族常说：“有吃无吃过过二月初十”，不管怎样，到二月初十这天都要到“罗色庙会”上去跳舞。

2. 教育功能

云南的一些民族，特别是没有文字的民族，往往通过舞蹈活动来向年轻人进行尊敬祖先、讲求公德、传授生产生活技能的教育。基诺族当“打铁节”跳大鼓舞时必须由老人先跳，并唱道：“乡亲们！长老（呀），拜神开始！沿着祖父的道路，按祖母的规矩，继承传统，世世代代传下去。”“基诺儿女勤劳勇敢，热爱劳动，老的传统不能丢，是祖先一代一代传下来，我们基诺人一代一代传下去”。景颇族的目瑙纵歌，必须严格按照景颇族祖先的迁徙回旋路线来进行，目的在于重温祖先艰苦创业的种种历程，教育景颇族人不要忘本。

3. 社交功能

通过舞蹈可加强人与人之间的沟通交往，加强了民族凝聚力，同时还增强了各民族间的团结。许多节庆的舞蹈都是方圆数百里的各族群众参加，如泼水节、火把节、三月街等，人们在一起跳舞，“不消开口说，一来就出脚”。跳民间舞还是青年男女择偶的一种很好的方式和场合，他们通过舞蹈来相互认识，选择意中人，正如俗语所说：“蚂蟥叮着鹭鸶脚，生生死死扯不脱。”许多青年男女通过舞场上的舞蹈热恋成恩爱的夫妻。如丽江纳西族的“七月会”除了交易骡马，展销土特产品外，对于青年男女来说还是寻找配偶的大好时机。

4. 健身功能

舞蹈能够强身健体的这一功能，早为人们所认识，借跳舞来健身的意图表现得十分强烈。人们常说：“跳歌要跳三跺脚、跳得黄灰做得药。”现在许多中老年人喜爱以彝族的烟盒舞、打跳等自娱自乐，锻炼身体。白族的霸王鞭舞，是一项手、脚、腰同时剧烈活动的歌舞，一般女的舞霸王鞭，男的舞“金钱鼓”和“双飞燕”。其动作既有体操的柔软、干净、利落、整齐的舞蹈特点，又具有田径的跳弹、奔跑、旋转、腾跃的体育特点。

任务2 云南歌舞娱乐民俗的类型

案例导入

丽江纳西古乐

在丽江市纳西族的音乐文化中，有一种驰名中外的纳西古乐。据考证，这种古乐起源于公元14世纪，它是云南省最为古老的音乐，也是中国或世界最古老的音乐之一。纳西古乐是纳西族人民在接受以儒道文化为代表的中原文明影响下而创建的艺术结晶。

整个乐曲分为“神州”和“华通”两个大调，并根据不同内容分为50多个小调。经常演奏的有：“清河老人”“小白梅”“水龙吟”“山坡羊”“万年欢”“吉祥”“八卦”“步步骄”“到春来”“到夏来”“到秋来”“到冬来”“浪淘沙”“十供养”等20多个小调。由于这套乐曲长期在纳西族地区广泛演奏，在流传中逐步融合了纳西族的格调。

纳西古乐由《白沙细乐》《洞经音乐》和皇经音乐组成（皇经音乐现已失传），融入了道教法事音乐，儒教典礼音乐，甚至唐宋元的词、曲牌音乐，形成了它独特的灵韵，被誉为“音乐化石”。纳西古乐最具欣赏性的地方是其“稀世三宝”。第一件宝贝是古老的曲子；其次就是古老的乐器，乐师们手上所持乐器，皆有上百年历史；再有就是古老的艺人。如有些乐器在演奏时加进了大跳跃的装饰音和音程很大的滑音和颤音，冲淡了汉族原有的清秀、典雅的丝竹乐风，变为粗犷有力，富有浓厚民族色彩的乐曲了。

在云南丽江古城里，名为“大研纳西古乐会”的演出每天晚上都吸引着来自世界各地的观众，由于这种古乐是在纳西族地区保存流传下来的音乐，因此被经营者命名为“纳西古乐”。到丽江欣赏这种被誉为“活化石”的音乐已经成为很多人到丽江旅游不可缺少的内容，“纳西古乐”已经成为丽江旅游的重要品牌。

思考：

为什么“纳西古乐”会成为丽江旅游的重要品牌？

云南民族众多，具有特殊的自然生态环境和社会环境，孕育了丰富多彩的歌舞娱乐民俗风情，云南被喻为“歌的海洋，舞的世界”，许多民族“会走路就会跳舞，会说话就会唱歌”，云南是民族歌舞娱乐民俗资源的“富矿”。

一、云南音乐的类型

云南是“民族音乐海洋”，音乐种类繁多、变化丰富，大致可分为民间歌曲、戏曲音乐、曲艺音乐、宗教音乐、民俗礼仪音乐等。

（一）云南民间乐器

云南民族在长期的社会生活中创制了各种各样的乐器，据有关资料统计，云南乐器有200多种，其中50%是吹管乐器，25%是打击乐器，25%是弹弦乐器和拉弦乐器。如彝族乐器古朴精致，丰富多彩，总计多达50种以上，傣族乐器多达40种以上，同一种乐器在多个民族中使用的情况也普遍存在。如葫芦笙有彝族、苗族、佤族、傣族等10多个民族使用，象脚鼓有傣族、德昂族、拉祜族、布朗族等6个民族使用。云南“乐器之乡”“乐器王国”的美誉名不虚传。

云南民间乐器分为吹奏乐器、弹奏乐器、拉奏乐器、打击乐器四大类。

吹奏乐器有笛箫类、单簧类、双簧类、笙簧类及其他类。笛箫类吹奏乐器又可分为横笛类、直箫类、埙类、气哨类四种。如基诺族的尼贝、景颇族的吐良等属于横笛类，佤族的瓦格洛、彝族的塞箫、阿昌族的三月箫等属于直箫类；彝族子君人的阿乌文山、彝族的土洞箫等属于埙类。单簧类吹奏乐器有巴乌、葫芦箫等。双簧类吹奏乐器有洞巴、小闷笛、芦管等。笙簧类吹奏乐器有葫芦笙、排笙等。其他还有树叶、口簧等。

弹奏乐器有大中小三弦、月琴、琵琶、竹口弦等。

图6－3　云南民间乐器

拉奏乐器有佤族的独弦胡、傈僳族的节吱、“布希胡惹”（二胡）、“勒胡”（三胡）、四胡等。

打击乐器有铜鼓、基诺大鼓、象脚鼓、木鼓、铓锣、钹、钟铃、烟盒等。如图6－3所示。

（二）民间歌曲

民间歌曲一般简称民歌，是各民族在社会生活与劳动生产实践中经过长期的、广泛的口头传唱而形成和发展起来的，可称为各族群众的“教科书”，在生活中占有特别重要的地位。云南26个民族的民歌中都有叙事歌、山歌、小调、情歌、儿歌、劳动歌、风俗歌、舞蹈歌等，数量众多，内容丰富。

1. 叙事歌

叙事歌主要是演唱长篇叙事诗、史诗及传说故事的民歌，一般需要数小时甚至几天才能唱完一篇。演唱的内容非常广泛，包括天地形成、万物起源、人类繁衍、民族战争、迁徙、婚丧礼俗、生产生活等。通过演唱，对本民族的群众尤其是青少年传授历史知识、生产知识、礼仪知识，并为本民族英雄树碑立传，增强了民族自豪感。演唱的形式有独唱或两人对唱等。如有历史性叙事古歌——彝族的《梅葛》、拉祜族的《牡帕密帕》等，有生产知识性叙事歌——傣族的《十二月歌》、哈尼族的《十二月生产调》等，有故事性叙事歌——彝族撒尼人的《阿诗玛》、纳西族的《玉龙第三国》等，有日常生活性的叙事歌——《忆苦调》《孤儿调》《诉苦调》等。

2. 山歌

山歌主要在山野田间插秧、薅秧、放牧或行走时演唱，也是男女青年相互表达爱情的主要形式之一。云南所有民族都有这类民歌。山歌演唱的内容丰富多彩，而且大都是演唱者触景生情，按一定的传统词格规律创作的。山歌的曲调大都比较自由，以对唱形式为主，曲调丰富，俗话所说："山歌要用竹箩装，调子要用马来驮""隔山不同调，隔箐不同音"。山歌是云南各民族民歌中最丰富、最有特色、最具代表性的种类。

云南彝族民歌种类丰富多彩，在祭祀、节日、婚娶丧葬、劳动生产、谈情说爱、修缮建屋等活动中都广为传唱。《海菜腔》是海内外知名的云南彝族特有的民歌品种，俗称石屏腔，主要流传于云南省红河哈尼族彝族自治州石屏县彝族尼苏人村落。海菜腔本义是在"海"上唱的腔，因当地的异龙湖中一种名为"海菜"的水生草本植物而得名。它是彝族人在长期的劳动和生活中创作的，由青年男女在山野、田间、湖上谈情说爱唱出的山歌发展演变而来。海菜腔的演唱形式独具一格，被誉为民族中的"美声"唱法。海菜腔属于一种对唱形式的民歌，有领唱、有帮腔、有问有答。其音域宽广、激越昂扬、优美动听、旋律起伏连贯、婉转悠扬，深受彝族人民的喜爱。一首完整的海菜腔曲调通常由拘腔、空腔、正七腔及白话腔等部分组成，是一种由多乐段组合，集独唱、对唱、领唱、齐唱、合唱等形式于一体的大型声乐套曲。2006 年 5 月，彝族海菜腔经国务院批准列入第一批国家级非物质文化遗产名录。

3. 小调

小调主要指汉族民歌中的小调部分以及少数民族民歌中有别于叙事诗、山歌、舞蹈歌等的一些短小民歌。小调短小精练、曲调优美、节奏鲜明、生活气息浓郁、内容适应性强、流传广泛，特别在汉族民歌中占重要地位，如《绣荷包》《赶马调》等。

4. 情歌

情歌指的是许多少数民族专门用于男女青年谈情说爱、相互倾诉衷肠，在特定场合唱的民歌。少数民族恋爱结婚都比较自由，情歌是表达爱情的重要方式，不同民族对情歌的对唱地点有不同的约定，如阿昌族、德昂族、布朗族、基诺族及一些地区的傣族的对歌寻偶在居家户内进行，而有的民族情歌只能在户外即村外特设的场地或山野对唱，有的则在村寨兴建的公房里对唱。

5. 儿歌

儿歌是云南民歌中富有特色的一类，它生动活泼地反映了儿童天真烂漫的生活情趣。一般曲调短小精练、音域不宽、节奏鲜明、轻快活泼，是儿童认识生活、学习知识的生动形象的教材。

6. 劳动歌

劳动歌是在生产劳动过程中演唱的歌曲。它产生于劳动之中，或直接为生产劳动服务，或伴随劳动而歌唱。有与劳动节奏协调的号子类的歌，如佤族的《拉木鼓歌》、景颇族的《舂米歌》；有非号子类的劳动歌，如兰坪白族的《栽秧调》、基诺族的《打猎歌》等。

7. 风俗歌

风俗歌是每一个民族风俗习惯、宗法观念、宗教思想、民族心理等的反映。主要在年节、盖房、婚礼、丧葬等民俗活动中演唱，如有建盖房屋时的《贺新房歌》，有婚嫁过程中的《提亲歌》《认亲歌》《娶亲歌》《哭嫁歌》《送亲歌》《祝婚歌》等，有丧葬仪式中的

《悼念歌》《安魂歌》《指路歌》《献饭歌》《献酒歌》《哭丧歌》等。

8. 舞蹈歌

舞蹈歌按表现形式，可分为单纯的舞蹈歌和有乐器伴奏的乐舞歌两种。

(三) 戏曲音乐

明清时期，云南的地方戏曲逐渐形成，属于汉族剧种的有滇剧、花灯、昆明曲剧、大词戏、杀戏、腾冲清戏及属于傩戏范畴的关索戏、端公戏等，少数民族的剧种有白剧、傣剧、壮剧、彝剧、苗剧等。

1. 滇剧

滇剧是云南的地方戏曲剧种，主要流行于云南汉族聚居地区及白族、彝族等部分少数民族地区，包括丝弦、襄阳、胡琴三种声腔和部分杂调，是明末至清乾隆年间由外地流入并逐渐吸收了当地民间艺术后形成的具有地方特色的新剧种。滇剧的表演艺术，写意、写实相结合，更强调写意，以虚拟手法来反映生活，特别强调歌舞性和节奏感，具有高度的综合性。

2. 花灯

云南花灯也称为“唱灯”“簸箕灯”，多在灯社、会火、逢年过节、迎神赛会时演出。花灯不仅在汉族中流行，彝族、白族、壮族、苗族等少数民族中也存在。

云南花灯的艺术特色主要表现为以下几个方面：第一，传统的花灯剧目，多为小生、小旦、小丑的“三小”戏，内容以反映农村生产劳动、爱情婚姻、家庭伦理道德为主，朴素单纯，具有浓烈的云南乡土特色；第二，由于云南各地方音（土语）、风俗民情、音乐曲调等差异，形成了风格各异的花灯支派，如昆明花灯、玉溪花灯、楚雄花灯、建水花灯等；第三，花灯音乐曲调来源十分广泛，有来自明清小曲的，有来自云南民歌小调的，有从云南扬琴、宗教音乐和民族音乐中吸收来的，还有从兄弟省市的剧种中移植来的；第四，表演时载歌载舞，以“崴”为主，故有“不崴不成灯”的说法。

3. 傣剧

傣剧是傣族的戏剧剧种，流行于德宏傣族景颇族自治州的盈江、潞西、瑞丽等县市。傣剧产生于清代末期，是在傣族民间歌舞的基础上吸收京剧、滇剧的一些音乐成分和表演方法而形成的。傣剧剧目分三类：一是表现日常生产生活、风俗的小戏；二是用本民族的诗歌、故事改编的，如《娥并与桑洛》《千瓣莲花》等；三是汉族传统剧目改编成的傣剧，如《三国演义》《西游记》等。

4. 傩戏

“傩”作为上古时期一种驱鬼避疫的仪式，从傩舞发展到傩戏经历了漫长的岁月，大约到宋代形成傩戏的雏形。云南则在明代出现傩戏，清代比较活跃，现在云南存在的傩戏主要有澄江关索戏、昭通端公戏、文山梓潼戏、富源狮子灯戏等。

图 6-4 澄江关索戏

澄江关索戏是云南傩戏的一个稀有剧种，仅在澄江县阳宗镇小屯村一带流传，每年正月初一至元宵节期间演出。演出前，演出村民戴上面具，以飞虎旗、令旗、锣鼓队为前导，前往各村走街串巷，驱鬼避疫，最后到戏场演出，第一出戏通常是“点将”。剧目内容都是表现刘备君臣将帅勇猛善战，足智多谋，取得胜利。如图 6-4 所示。

（四）曲艺音乐

云南的曲艺音乐包括云南扬琴音乐、姚安莲花落音乐、渔鼓音乐、圣谕音乐、白族大本曲音乐、傣族的章哈音乐、格萨尔说唱音乐、彝族甲苏音乐等。

白族大本曲主要流传于大理、洱源、宾川等地，民间称为“唱大本子曲”，可解释为“演唱长篇故事的曲子”。大本曲形成于明末清初，盛行于清代。每年从三月三“开曲门”后，各种节日或婚丧仪式时有演唱，到九月九“关曲门”后演唱活动暂息。传统演唱形式简朴，一般为两人演唱，一人穿长衫，手持方帕或折扇坐于桌后演唱，一人怀抱三弦坐于一侧伴奏。

（五）宗教音乐

云南是一个多宗教的省份，世界三大宗教及我国传统道教都有人信仰。云南还是一个多民族省份，每个民族都有自己的原始宗教信仰。因此，云南宗教音乐丰富而复杂。

云南少数民族原始宗教信仰内容丰富，形态各具特色，其中的乐舞艺术是祭祀活动的重要组成部分。纳西族的东巴教有许多的祭祀活动，在不同祭典中有乐舞配合唱诵经文，据不同目的、对象及情况念不同的经，跳不同的舞，有打击乐器伴奏，大扁鼓、大钹、锣及舞者手中的摇鼓、盘铃、海螺号、牛角号等是常用的乐器。东巴念诵经文时，或念或唱，或念唱结合。唱经的曲调很多，有相当一部分与当地民歌有因承关系。彝族原始宗教活动中的祭祀音乐大致可分为毕摩唱腔、苏尼唱腔和丧祭器乐曲三类。

（六）民俗礼仪音乐

民俗礼仪音乐就是在民俗祭祀和庆典活动中使用的音乐，它受到多种复杂的宗教观念影响，但不是严格意义上的某一教派的宗教活动。如纳西族的白沙细乐及云南的洞经音乐具有代表性。

洞经音乐是云南独有的、多民族、分布面广、影响较大的乐种，大约产生于明代，有一套严密的体系，其音乐成分有宫廷音乐孑遗、江南丝竹风韵和民族民间小曲。云南全省有许多县市有洞经音乐的组织机构——洞经会，以昆明郊区、大理、丽江、建水为盛，民族主要有汉族、白族、纳西族等。丽江纳西族的洞经音乐历史悠久，它是中原道教与纳西族民间音乐相融合的奇异乐种，在丽江纳西族民间广为流传。它奇迹般地保存了部分中原地区早以失传的唐、宋、元时期的词和曲牌音乐。

二、云南舞蹈的类型

云南民族舞蹈众多，大概有300种舞，几百个名称，数以千计的跳法，可以分为跳鼓、跳歌、跳弦、跳灯、杂跳五类。如跳鼓有铜鼓舞、木鼓舞、竹鼓舞、大鼓舞、象脚鼓舞、花鼓舞、手鼓舞、八角鼓舞、鱼鼓舞等。

民族舞蹈按照其功能划分可分为祭祀性舞蹈（傩舞）、生产性舞蹈、自娱性舞蹈、表演性舞蹈等。

（一）祭祀性舞蹈

祭祀性舞蹈来源于人类社会中的祭祀活动。在云南，几乎所有的民族都或多或少地存在着祭祀性舞蹈，主要是在生产（农业、畜牧业、狩猎等）活动中的祭祀和对族人去世的祭祀，反映出对自然神灵的崇拜和对祖先神灵的崇拜。如哈尼族的金钱棍舞、刀舞、狮子舞、流星舞、木雀舞等，纳西族的甲胄舞、哦热热和东巴跳神舞等，麻栗坡瑶族的龙虫舞、德宏景颇族的敬羊舞、宁蒗摩梭人的含摆舞，景颇族的金再再舞，佤族的木鼓舞等。

祭祀性舞蹈中宗教舞蹈和丧葬舞占了很大分量。宗教舞蹈是为宗教活动服务的舞蹈，也是宗教活动的一个重要组成部分。宗教很早就借用舞蹈的艺术魅力来制造和渲染神秘莫测、激烈狂热的宗教气氛，给人一种心灵上的震慑，使人产生敬畏和惧怕的心理，从而产生对神的崇拜。作为艺术形式的丧葬舞，很大程度上是在“灵魂不灭”的观念下萌生的。它首先表现出以舞蹈作为奉献原始自然精灵、为死者进入天国的压倒一切的超度形式；其次，它还有“娱尸”、抚慰死者亲属等含义。

1. 佤族木鼓舞

木鼓是佤族人民祖辈相传的“神器”，被视为本民族繁衍之源头。木鼓又有公母之分，母鼓大、公鼓小，反映出母系社会妇女为大的遗风。过去，木鼓供放于木鼓房，平时不能随意敲打，只有重大节日、宗教活动、部落间械斗、获猎归来，以及传达重要信息时，才敲击木鼓庆贺或示意某种活动，同时跳相应的木鼓舞。如图 6 -5 所示。

图 6 -5　佤族木鼓舞

沧源佤族木鼓舞由拉木鼓、进木鼓房、敲木鼓、祭木鼓四部分组成。舞蹈第一部分展现由巫师魔巴带领全村健壮剽悍的阿佤男子边踏歌为节，边迎合高呼地拉木前进直达村寨的歌舞，舞姿古朴粗犷，气氛神圣庄严，舞步自然成韵，极具原始崇拜意味；第二部分以舞蹈形式出现的进木鼓房，集中以模拟舞姿来表述人们挖凿、制作木鼓的劳动过程，新木鼓诞生后，魔巴手持树枝，在大八字蹲裆步的行进中，引导木鼓进入木鼓房；第三部分为敲木鼓，是木鼓舞表演中最为热烈和精彩的高潮部分，全段以娴熟的击鼓技巧和粗犷舞姿，集中展现了表演者模拟佤族日常生活中的祭祀、巡逻、报警、作舞等情景为内容的多种舞蹈套路表演，边击鼓，边围鼓旋转、跳跃，将“敲木鼓”的欢腾气氛推向极致。人们在以此欢愉神灵，求得来年的五谷丰登、人畜两旺的同时，也获得了精神上的最大愉悦；第四部分为祭木鼓，是木鼓舞最后对“木依吉”大神进行崇拜的一段程式性礼仪舞蹈，舞蹈语汇简单、质朴，富有浓厚的原始仪式气氛。

2. 瑶族度戒舞

云南瑶族的民间舞蹈以祭祀舞蹈为主，有祭祖还愿的跳盘王、祭祖纳福的跳江楼、缅怀亡人的龙虫舞和驱鬼驱邪的丢曼等，特别是度戒仪式中的系列舞蹈最具代表性。在度戒仪式中，道公常以跳道来请神，师公则以跳师来娱神，故道公舞又称文舞，师公舞又称武舞，在舞蹈的风格和法则上各有不同。道公以鼓、锣（大锣）和钹为伴奏乐器，舞蹈中节奏平稳，神态虔诚，舞姿多呈含胸揉踩之态。跑边时往往先出右脚，往右转身起步。行进中，双膝上下颤动，上身稳健，如踩海绵一般；师公则以鼓、锣（小马锣）、铜铃为伴奏乐器，节奏跳跃明快，舞姿多颤抖、摇摆或晃动。跑边时先出左脚，往左转身起步。行进中，其双膝的颤抖、上身的摇摆和双肩的晃动，皆为巫舞的原始风格。道公舞以道教“上元天官赐福，中元地官赦罪，下元水官解厄”的教义为法则，形成了高、中、低三种位置进行舞蹈的“三元跳法”；师公舞则从阴阳五行、五方、五色、五帝等观念出发，形成按东、南、西、北、中五个方位进行舞蹈的“五方规则”。两种不同的舞蹈风格和法则，在仪式活动中既有区别又相互密切配合，表现出师、道同宗的现象。如图6－6所示。

图6－6　瑶族度戒舞

（二）生产性舞蹈

生产性舞蹈是云南各民族舞蹈中最写实的部分，直接与各民族生产劳动相联系。生产性舞蹈的特点，在于直接模仿、表现生产劳动，有渔猎之舞、农牧之舞、特殊劳动性舞蹈。渔猎之舞有哈尼族捉泥鳅舞；农牧之舞有傈僳族开山地舞、搭地埂舞、挖生地舞、挖土瓜舞、割小米舞、甩连杆舞、舂米舞，拉祜族芦笙舞和摆舞，傣族耕牛舞；特殊劳动性舞蹈有傈僳族扒山石榴舞、瑶族蓝靛舞等。

1. 哈尼族的捉泥鳅舞

哈尼族从事梯田农业，梯田中多有泥鳅、鳝鱼，捉泥鳅、捉鳝鱼是秋收后的一项劳动。哈尼族的捉泥鳅舞蹈充满了欢乐、调皮的气氛。舞者多为女性，腰挂小篾兜，跳跃腾越，她们摇晃的身姿犹如走在狭窄泥滑的田埂；一惊一乍，仿佛看见泥鳅在水中跳跃；动作敏捷，捉泥鳅入兜，表现出极大的喜悦。捉泥鳅舞生动活泼，模仿逼真，舞者与观众同乐，惹人喜爱，流传十分广泛。

2. 佤族舂米舞

舂米舞是佤族妇女模拟日常舂米活动的舞蹈，人们围着一个木手碓，每人持一根杵作舂米状，向右方转动，边舂边敲打碓之内侧，跳的动作相同但有先有后，节拍均匀，脚步声和敲击声或强或弱，很有节奏，舂米舞充分表现了佤族人民勤劳、乐观的品格和热爱生活的情趣。

（三）自娱性舞蹈

自娱性舞蹈有表现重要历史生活的舞蹈，如苗族的芦笙舞、景颇族的目瑙纵歌；自娱性舞蹈还有表现现实生活的舞蹈，在云南各民族社会中，无论婚丧嫁娶、建房起屋，节日喜庆、各种集会，甚至日常家务、男女幽会，都有娱乐性的舞蹈伴随。如傣族的象脚鼓舞，彝族烟盒舞、阿细跳月、左脚舞，纳西族的阿哩哩，藏族的锅庄舞等。

1. 打歌

打歌也称踏歌、打跳、跳歌、跳脚等，在云南彝族及其他许多少数民族中流传广泛。打歌者一般牵手搭肩，环圈或直排群舞，足踏手舞，喝声呜呜，“从早跳到黄昏落，只见黄灰不见脚”是打歌的真实写照。在云南弥渡至今，农历正月十五、正月十九、二月初八、二月十四日及火把节、立秋节还保留着打歌的习俗。弥渡彝族打歌与打歌调、音乐密切依存。打歌调是当地彝族的歌诗之一，内容生动丰富，曲调高亢优美，唱法别致，格律独特。其中

图6－7 打歌

有一首打歌调这样唱道："来打歌呀来打歌！打起尘灰做得药。打歌就是团团转，一个跟着一个走。打歌不是我爱打，孔明立书兴着呢。来打歌呀来打歌！前边去了千千万，后边还有万万千。"如图6－7所示。

2. 阿哩哩

阿哩哩是纳西族民间的自娱性舞蹈，是一种曲调欢快、舞步轻盈、充满喜庆的舞蹈，流行于丽江各纳西族村寨。阿哩哩有高兴欢乐之意。其基本动作是舞者拉手围圈向左走三步，抬右脚，接着向右走三步，抬左脚，无限反复，简单明快，舞者身心愉悦，陶醉其中。

3. 锅庄舞

藏族逢节日喜庆必跳锅庄舞，男女身着盛装，各成一排，相对而立，或男前女后相随，或混杂围成圆圈。无伴奏，舞者自唱自吟，有时有领唱。藏族的锅庄舞以力量见称，动作丰富，踢腿、扬腿、蹲步，上身翻身扬手，跳法整齐，踏地有力，举手悠扬，舞姿豪迈，人们在自娱自乐中展现出来的姿态如雪山雄鹰。

（四）表演性舞蹈

表演性舞蹈由专门的艺人表演，淡化生活的写实气氛，注重创作的气息。它们源于生活却高于生活。云南比较有名的表演性舞蹈有傣族的孔雀舞，纳西族的麒麟舞，哈尼族的扇子舞，藏族的热巴舞，汉族的花灯舞，等等。

1. 傣族的孔雀舞

傣族把孔雀视为幸福吉祥，美好和爱情的象征。孔雀那美丽的羽衣，优美的舞姿，高雅的体态，成了民间艺人学习和模仿的对象，孔雀舞成为傣族各类活动不可缺少的表演性舞蹈。孔雀舞最早是比较简单，由男子进行表演，舞者头载宝塔形金冠及面具，身背孔雀架子道具，以象脚鼓、镲等乐器伴奏。有独舞、双人舞、三人舞及歌舞剧的表演。后来逐渐发展为女性表演，在内容上增加了下山、森林漫步、追逐嬉戏、拖翅、亮翅、点水、飞翔等内容。孔雀舞还十分讲究手的动作，以手形象征孔雀头颈，变化多姿，生动传神，给人一种美的享受，女性的温柔、美丽，更使孔雀舞增加了独特的韵味和魅力。孔雀舞所呈现出阴柔飘逸的风格和美感表现了傣族温文尔雅、平和柔顺的民族性格特征。著名舞蹈家刀美兰、杨丽萍表演的孔雀舞在国内外都享有盛誉。

2. 纳西族的麒麟舞

麒麟舞是纳西族麒麟、白鹿、白鹤、牦牛等吉祥的动物舞的统称，可能源于古老的东巴舞。麒麟舞一般在农历除夕之夜到正月十五期间演出。在锣鼓声中，阿普老寿星头戴面具，红脸白须，手摇龙角神杖，率领他在天上驯养的麒麟、凤凰、白鹿、白鹤、花马、狮子等"驾祥云"来到人间，赐福于民，与民同乐。有"寿星拜祝""彩云南现""花马报春""鹿鹤同春""麟凤呈祥"等内容，特别是"麟凤呈祥"达到了舞蹈的高潮部分，动作高难，和谐优美，是纳西族表演性舞蹈艺术中的珍品。

三、云南游戏竞技的类型

（一）游戏竞技类型

云南民族游戏竞技项目种类繁多，异彩纷呈，相同的项目在各民族中活动方式不同，各民族又有许多独具特色的项目。

竞技类项目有摔跤、射弩、陀螺、赛马、赛龙舟、秋千、蔑弹弓、吹枪、武术等。

民俗生活类项目众多，如对抗性项目有彝族的顶头、抵肩、顶扁担，拉祜族的踢脚架、掰手力、拔河等，景颇族的顶杠等；攀爬类项目有傈僳族的爬刀杆、爬树、爬绳，怒族的过溜索，独龙族的独木天梯，佤族的爬杆等；球类项目有彝族的棕球、鸡毛球、叶子球，纳西族的布球、草球、木球等，布朗族傣族的腾球等；投掷类项目有独龙族的投石器、标枪，佤族的铁标、竹标，彝族的梭镖，傣族的丢包等；跳跃类项目有各民族的跳高、跳竹竿、跳绳、跳板凳、跳大海、跳火把等；赛跑类项目有傣族的鸭子赛跑、青蛙赛跑，苗族的穿针赛跑、绩麻赛跑、穿花衣花裙赛跑；水上运动项目有怒族的划猪槽船、白族的赛龙船、摩梭人的转海、傣族的赛龙舟、彝族的潜水等；涉及动物的对抗性项目有摩梭人的掰牛角、独龙族的剽牛，以及许多民族的斗牛、斗羊、斗鸡等；此外还有舞狮、舞龙、舞象项目，秋千项目（如哈尼族的磨秋、荡秋、轮秋等），射艺类项目（如射火药枪），棋类项目（如民间棋类的彝族赶将军棋、月亮棋、城棋、西瓜棋、和尚棋）等。

（二）游戏竞技项目欣赏

1. 傣族丢包

花包是傣族青年男女传情的信物和婚姻的媒介。泼水节期间，在傣族村寨边的草坪上和大榕树下，可以看见一些傣族小伙子与身着艳丽服装的姑娘，相距约30米处面对而立，从他们手上不断地甩出一个个彩色的小花包。一般来说，都是姑娘先丢给她所喜欢的小伙子，如果小伙子不喜欢丢包的姑娘，便可不接，而姑娘也就不好意思再朝那个小伙子丢包了。如果双方都有情有意，那小小花包就是他们传情达意的信物，没有接住包的一方就要给另一方礼物，这礼物有轻有重，或一朵鲜花，或一件首饰，或钱币之类，送什么为好都要由双方的情缘而定，多少青年男女就在丢包场上结成双、配成对，成为终身伴侣。如图6－8所示。

图6－8　傣族丢包

2. 哈尼族秋千

哈尼族的秋千分磨秋、荡秋和轮秋三种。

打磨秋，这是哈尼人一项充满情趣的游戏竞技活动。它要求磨秋两边的人数要对等，骑坐的人用脚蹬地面，时而上下升降，转得越快，围观的人也更加开心，不时发出“哦嗬嗬，哦嗬嗬”的呼喊声，为其加油助兴，气氛十分热烈。

哈尼族的独绳秋千颇具特色。秋千立于斜坡上，4根支架的顶上交叉成“十”字捆绑，上装一根横木，横木上部拴一根拇指粗的藤条，下端结一扣，藤条中段拴一根约2米长的细藤条。不能荡秋的老年人，也喜欢坐在木板上领略一下已逝去的打秋千的愉悦。秋千荡得最高的男青年，被女子们所青睐，是“英雄”人物，可受到敬酒的礼遇。

轮秋的结构比吊秋、磨秋都要复杂。在场地中立两根约3米高的木柱，相距约3米，柱顶架一横梁，横梁中央套一宽约 1 米的木制十字形滚轴，如车轮状。滚轴上有各长约 2 米的 4 对平行足，足端系短绳，绳端拴一木板，形如秋千。玩时，4 人各坐一木板上，使滚轴转动，上下升降。各人脚触地时用力蹬地，再加上空中三人下坐、下拉的力量，秋千做圆形旋转，转速快时，如飞旋的大风车。如图 6－9 所示。

3. 彝族斗牛

斗牛是彝族一项妙趣横生的传统游戏竞技活动，集竞技性、娱乐性和观赏性于一体，深受彝族群众的喜爱，也为其他各族人民所喜闻乐见。牛，自古以来，彝族人民就把它视为力量和财富的重要象征，同时也是彝族传统社会的重要生产工具，是勤劳和力量的象征。逢年过节和农闲时节，彝族都要举行规模不等的斗牛活动，既丰富了彝族人民的精神文化生活，又激发了彝族人民昂扬向上、不畏强暴、坚韧不拔的意志，是彝族人民敢于和善于创造美好生活的进取精神的再现。如图 6－10 所示。如今，这种具有高度观赏性和娱乐性的民族传统体育项目已成为楚雄市马樱花节给广大游客带来欢乐和刺激的精彩旅游项目。

图 6－9　哈尼族秋千

图 6－10　彝族斗牛

阅读材料

《傣族古歌谣》第五十七首《跳威风》

跳啊跳/唱啊唱/我们跳/我们唱/跳个饱/唱个够/天下人/算我最威风/牛见了让道/马见了让路/大树我也能撞倒/从寨边/跳着来/一直跳到赶摆场/全身流大汗/跳得更好看/姿态美/迷住人/姑娘张嘴看/忘了扣衣衫/大嫂们/睁大眼/忘了丈夫在眼前/忘了怀中抱着儿/心中喜也跳起来/孩子落地上/也忘把儿抱起/气得丈夫直跺脚/惹得众人哈哈笑/老人们/围拢来/人人笑眯眯/个个称赞好/跳得好/跳得妙/依腊诶/依腊诶/啾——啾。

注：转摘自聂乾先著《云南民族舞蹈文集》，第 99 页，北京，中国文联出版社，2003 年。

项目小结

本项目主要阐述了云南各民族在音乐、舞蹈、体育娱乐方面的历史发展概况和类型，云南各民族音乐、舞蹈、游戏竞技均伴随着人类的生产、生活活动而产生和发展，历史悠久，类型丰富多彩；还分析了云南音乐、舞蹈、游戏竞技三个方面的特点；最后对其中特色较为鲜明、影响较大、对旅游者极具吸引力的相关民族的音乐、舞蹈、游戏竞技项目进行了较为细致的介绍。

关键词

民歌　海菜腔　花灯　洞经音乐　孔雀舞　打歌　木鼓舞

练习与实训

一、单项、多项选择题

1. 云南现存最早的舞蹈图像是新石器时期的沧源崖画舞蹈图像，距今（　　）。

A. 5 000 多年　　B. 4 000 多年　　C. 3 000 多年　　D. 2 000 多年

2. 海菜腔是海内外知名的云南（　　）特有的民歌品种，俗称石屏腔，主要流传于云南省红河哈尼族彝族自治州石屏县。

A. 彝族　　B. 哈尼族　　C. 傣族　　D. 瑶族

3. 云南游戏竞技类项目可概括为两大类（　　）。

A. 竞技类项目　　B. 摔跤类项目

C. 民俗生活类项目　　D. 射击类项目

二、判断题

1. 云南具有“乐器之乡”“乐器王国”的美誉。（　　）

2. 人数众多，场面蔚为壮观，被称为“万人之舞”的舞蹈是景颇族的目瑙纵歌。（　　）

3. 打歌是云南彝族特有的舞蹈类型。（　　）

三、思考题

1. 云南民间乐器有哪些类型？

2. 云南民歌分为哪几类？

3. 云南舞蹈有何特点和功能价值？

4. 云南民族舞蹈有哪几种类型？列举出每一类型两种以上的云南民族舞蹈。

5. 云南游艺竞技有何特点？

6. 谈谈你对哈尼族秋千的认识和了解。

四、实训

（一）任务名称

云南歌舞娱乐民俗风情体验与考察

（二）任务目标

1. 增加对云南歌舞娱乐民俗风情的感性认识，从而提高学习的兴趣。

2. 使学生认识歌舞娱乐民俗的特点、功能，增强理解能力。

（三）任务要求

以学习小组为单位，以当地歌舞娱乐民俗为对象，开展体验、调研活动。

（四）任务实施

1. 对所教班级进行分组，每组6～8人为宜。

2. 小组讨论，设计调研方案。

3. 根据调研方案开展调研活动。

4. 整理调研素材，撰写并修改调研报告。

（五）成果考核

1. 各组提交调研方案和调研报告（1 500 字以上，图文并茂）。

2. 教师根据提交材料评分，并纳入学生平时成绩。对于优秀的材料，供全班交流、学习和讨论。

推荐阅读书目

1. 饶远，刘竹．生命活力的迸放——云南民族体育．昆明：云南教育出版社，2000。

2. 吴学源．滇音荟谈——云南民族音乐．昆明：云南教育出版社，2000。

3. 王清华，等．浪漫的云霞——云南民族舞蹈．昆明：云南教育出版社，2000。

PROJECT

项目 7

云南节日民俗风情

学习目标

通过学习，你应该能达到：

1. 了解云南节日民俗的起源与发展；
2. 熟悉云南节日民俗的特点；
3. 掌握云南节日民俗的类型及其中独具特色的一些岁时节令。

学习建议

在本项目学习过程中，同学们可以结合录像课教材《云南节日民俗风情》进行学习，也应当结合本项目后面提供的推荐阅读书目进行学习，还可以通过电视、网络等多种渠道更全面地学习、了解云南的节日民俗风情，有条件的同学还可以在节日期间到云南民族村、云南民族聚居地区亲身参与体验云南的节日民俗风情。

TASK

任务 1

节日民俗的结构及特点

案例导入

嫦娥奔月

相传，远古时候天上有十日同时出现，晒得庄稼枯死，民不聊生，一个名叫后羿的英雄，力大无穷，他同情受苦的百姓，登上昆仑山顶，运足神力，拉开神弓，一气射下九个太阳，并严令最后一个太阳按时起落，为民造福。后羿娶了美丽善良的妻子——嫦娥，但嫦娥被恶人相逼，吃了不死药，飞到月亮上成了仙。后羿无可奈何，又思念妻子，只好摆上香案，放上她平时最爱吃的蜜食鲜果，遥祭在月宫里眷恋着自己的嫦娥。百姓们闻知嫦娥奔月成仙的消息后，纷纷在月下摆设香案，向善良的嫦娥祈求吉祥平安。如图 7－1 所示。

图 7－1　嫦娥奔月

思考：

1. 嫦娥奔月的传说产生了我国哪个传统节日？

2. 说说你所知道的节日传说。

节日是人们从漫长的社会生活中约定俗成的、在特定的日子里举行的一种集体性习俗活动。广义的节日，指人类社会中的某一特定的群体，为庆贺、祭祀、纪念、缅怀某一事件或某位人士而约定俗成或经一定机构批准确定的时日。狭义的节日，指特定的纪念日，也指传统的农事、纪念、庆贺或祭祀的日子。节日是民族文化的载体，是展现民族文化事象、进行交际活动、追忆民族历史、表达民族意识、折射民族精神、增强民族凝聚力与民族认同感的最佳形式。云南的传统节日形式多样，内容丰富，有着特殊的文化意蕴和丰富内容，是各个历史时期云南各民族社会生活与民情风俗的极好写照。

一、节日的起源与发展

（一）节日的起源

节日的起源和发展是一个逐渐形成，潜移默化地完善，慢慢渗入到社会生活的过程。节日的起源是一个极为复杂的问题，自从人类开始认识自然、认识自我起，就有了联系和表达人与自然、人与人之间关系的节日，节日中保留着许多古风遗俗。

1. 节日源于宗教、祭祀

宗教信仰是形成节日的主要原因之一，几乎所有节日都充斥了宗教的内容。远在旧石器时期已经产生了原始宗教、神话传奇、迷信禁忌，使人们经常借助各种祭祀形式祈求神灵保佑。古人出于自然崇拜、祖先崇拜、英雄崇拜的心理而经常举行祭祀活动，久而久之，就形成了一些节日。

2. 节日源于农业生产需要

远在八九千年前，中国就有了农业，农作物有一定的生长规律：春种，夏耕，秋收，冬藏。为了在特定的季节从事特定的农业生产活动，人们把不同季节中的特定时间定为节日。中国的节日大多和天文、历法、数学，以及后来划分出的节气有关，这从文献上至少可以追溯到《夏小正》《尚书》；到战国时期，一年中划分为二十四个节气，后来的传统节日，全都和这些节气密切相关。大部分节日在先秦时期，就已初露端倪。中国传统节日源于四季自然气候变化与农事活动，实质上是围绕祈求丰收与庆丰收这两大主题展开的。

3. 节日源于社交、娱乐

到了汉代，我国主要的传统节日都已经定型。节日发展到唐代，已经从原始祭拜、禁忌神秘的气氛中解放出来，尤其是宋代以后，节日的宗教因素减弱，娱乐性得到极大增强，地方戏剧、食品、运动、访友等项目纷纷融入节日中，使节日成为真正的佳节良辰。

（二）节日的传承与演化

民族节日在其传承、演化的过程中，无论是在内容上还是在形式上都会发生变化，主要表现在以下三方面：

第一，从单一性向综合性、复合性演化。

傣族泼水节的综合性、复合性十分突出。它源于佛教祭祀，是信仰南传上座部佛教民族的共同节日，它的活动内容由单一的宗教活动，发展为泼水祝福、赛龙舟、放高升、堆沙滴水、赶摆丢包等活动。在民族节日的传承、演化过程中，一般来说，其宗教性逐渐淡化，而娱乐性逐渐增强。

第二，从非经济性向经济性逐步发展。

大理三月街起源于观音崇拜，进而发展为具有民族特色的商品交易盛会。近年楚雄火把节期间，省内外客商云集，贸易成交额达数千万元。节日期间是消费的旺季，“节日经济”这一现象已被社会各界所重视。

第三，民族节日不断相互融合、渗透。

每个民族都有自己的节日，随着社会的发展，民族交往日益增多，节日文化相互渗透、相互影响、相互作用的势头日益增强。随着汉文化在云南各地的传播，受汉文化影响程度较深的民族，都不同程度地受到了汉族节日——春节、清明节、端午节、中秋节等的影响，除聚居农村的回族外，几乎所有民族都过春节。

二、节日的结构

节日往往是有一系列既定的活动和仪式组成的，人们的许多交流活动就围绕着这些活动和仪式而展开。

1. 起始仪式

一般来讲，节日都会因一个标志性的时间或仪式来作为节日的开始。如春节就是由“祭灶”开始的。

2. 净化仪式

节日的一个重要功能是“净化”，不仅可以“净化”人们的活动空间和生活环境，而且在许多少数民族那里，还具有驱除邪恶、疾病、厄运和一切不吉利因素的作用。如端午节挂艾草、傣族泼水节的泼水等。

3. 祭祀仪式

一般来讲，祭祀仪式是许多民族节日的一个重要组成部分，祭神、祭祖是节日中不可缺少的一项活动。例如，彝族的年节称为十月年，节日的主要活动是祭祖。三天的节庆，第一天“接祖”，第二天“与祖同乐”，第三天“送祖”。

4. 表演仪式

各民族的节日，人们穿着盛装，最大限度地展示自己。同时都兴高采烈地参与或观看各种表演活动，有唱歌、舞蹈、竞技，以及各种地方的戏剧、娱乐活动等，使节日充满了欢乐、动感的气氛。

5. 结束仪式

节日有一个起始仪式，也有一个结束仪式，标志着节日的结束，时空又回归正常。例如，傣族先有“关门节”，后有“开门节”。

三、节日的特点

节日是民族文化的瑰宝，是时代的镜子，它通过节日礼俗展现社会风貌和民族风貌。综观云南民族各类节日及节庆礼俗，主要有以下特点：

1. 多样性

在悠久的历史长河中，云南多民族相安共处，水乳交融，形成了丰富多彩的节日文化传统。节日的多样性，主要表现在其形成与发展的过程中，不同的民族、地理状况、宗教信仰、生活习俗、历史文化等差异性造就了不同的岁时节令，产生了不同类别的节日，而每一节日又各有其特色。

2. 传承性

节日礼俗在其形成过程中，代代相传，具有很长的历史传承性。这种传承性，主要表现节日从起源到发展至今，在内容和形式上都有一些东西是亘古不变的。但我们也要看到，随着时代的不同，节日也在某种程度上相应地发生变化。

3. 综合性

节日在其传承、演化的过程中，内容和形式随着时代的变化，不断地从单一性向综合性演化。如景颇族的目瑙纵歌，从远古的以送魂为主要内容的节日演化为今天的大型歌舞盛会。

4. 娱乐性

无论哪一种节日，在庆贺活动的形式上，大都披红挂绿，嬉戏游乐，美酒佳肴，探亲访友，互致问候，等等。节日所派生出的娱乐文化、礼品文化、饮食文化为节日增加了丰富的现实生活内容，为各民族的现实生活增添了愉快、浪漫的气氛。

5. 时令性

中国是一个农业古国，节日大都是围绕着季节和年轮转变的关键时期制定的。不同的节日，有不同的民俗活动，并且以年为周期，循环往复，周而复始。无论是生产性的岁时节令，还是驱灾避邪、歌颂美德、纪念先烈的节日，都是在每年的某一特定的时间以一定的形式来集中表现。

6. 宗教性

各民族的传统节日，往往是人们集中表现传统的宗教信仰习俗的一个重要手段和场所。人们在节日期间举行各种各样的请神、谢神、拜神、祭神等活动。节日的宗教性特点在全民信教的民族群体中最为突出。

TASK 任务 2 云南民族的岁首年节

案例导入

春节不但是汉族的节日，也是许多少数民族的节日。春节期间，汉族同胞喜欢玩灯、舞狮子。云南的少数民族也有许多有意义的活动，十分丰富、有趣。如彝族围着火把跳“阿细跳月”，佤族拉木鼓，基诺族打大铁，哈尼族打糍粑，等等。

思考：

1. 云南最有代表性的岁首年节有哪些？
2. 简要分析2~3个云南民族岁首年节的共同点和差异性。

民族节日是民族文化的载体和体现。岁首节日，又称年节，它是云南民族节日中最隆重的节日之一。泼水节、藏历年、扎勒特、特懋克节、十月年、阔什节等为其代表。

一、泼水节

泼水节是傣族、布朗族、德昂族、阿昌族等民族的年节。西双版纳傣族的泼水节最热闹，影响最大。傣族“泼水节”在傣历六月中旬（公历4月13至15日）举行，是傣族人民辞旧迎新的传统节日。节日期间，要举行规模盛大的庆祝活动，有浴佛、赛龙舟等活动。人们伴着铓锣、象脚鼓，跳起传统的“依拉贺”和参加赶摆（赶集）活动。傣家男女老少互相追逐，嬉戏泼水表示祝福；举行盛大游艺活动，燃放孔明灯，放焰火；还要放“高升”“丢包”和跳孔雀舞。“水花放，傣家狂”，泼水节成了狂欢的节日，人们都在泼水狂欢，接受水的洗礼、水的祝福，是云南少数民族节日中最有特色的喜庆活动。如图7－2所示。

图7－2 泼水节

二、藏历年

藏历年，是藏族一年中最隆重的节日，藏历年与春节相差无几日，是一个娱神和娱人、庆祝和祈祷兼具的民族节日。藏历除夕的晚上，在家中佛龛前点酥油灯、供圣水、献供品，各家各户吃“古突”（即面疙瘩）驱鬼。第二天吃过早茶后，亲戚邻里之间相互拜年，互祝“扎西德勒”（吉祥如意）。节庆活动持续半月，有赛马、射箭、歌舞联欢等活动。

三、扎勒特

扎勒特，又叫十月年，是哈尼族最盛大、最隆重的年节。“十月”是红河哈尼族彝族自治州和玉溪地区的哈尼山寨收获的季节，家家户户舂糯米粑粑，酿制香美的焖锅酒，杀猪宰羊，欢度节日。每个寨子都要摆“长街宴”，哈尼语叫“姿八多”，意为“互相轮流敬酒”，这是最具特色的年节活动内容。

四、特懋克节

特懋克节，“特懋克”是基诺语，意为“打大铁”，是基诺族最隆重、最盛大的节日。1988年，西双版纳傣族自治州人大常委会根据基诺族人民的意愿，将其定为基诺族年节，节期为公历2月6日至8日，共3天。节日期间，卓巴敲响大鼓，人们穿着节日盛装来到剽牛场，观看剽牛，在卓巴家举行象征性的打铁、跳大鼓舞、唱辞旧迎新歌等集体活动。然后，开展打秋千、打陀螺、丢包、踩高跷等文体活动，欢度佳节。

五、春节

春节，俗称“过年”，农历正月初一到正月十五元宵节为止，是中国民间历史最悠久、最隆重、最热闹的一个古老传统节日，也是汉族和满族、蒙古族、瑶族、壮族等十几个民族的共同节日，象征着团结、兴旺，对未来寄托新的希望的佳节。据记载，中国人民过春节已有 4 000 多年的历史。春节的主要活动是在除夕夜吃年夜饭、祭祀和守岁等。节日期间，家家团圆，张灯结彩，燃放鞭炮，并互相祝福。春节期间的庆祝活动极为丰富多样，有舞狮、耍龙的，也有游园、逛年货街、逛庙会的。1949 年 12 月 23 日，中华人民共和国中央人民政府规定每年春节放假 3 天。

TASK 任务 3 云南民族的祭祀节日

案例导入

图 7－3　佤族木鼓节

2012 年，佤族木鼓节于 4 月 10 日至 12 日在西盟佤族自治县举办，历时 3 天。木鼓节期间，举行了歌舞晚会、千人拉木鼓、剽牛祭木鼓、祭拜龙摩爷、篝火晚会等活动。据统计，木鼓节期间共接待国内外游客 7 000 余人次，其中国外游客 430 余人次；旅游住宿设施接待 2 850 余人次，入住率达 98% 以上，如图 7－3 所示。

资料来源：中国网（http：//www.china.com.cn/travel/txt/2012－04/24/）。

思考：

佤族木鼓节为何能吸引游客？

祭祀节日是云南民族节日中最古朴的部分。云南许多少数民族信仰原始宗教，有自然崇拜、祖先崇拜、英雄崇拜等习俗。这些崇拜习俗，有的渐渐演化为祭祀节日。

一、自然崇拜的节日

自然崇拜是人类早期的一种信仰习俗。云南许多少数民族，社会发展层次低，至今仍保留着原始宗教信仰，有一部分民族节日仍保留着古朴的民风民俗。

1. 三朵节

三朵节是丽江纳西族祭祀本民族的最大保护神——“三朵神”的盛大节日。相传“三朵神”是玉龙雪山的神灵，属羊，因此在每年的农历二月初八和八月的第一个属羊日，各地纳西群众都要到白沙河的三朵阁杀羊祭祀供奉在庙里的三朵神像。附近的汉、藏、白、回等族同胞也纷纷前来进香，祈求神灵保佑。除了祭神，人们还举行赛马、对歌、跳舞等比赛活动，进行物资交流，观看著名的“万朵茶花”。1986 年 8 月 29 日，丽江纳西族自治县确定农历二月初八为纳西族传统节日——三朵节。

2. 密枝节

密枝节，彝族的祭祀节日。流行于滇南彝族地区。路南撒尼人一般在农历十一月举行，历时七天。撒尼人在密枝林中设祭祀场地后，举行祭神仪式，由毕摩念经祈求神灵保佑寨子里的人平安。祭拜神灵后，人们要吃祭饭，在林中摔跤娱神。男女青年可邀约上山唱歌跳舞、谈情说爱。大理白族自治州的巍山、南涧等地的彝族把密枝节称为“祭密枯”，在农历二月初八举行，历时两天。主要有杀猪祭密枯活动、打歌活动等。

3. 卡雀哇

卡雀哇，独龙语音译，意为“集中族人祭祀”，“卡雀哇”是以狩猎为生的独龙族欢庆捕获归来、庆祝胜利并祈求来年顺利的节日。流行于云南省怒江傈僳族自治州贡山独龙族怒族自治县的所有独龙族村寨。农历正月至二月间择日举行。独龙族年节最隆重的活动是“剽牛祭天”，是日，主持年祭的家族长或祭师念诵“剽牛词”后，点燃松明和青松毛，面向东方祭祀山神。仪式结束，人们将牛开膛割肉，就地烧煮而食。大家边吃边跳舞，共祝来年五谷丰登。

4. 接新水节

接新水节，佤语称“的若靠”，是佤族祭祀水神“安阿龙”的节日，节期为农历十一月二十八日至三十日，共三天，以寨为单位举行。节日到来，魔巴带领寨民到水源头祭祀，迎接水神回寨。祭毕，人们欢呼着蜂拥而上，抢着喝水、用新水洗脸洗头、用竹筒接新水背回家。晚上，老人们带头载歌载舞，人们心情愉悦。节日期间全寨忌讳下地劳动。

二、祖先崇拜的节日

祖先崇拜是鬼魂崇拜和人的血亲观念相结合的产物，积淀着人类思维发展过程的丰富内容，是不可多得的文化遗产。

1. 木鼓节

拉木鼓，是佤族重大的祭祀活动之一，西盟佤族自治县定为公历 4 月 16 日至 18 日举行。拉木鼓是祭祀祖先的节日，佤族视木鼓为至高无上的通天神器，是山寨村民赖以生存的保护神。围绕着木鼓的民间盛大活动主要有拉木鼓、跳木鼓、祭木鼓，欢快而热闹。节日期间有民族文艺演出、民族体育竞赛、广场篝火歌舞大联欢。活动形式多样，内容丰富多彩。

2. 盘王节

盘王节，是瑶族盛大的祭祖节日，在农历十月十六日——盘王诞辰日举行，属祭祖节日。瑶族盘王节，要敲鼓闹场，唱盘王歌，跳盘王舞，要杀猪宰牛，酿造美酒。祭盘王，要筹办宴席，聚餐，与祖先同乐，同饮同食。过去盘王节以村寨为单位举行，现在全省统一，以地州为单位举行，规模宏大，场面壮观，气氛浓郁。

3. 葫芦节

葫芦节，拉祜语称“阿朋阿龙尼”，是澜沧拉祜族自治县拉祜族的传统祭祖节日。农历十月十五日至十七日举行。节日里，拉祜族要集会庆贺，举行丰富多彩的歌舞活动和隆重盛大的祭祖活动。在歌舞场地中央要放置一对葫芦，象征拉祜族的祖先。各村寨歌舞狂欢，男子吹奏葫芦笙领舞、男女共跳“嘎克”舞；女子敲打象脚鼓跳摆舞；男女青年进行民歌对唱；举行体育与游戏表演，如荡秋千、背水、打陀螺、射弩比赛。老人们相约在火塘边，边饮酒边颂唱创世史诗《牡帕密帕》。

4. 窝罗节

窝罗节，阿昌族的祭祀节日，流行于梁河、潞西、腾冲、龙陵和云龙等县市的阿昌族地区，农历正月初三举行，节期两天。节日内容主要是祭祀传说中的创世始祖遮帕麻和遮米麻。节日期间要搭窝罗台（节日标志），立牌坊。牌坊顶端耸立一把巨大的弓箭，表示先祖射落假太阳的那把神箭。隆重的祭祖仪式由德高望重的“活袍”主持。接着，人们围绕着窝罗台唱起古朴原始的窝罗调，跳起窝罗舞，通宵达旦。除了歌舞，节日期间还进行武术、对歌、荡秋千等丰富多彩的文化娱乐活动。整个节日洋溢着一派虔诚、欢乐、祥和的气氛。

5. 清明节

清明节，时间在公历 4 月 5 日前后。云南各民族中有汉族、彝族、白族、壮族、傈僳族、纳西族等民族过此节。以扫墓、祭祖、踏青、插柳、植树为主要内容。杜牧特作《清明》诗：“清明时节雨纷纷，路上行人欲断魂。借问酒家何处有，牧童遥指杏花村。”届时，以家庭为单位上坟，为家族（家庭）死者扫墓，成千上万的扫墓者对死者献香跪拜，实际上是民间的祭祀活动。还有扫烈士墓和插柳于门的习俗。德宏德昂族清明节有上山采花、踏青和歌舞娱乐的习俗。丽江纳西族有戴柳帽和插柳于门的习俗。

三、英雄崇拜的节日

英雄崇拜是祭祀节日的重要内容。民族英雄是民族的骄傲，是民族的榜样和人格追求。这类节日具有增强民族进取精神等多种功能。

1. 刀杆节

刀杆节是怒江及云龙、腾冲、龙陵等地的傈僳族的传统节日，农历二月初八举行。相传是为了纪念明代兵部尚书王骥“三征麓川”、保境安民功绩的纪念性节日，并通过举行上刀山、下火海这两项象征勇敢的活动，表示庆祝和纪念。刀杆节是展示傈僳族勇敢、无畏精神的节日，是纪念英雄的节日。如图 7－4 所示。

图 7－4　傈僳族刀杆节

2. 耍海会

耍海会是白族的纪念性节日。流行于邓川、上关、喜洲一带。节日从农历七月二十三日开始，持续二至五天。届时，白族群众身穿民族盛装，聚集于弥苴河两岸和洱海之滨，装点彩船，然后游河泛海，唱山歌、对白族调子等活动。大理、下关白族的耍海会，从农历八月初八开始，除划船耍海、对歌外，还要举行盛大的龙船比赛。相传耍海会是纪念民族英雄段赤诚而设立的节日。

3. 鲁班节

鲁班节，是通海县兴蒙乡蒙古族的传统节日，农历四月初二举行。通海杞麓湖畔的蒙古族善于建筑，许多人从事此行业，兴蒙乡被誉为“建筑之乡”。当地人认为，他们的传统建筑手艺是祖师爷鲁班传授的，所以节日的主要内容是纪念鲁班祖师。他们在寺庙内供奉木、石、泥等神祇，寺门两旁书写对联：“照云常护构屋架，日月同悬工艺春。”横批：“鲁班先师”或“旃班先师”。人们用神轿抬着木雕的鲁班像游走乡村，以表对祖师的祭奠。关于蒙古族的建筑手艺有两种传说：一种认为是鲁班传授的，另一种认为是旃班传授的，旃班是云南蒙古族祖先旃檀元帅的族人。

4. 端午节

端午节，又称端阳节，是汉族的传统节日，相传是纪念爱国诗人屈原而设立的。在云南彝族、白族、藏族、苗族、水族等民族中也流行。活动有包粽子、挂艾叶、插菖蒲于门、百草熬水沐浴祛病等习俗。藏族青年男女有到郊野游乐、赛乌、对歌等习俗。彝族、白族等少数民族，在这个节日里，年长妇女要为小孩拴红绿线于手腕或脚踝，以避灵魂跑失。

TASK 任务 4 云南民族的农事节日

案例导入

罗平油菜花节

罗平县自 1999 年至 2012 年已成功举办了 12 届“中国云南罗平国际油菜花文化旅游节”，借助 80 万亩（约 5.3 万平方米）油菜花海及县境内独特的生态农业、迷人的自然景观，以“爱之圣地　金色罗平”为主题，展示云南罗平县的油菜花海、山水风情、县域文化和民风民俗，已成为面向全国、走向世界的农业观光旅游大型节日活动，成为云南旅游的一大亮点。2011 年共接待中外游客 1 060 多万人次，共实现旅游综合收入 50 多亿元。

资料来源：百度百科（http：//baike. baidu. com/）。

思考：

罗平油菜花节为何能取得成功？

云南各民族在长期的农业生产过程中，形成了多姿多彩的农事节日。云南农事节日，大致可分为：除害驱虫的节日，祈求五谷丰登的节日，庆贺丰收的节日等。

一、火把节

图 7－5　火把节

火把节，是彝族、白族、纳西族、佤族、普米族等民族的传统节日，在云南少数民族中，流传最广、影响最大。节期一般为农历六月二十四至二十六日，共三天。其中，彝族火把节最隆重、最热闹。届时，人们身穿节日盛装，吹着葫芦笙，弹起大三弦，载歌载舞。节日期间还要举行各种庆祝活动，摔跤、斗牛、打秋千等。入夜，在广场点燃火把，聚成熊熊篝火，借此驱虫除害，祈求五谷丰登，人们围着篝火边歌边舞，通宵达旦，如图 7－5 所示。

二、苦扎扎

苦扎扎，又叫六月年，是滇南哀牢山区哈尼族的传统节日，节期在农历六月二十四日前后，共三天。节日最热闹的地方是磨秋场，“撵磨秋”最为刺激：一般一人或数人横骑在磨秋的横杆上，用力蹬踢地面，使之起落飞旋，如同彼追此撵。节日期间，小伙子弹起琴弦，吹起巴乌，敲锣打鼓，人们围成圈，跳起优美的舞蹈。人们还要杀牛祭磨秋，祭神房，摆长街宴，全寨共饮共欢。节日的最后一天，各家点燃一把松明火炬，在屋内“扫荡”一番，驱除邪秽。

三、尝新节

尝新节，是拉祜族的传统节日，意为新米节，农历七八月间举行，节期一天。通常，主人家要杀猪宰鸡，邀请乡邻、亲朋来一起品尝新米饭和丰盛酒菜。开宴前，先点燃香蜡，盛一碗新米饭敬献天神厄莎和祖先神灵，再给狗盛一碗新米饭，之后再给牲畜和农具献新米饭。新米节，佤语称“地京国”，意为“收头道谷子”。又称“朋奥”，意为“尝新米”。1991 年，沧源佤族自治县和西盟佤族自治县联合决定，农历八月十四日为佤族新米节。

TASK 任务 5 云南民族的娱乐节日

案例导入

中国人该过哪个情人节？

有人说，中国人过节很疯狂。以情人节为例，公历 2 月 14 日是西方的情人节，起源于古罗马，是为了纪念一位名叫瓦伦丁的基督殉难者与关押他所在监狱的典狱长的盲眼女儿之间纯真而凄美的爱情而设的。中国的情人节是农历七月初七的七夕节。在每年的

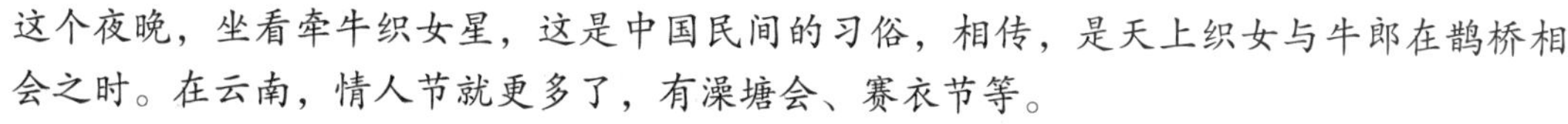
这个夜晚，坐看牵牛织女星，这是中国民间的习俗，相传，是天上织女与牛郎在鹊桥相会之时。在云南，情人节就更多了，有澡塘会、赛衣节等。

思考：

1. 对中国人热衷西方的情人节这一现象，你有何看法？
2. 我们应从哪些方面弘扬本土的民族节日？

云南民族众多，娱乐活动丰富多彩，娱乐节日种类多样。娱乐节日大致可分为：歌舞性娱乐节日、社交性娱乐节日、综合性娱乐节日等。

一、歌舞性娱乐节日

云南被誉为歌舞之乡。云南少数民族能歌善舞，歌舞性娱乐节日俯拾皆是。

1. 目瑙纵歌

目瑙纵歌，景颇语意为“大伙跳舞”，是景颇族传统节日，农历正月十五至十八日举行，节期四天。节日临近，首先在目瑙广场中央竖起色彩斑斓的目瑙柱，两柱之间交叉放置两把大刀，银光闪闪。目瑙柱两侧的木板上绘有鲜艳美丽的图案，象征吉祥、幸福、团结、勇敢。活动开始，大鼓、铓锣、笙管一齐奏响，大家围成舞圈，跳目瑙舞，队列整齐而富于变化，时而夹以欢呼声，场面壮观而气派，叹为观止。如图7－6所示。

图7－6　目瑙纵歌

2. 绕三灵

绕三灵，又称绕山林，意为游逛山林。它是大理地区白族祭祀本主的传统节日，节期为农历四月二十三至二十五日，共三天。白族男女老幼，浓妆艳抹，聚集到大理古城北门外的三塔寺，排成若干长队，在领头带领下一路唱“花柳曲”，吹树叶、笛子、唢呐，弹三弦、打“霸王鞭”“金钱鼓”“双飞燕”。人们载歌载舞，绕三灵：绕佛都崇圣寺，绕洱海边的金奎寺，绕到马邑久本主庙。白族民歌唱道：“四月里来绕三灵，一绕绕到大理城。绕到东门唱一调，绕到西门停一停。绕到湾桥歇一歇，绕到喜洲谈谈情。绕到庙头才住下，一夜唱到大天明。”

二、社交性娱乐节日

社交性娱乐节日主要指青年男女谈情说爱交往的节日。情人节、姑娘节、杨梅节、赛装节、蝴蝶会、梨花会、花朝节、澡塘会等是云南各民族青年最喜爱的节日。

1. 情人节

情人节，是傈僳族青年男女的社交性节日，流行于怒江傈僳族自治州福贡县一带。节期为农历正月初四、初五两天。届时，当地傈僳族青年男女，聚集在怒江畔的沙滩上，进行“沙滩埋情人”活动，他们认为“沙滩埋情人”，再加哭、唱、跳，可以把附在情人身上的“死神”埋掉，使情人长命百岁。

2. 赛装节

赛装节，是彝族的传统节日，流行于永仁县直苴、中和及大姚县桂花等彝族地区，相传已有数百年的历史。农历正月十五日举行，当日一早，姑娘们穿着自己精心绣制的艳丽服装，成群结队嬉闹着来到赛装场地唱歌、跳舞。小伙子如果对哪个姑娘有意思，就走到她跟前拿走她的一件刺绣品往树林中跑。如果姑娘对这个小伙子有意思，就假装索回绣品追着小伙子到树林中，谈情说爱便开始了。

3. 澡塘会

怒江地区的傈僳族有一个独具民族特色的传统盛会——澡塘会，又称春浴节，流行于泸水县等地方。每年春节从大年初二到初七，当地傈僳族群众来到温泉，男女老少净身更衣，谈天说地，对歌跳舞，心旷神怡，其乐融融，迎接新年的来临。节日里还要举办赛歌会。未婚青年男女常常通过对歌答唱，物色对象，双方情投意合，即互赠信物，以定终身。

三、综合性娱乐节日

苗族的踩花山，壮族、布依族和水族的三月三，藏族的赛马会等是最具综合娱乐性质的节日，节日活动集歌舞、体育、交际、观赏为一体，场面欢快喜庆，气氛极为热闹。

1. 踩花山

踩花山，又叫耍花山、采花山等，节期一般为农历正月初三至初七，它是苗族的传统节日，流行于滇南、滇东北的苗族聚居地区。踩花山节的重要标志是花杆，一般要选择高大挺直、滑溜的青松或松柏做成。节日活动主要有爬花杆比赛、跳脚登舞、三步舞、赛马、斗牛等，踩花山节也是苗族青年寻偶表爱的好机会。踩花山节日期间，还要举行物资交流。整个踩花山节的活动洋溢着各民族团结和谐，人民欢乐、购销两旺的景象。

2. 三月三

三月三，是壮族、布依族和水族的传统节日。广南又称为花街节，花街节从农历三月的第二个寅日开始，节期三天。街场上，人们围坐在一起，共进午餐。饭后，敲锣击鼓，小伙子和姑娘们手拉手围成圆圈，翩翩起舞、对歌。傍晚，一对对歌手，在山间小路上成为了一对对恋人。

TASK 任务6 云南民族的商贸节日

案例导入

2013 中国昆明国际旅游节——昆明狂欢节

2013 年，中国昆明国际旅游节——昆明狂欢节在云南科技馆启动，昆明狂欢节已经连续举办了13届，本届狂欢节更加突出国际特色、民族特点和群众参与性，4 月 29 日至 5 月 1 日期间，将集中举办“魅力风情”大巡游、民族特色长街宴、时尚体验老昆明、花海狂欢民族村等系列活动，除了云南各州市表演队外，还有来自巴西、墨西哥、拉脱维亚、波兰、泰国等地的队伍参演。此外，还有来自少林寺的武僧表演团将在官渡古镇上演武术盛宴。多年来，昆明高度重视旅游业的发展，坚持把旅游业作为支柱产业来培育和发展，昆明狂欢节成为云南旅游发展的一张靓丽的“名片”，成为旅游经济新的增长点。

思考：

昆明狂欢节主要通过哪些方面来促进旅游经济的增长？

云南是古代南方丝绸之路的重要地段和祖国内地通往东南亚、南亚的主要通道，商贸文化积淀深厚，形成了许多具有节日气氛的商贸集市活动。

一、大理三月街

大理三月街是白族人民的传统节日，又名观音市，至今已有1 000多年的历史了。节期为七天（农历三月十五至二十一日），在大理城西、苍山脚下的场坝里举行。节日期间的主要内容是具有民族特色与地域特点的贸易集市、民族歌舞表演和赛马活动等。交易的商品有药材、土特产品、农具、大牲畜等，特别是民族工艺品琳琅满目，吸引着众多的游客。同时举办具有白族特色的灯展、花展等活动。届时，三月街上游客川流不息，十分热闹。

二、丽江骡马会

骡马会，又叫七月会，是丽江纳西族人民的一个重要节日，于农历七月中旬举办，会期一至两周，以骡马、牛等大牲畜交易为主，故称为“七月骡马会”。届时，除了交易骡马，各地农民还纷纷携带土特产品到会上出售。会场内演戏、对歌，场外赛马，热闹异常。七月会是纳西族人民狂欢的节日，也已名副其实地成了边疆新貌的博览会。

TASK 任务7 云南民族的宗教节日

案例导入

藏历年是藏族人民最重要的节日，藏语称“洛萨”，即“新年”之意。从每年藏历正月初一开始，一般持续一个星期。新年晚上，藏族人民全家要吃象征团圆的面团吐巴（类似于饺子）。云南的藏族在个别面团吐巴里包有石子、木炭、羊毛、辣椒等。每一样都有特定的含义，如吃到包羊毛的面团吐巴者，表示他心肠软；辣椒表示嘴如刀。无论谁吃到什么，都必须即席吐出，这往往会引起哄堂大笑，增添节日的欢乐气氛。按藏族传统习惯，初一禁止扫地，不准说不吉利的话，互不走访做客。从初二开始，亲朋好友才相互拜贺，共庆新年。藏历正月十五，大部分藏区都要进行宗教法会活动。

思考：

1. 云南典型的民族宗教节日习俗有哪些？
2. 我们了解云南民族宗教节日习俗有何意义？

宗教是一种文化，是一种复杂的社会现象，它渗透于社会生活的方方面面，对民族的风俗有广泛而深刻的影响，尤其是全民信仰宗教的民族，这种影响更突出。节日活动是表现宗教文化的一种重要途径和形式。

一、开斋节

回族以伊斯兰教历的十月一日为开斋节。伊斯兰教九月（莱麦丹月）为斋戒月，回族的斋月，被视为最尊贵、最吉庆、最快乐的月份。按伊斯兰教的规定，斋月里，男满十二岁、女满九岁以上的穆斯林都要把斋，节制饮食，多做善事。至斋月二十七日，云南回族要守盖德尔夜。其主要内容是礼拜、念经、听阿訇讲经。开斋节是庆祝尊贵的斋月圆满结束，是回族最隆重的节日之一，有“千里路上赶尔德”之说。开斋节的主要内容有吃豆面、汤圆、会礼、上坟和施济等。

二、关门节和开门节

该节日是信仰小乘佛教的傣族、布朗族、阿昌族、德昂族等的宗教节日。傣族的关门节和开门节更典型、更有代表性和更具浓郁的宗教色彩。

关门节，傣语叫“进洼”，意为佛主入寺、传授佛法的时期，定于傣历九月十五日（农历七月中旬），历时三个月。期间，傣族要定期到寺庙赕佛、诵经、与僧侣共食。由于进入农忙季节，人们定下许多戒规：禁止青年男女谈情说爱和嫁娶活动，和尚不得随便外出等。

开门节，傣语叫“出洼”，意为佛主出寺。即傣历十二月十五日（农历十月中旬），便举行开门节庆祝活动。信众们带上纸花、蜡条、食物、钱币来到佛寺，举行隆重的赕佛和诵经活动、僧众聚餐，庆祝斋戒期结束，祝贺秋收五谷丰登，人们尽情歌唱、舞灯，傣家村寨又恢复往日的多情烂漫的生活。

三、鸡足山朝山会

图7－7　鸡足山朝山会

鸡足山雄峙于滇西北大理白族自治州宾川县境内，是中国五大佛教名山之一。农历正月初一至十五，为朝山拜佛的日子。届时，当地及邻县、邻地州的白族、纳西族、藏族、汉族、彝族等民族的佛教信众，蜂拥而至，到鸡足山拜佛敬香，也有来自西藏的藏民和海外的佛教信众，香火之旺，为滇省之最。鸡足山又是享誉国内外的风景胜地，有四观八景。四观：观日、观云、观海、观雪；八景：天柱佛光、华首晴雷、苍山积雪、洱海回岚、万壑松涛、飞瀑穿云、重崖返照、塔院秋月。历代名人杨慎、李元阳、徐霞客、赵藩、袁嘉谷、徐悲鸿等慕游鸡足山，并写下赞美诗文和留下字画，大大增强了鸡足山的文化品位。如图7-7所示。

阅读材料

春节起源的传说

关于“春节”的起源，有一种传说是：中国古时候有一种叫“年”的兽，头长触角，凶猛异常。“年”长年深居海底，每到特定的一天（就是现在的除夕）才爬上岸，吞食牲畜伤害人命。因此，每到除夕这天，村村寨寨的人们扶老携幼逃往深山，以躲避“年”的伤害。有一年除夕，从村外来了个乞讨的老人。乡里一片匆忙恐慌景象，没有人理会他，只有村东头一位老婆婆给了老人一些食物，并劝他快上山躲避“年”，老人笑而不语。半夜时分，“年”闯进村。它发现村里气氛与往年不同：村东头老婆婆家，门贴大红纸，屋内烛火通明。“年”浑身一抖，怪叫了一声。将近门口时，院内突然传来“噼里啪啦”的炸响声，“年”浑身战栗，再不敢往前凑了。原来，“年”最怕红色、火光和炸响。这时，婆婆的家门打开，只见院内一位身披红袍的老人在哈哈大笑。“年”大惊失色，狼狈逃窜了。第二天是正月初一，避难回来的人们见村里安然无恙，十分惊奇。这时，老婆婆才恍然大悟，赶忙向乡亲们述说了乞讨老人的许诺。这件事很快在周围村里传开了，人们都知道了驱赶“年”的办法。从此每年除夕，家家贴红对联、燃放爆竹；户户烛火通明、守更待岁。初一一大早，还要走亲串友道喜问好。这风俗广泛流传，成了中国民间最隆重的传统节日。

项目小结

本项目主要阐述了云南各民族节日的历史发展概况和类型，云南各民族节日均伴随着人类的生产、生活活动而产生和发展，历史悠久，类型丰富多彩；还分析了云南节日的构型、特点；最后对其中特色较为鲜明、影响较大、对旅游者极具吸引力的相关民族节日进行了较为细致的介绍。

关键词

节日　泼水节　春节　火把节　大理三月街　开斋节

练习与实训

一、单项、多项选择题

1. 云南各民族的岁首节日主要有：(　　)。

A. 扎勒特　　B. 特懋克节　　C. 藏历年　　D. 春节

E. 泼水节

2. 三朵节主要是哪个民族的节日？（　　）。

A. 怒族　　B. 哈尼族　　C. 壮族　　D. 纳西族

3. 盘王节属于哪种类型的节日？（　　）。

A. 岁首节日　　B. 祭祀节日　　C. 农事节日　　D. 娱乐节日

4. 云南代表性的歌舞娱乐类的节日主要有：（　　）。

A. 端午节　　B. 七夕节　　C. 目瑙纵歌　　D. 澡塘会

E. 绕三灵

5. 云南代表性的宗教节日主要有：（　　）。

A. 春节　　B. 开斋节

C. 关门节和开门节　　D. 鸡足山朝山会

E. 三月街

二、判断题

1. 我国的传统节日最早起源于人们的农业生产需要。（　　）
2. 我国的传统节日大部分在汉代就已基本定型。（　　）
3. 木鼓节是云南澜沧拉祜族的传统节日。（　　）
4. 春节是汉族和满族、蒙古族、瑶族、壮族等十几个民族的共同节日。（　　）
5. 大理三月街是白族人民的传统单一的商贸节日。（　　）

三、思考题

1. 简要阐述云南民族节日起源与发展的特点。
2. 云南民族节日主要有哪些类型？至少列举出每一类型的两种以上节日名称。
3. 云南民族节日主要有哪些特点？
4. 云南民族主要有哪些商贸节日？并谈谈你对其意义和价值的看法。

四、实训

（一）任务名称

云南民族节日风俗体验与开发、保护的思考

（二）任务目标

1. 增加对云南节日民俗风情的感性认识，从而提高学习的兴趣。
2. 使学生认识节日民俗的作用、价值及与开发的关系，增强理解能力。

（三）任务要求

以学习小组为单位，以当地节日民俗为对象，开展民俗调研活动。

（四）任务实施

1. 对所教班级进行分组，每组6～8人为宜。
2. 小组讨论，设计调研方案。
3. 根据调研方案开展调研活动。
4. 整理调研素材，撰写并修改调研报告。

（五）成果考核

1. 各组提交调研方案和调研报告。

2. 教师根据提交材料评分，并纳入学生平时成绩。对于优秀的材料，供全班交流、学习和讨论。

推荐阅读书目

1. 王子华，等．绚丽多彩的民俗风情——云南民族节日．昆明：云南教育出版社，2000。

2. 龚正嘉，等．云南少数民族服饰与节庆．北京：中国旅游出版社，2004。

3. 余嘉华．云南风物志．5版．昆明：云南教育出版社，2010。

项目

8 PROJECT 云南宗教信仰民俗风情

学习目标

通过本项目的学习，同学们应该达到：

1. 了解云南原始宗教信仰的历史发展状况；
2. 熟悉外来宗教在云南的历史发展状况；
3. 掌握云南民族原始宗教信仰的主要类别和特点。

学习建议

在本项目的学习过程中，应当结合本项目后面提供的推荐阅读书目进行学习，还可以通过网络、电视、杂志等多种渠道更全面地学习和了解云南的民族宗教风情，有条件的同学还可以到宗教寺庙，或是本项目提到的云南民族聚居地区亲自参与体验。

TASK 任务1 云南宗教的发展及特点

案例导入

云南宗教发展的趋势

云南全省人口约4 500万，其中少数民族占全省人口总数的1/3。从其宗教情况来看，全省信仰宗教人数占总人口的10%以上，是全国五大宗教（佛教、道教、伊斯兰教、基督教、天主教）俱全的省份，其中佛教三大部派集于一省乃云南所独有，云南还有各种与民间信仰、原住民信仰密切关联的原生性宗教，在宗教分布上呈现出立体交叉分布的和睦格局。此外，宗教的跨境传播，跨民族、跨地域发展，在云南也比较突出。

面对云南经济社会快速发展，城乡差距进一步缩小的新形势，云南宗教传播虽然会沿袭原有的一些传播规律，但未来发展也会出现一些变化：

（1）少数民族空间分布格局的变化将对宗教发展产生影响。

(2) 云南宗教自身群体的组织性格及其社会影响力将会通过宗教对社会建设的参与程度而日益凸显。

(3) 网络宗教传播的“双刃剑”效应将使云南宗教发展呈现出复杂化局面。

(4) 探索适应民族文化产业发展的“市场伦理”，积极规避云南省民族文化产业发展过程中存在的“合法性危机”，将有效地处理好宗教伦理和民族社会资本的关系。

(5) 云南宗教信仰格局将会逐渐出现个人宗教信仰行为与社区（村寨）宗教信仰行为并列的现象。

(6) 跨境民族文化及宗教交流将会随着全球化的发展而日益密切，巧用文化“软实力”将可以全方位提升云南宗教的战略资源，凸显云南的战略地位。

(7) 在全球化背景下，应鼓励各宗派保持自我特色，求同存异，各美其美，美美与共，更新自己的不足，对自己有准确定位，充分提升自己的“活文物”价值和“历史文化的化石”价值。

资料来源：中国网 [http://www.china.com.cn/news/txt/2010-08/11/content_20687167.htm《中国宗教报告（2010）》]。

思考：

结合材料，谈谈如何利用云南宗教的发展变化及其价值来发展云南的旅游业。

一、云南宗教信仰的发展

云南是我国民族种类最多的一个省，也是宗教种类齐全、宗教现象最为丰富的省份之一。由于历史和自然的原因，各民族在社会政治、经济、文化的发展程度上极不平衡，各民族社会形态呈现为一部活的社会发展史，这种不平衡性既为云南保持了丰富的原始宗教信仰，也为外来宗教在云南的传播和发展创造了有利的条件。从原始到现代的各种宗教信仰形式在云南都可以找到，概括来说，云南民族宗教可以分为两大类：一类是云南本土产生的与各少数民族社会发展紧密相连的原始宗教；另一类是自云南本土以外传入的外来宗教，这些外来宗教在云南得到充分发展，成为云南多民族传统文化的组成部分，对云南各民族的物质和精神生活产生深刻的影响。

（一）云南原始宗教信仰的历史发展

原始宗教是指处于人类社会早期的宗教。云南少数民族普遍信仰原始宗教，处在社会经济不同发展阶段的各少数民族，不同程度地保存着原始宗教的内容。由于云南少数民族众多且各民族间社会发展不平衡，形成了云南少数民族原始宗教信仰内容丰富，形式多样的特点，其中蕴含的原始文化让人叹为观止。原始宗教作为云南少数民族普遍崇拜的现象，其原因在于人们依赖自然而又无力控制。随着生产力的发展，文化科学的进步，各民族的思想认识水平和文明程度不断提高，原始宗教的范围也在逐渐缩小或被其他宗教所代替。

（二）云南外来宗教的历史发展

云南虽地处西南边陲，自然环境独特，但却处于中南半岛和中国内陆的交会地带，自古以来就是多民族迁徙和交流的通道，内陆、南亚、东南亚及西方的多种文化在这里交会，形成了各种宗教多元并存，融合发展的局面。

佛教于公元7世纪传入云南，派系齐全、宗支繁多，主要有：汉文经典系佛教（汉传佛教），信仰的民族主要是汉族和部分白族、彝族、纳西族；巴利文系佛教（南传上座部佛教），信仰的民族主要有傣族、布朗族、阿昌族、德昂族；藏文经典系佛教（藏传佛教），信仰的民族主要有藏族、摩梭人和普米族。

中国本土宗教道教在汉晋时期就已经传入云南，但直到明清时期才得到迅速发展。云南道教主要分布在昆明、大理、保山、临沧和昭通等州市，为汉族和部分彝族、白族、纳西族所信仰。

基督教在云南成规模的传教活动始于清末至民国初年。上海基督教内地会派遣英国传教士乔治·克拉克夫妇，于1881年前后在云南大理开办教会进行传教活动，并在昆明设立教堂。云南基督教传教活动主要集中在边疆少数民族地区，如滇东北苗族地区、滇北彝族地区和苗族地区、滇西北傈僳族和怒族地区、滇西景颇族地区、滇西南拉祜族和佤族地区及滇南哈尼族地区取得了较快地发展。

伊斯兰教于元代传入云南。1253年，忽必烈率十万“蒙回混合军”进攻大理国，大批穆斯林进入，伊斯兰教正式传入云南。云南伊斯兰教主要分布在昆明、昭通、曲靖、玉溪、大理、红河等地，云南回族全民信仰，部分傣族、白族、藏族、壮族群众也信仰伊斯兰教。

二、云南宗教信仰的特点

（一）多元并存性

多元并存是云南宗教文化的一个显著特点。不同的宗教类型可以同时在云南各地、各民族间并存发展，同一个民族可以同时信仰不同的宗教，同一个人也可以在不同的情形下持有不同的宗教观。云南的少数民族往往或以信奉一种宗教为主，或不分主次，多元并存。云南彝族的信仰就颇为复杂，既信仰本族的毕摩教，同时还信仰佛教、道教、基督教等。云南独有少数民族如傣族、德昂族等以信仰小乘佛教为主，但同时又有很多原始崇拜和禁忌。

（二）包容混融性

这首先表现为多种宗教形态混合后产生出新的融生宗教，如纳西族的东巴教就是纳西族的原始宗教与外来的苯教、藏传佛教等混融而成；其次表现为宗教功能的混融，宗教不仅形成自身特有的超自然向度的功能，而且同时具有审美功能、政治经济功能、社群伦理功能、信息表达功能、历史传承功能；最后它表现为宗教与世俗生活的混融。云南民族宗教大多与世俗生活边界模糊，宗教活动与生产、生活活动混融一体。

任务2 云南原始宗教信仰民俗

案例导入

云南原始宗教概况

原始宗教是原始社会发展到一定阶段产生的以反映人和自然的矛盾为主要内容的初期宗教，它以多神崇拜和巫术控制为主要特征。云南少数民族原始宗教内容丰富、形态多样，基本上囊括了原始宗教的所有内容和形态，其表现形态主要有自然崇拜、动植物崇拜、祖先崇拜、鬼灵崇拜、图腾崇拜、生殖（性力）崇拜和巫术等。许多原始崇拜至今还保留着神秘的祭祀仪式。

云南各民族原始宗教情况比较复杂，有的是多种原始信仰的综合和变异。比如，白族的本主崇拜就是祖先崇拜与自然崇拜等多种原始信仰观念集中形成的；纳西族的原始宗教同传入的西藏苯教结合，形成东巴教。云南各民族社会、政治、经济、文化发展的极不平衡是原始宗教得以保留的基础。原始宗教在云南民族地区有广泛而深刻的影响，即便是在信仰佛教、伊斯兰教、基督教的民族中，仍然有原始宗教存在。

资料来源：百度百科（http：//baike. so. com/doc/76683. html）。

思考：

结合材料，思考云南原始宗教为什么可以和外来宗教同时共生发展。

云南少数民族原始宗教形态驳杂、内容丰富，基本上囊括了原始宗教所有的形态和内容，包括自然崇拜、动植物崇拜、图腾崇拜、祖先崇拜、鬼灵崇拜、生殖（性力）崇拜等。处在不同发展阶段的各少数民族，都不同程度的存在原始宗教内容的残余。

（一）自然崇拜

自然崇拜是原始宗教最基础的崇拜形态。在原始社会的早期，人们在自然的强大力量面前显得非常无力，人们敬畏自然，通过一定的形式和禁忌表达对自然的尊崇，祈求获得自然的保护和庇佑。迄今为止，云南各民族原始宗教中仍保持着各种自然崇拜，包括对山川、江河、草木、风雨、雷电、日月星辰等的自然崇拜以及与此相适应的农、林、牧、猎、渔等各行业的祭祀仪式。总的来说，比较突出和具有普遍性的有以下几种：

1. 山石崇拜

云南少数民族居住地区多山多石，许多民族都喜欢背山而聚居于山脚底下的开阔地带，村寨背后的山通常被当作神山加以崇拜。这种情况在云南的山地民族中十分典型，村寨背靠大山，前面是开阔地带，可种植或放牧，正好处于村寨的视角之内。村民遇有险情，或是族际冲突爆发，便躲往村寨背后的山中或从山中转移它地。山为人们提供了大量的生产、生活资料，石可以制作工具和武器。山石直接关系到云南山地民族的生产、生活，人们对山石的依赖产生对神山、神石的崇拜，并以宗教禁忌等方式加以保护。山石崇拜在云南少数民族中较为普遍，在佤族、傈僳族、彝族、怒族、纳西族、布朗族等少数民族中都曾有过或至今还保留着这一习俗。

山石崇拜最具特色的是云南彝族、藏族、纳西族、普米族的锅庄石崇拜。他们相信支撑锅的三块石头都附有神灵，能驱邪镇鬼，护佑平安，因此一日三餐都要在锅庄石上供奉少许食物，把之当作圣物加以崇拜，忌触犯。

2. 水崇拜

水能滋养万物，亦可泛滥成灾，人类对水既敬又畏。在云南许多少数民族看来，水是有生命和灵性的。

基诺族保存的祭水塘仪式体现了古老的水崇拜。每个基诺族村寨都有一个水塘作为公共祭祀场所，若遇天旱则到水塘祭祀。祭祀时先在村中长老“卓巴”家杀三头猪，猪头挂于竹竿，立在长老家门前，长老和各家长头戴草帽、身穿蓑衣，共同祈祷。之后大家跳入水塘捞泥巴，举行象征性的修水塘仪式，同时在水塘前面摆上槟榔、食盐、芭蕉叶、酒肉等祭品。傣族、德昂族、阿昌族、布朗族相信水有驱邪治病、洁身健体的功能，他们每年举行的泼水节就是水崇拜的遗俗，傣族也被称为“水的民族”。另外，彝族、纳西族、普米族、哈尼族、藏族等都保留有祭祀龙潭、神水、神泉、神河、神湖、圣水等祭水、拜水的习俗。

3. 火崇拜

火给人类带来了光明、温暖、熟食，火也给人类造成灾难。生活在高原的云南各民族对火的依赖很大，火崇拜也较为典型、普遍。

彝族被称为“火的民族”，同傣族的“泼水节”一样，火把节集中体现了彝族人民对火的崇拜。在云南过火把节的还有普米族、拉祜族等民族。景颇族将火分为善火和恶火，对善火充满感激，对恶火进行诅咒和驱逐，在每年烧山耕种前由巫师念诵拜火经，进行拜火仪式。

4. 天地崇拜

天的浩瀚无际给人类以神秘之感，许多天体现象如日、月、星、辰、风、雨、雷、电等都深深地影响着人的生存、生产和生活。拉祜族、傈僳族认为天有天鬼（或天神），每年要定期或不定期的祭祀。每年 7 月，德昂族各家各户要在自己的地里举行祭天仪式。祭祀杀鸡，鸡头朝天，让鸡血喷向天空，以示对天的崇敬。独龙族每年最大的年节是“卡雀哇”，其中最重要的活动是剽牛祭天。哀牢山的哈尼族有一种叫“觉扎扎”的节日，节期 3 天，届时各户舂糯米粑粑、磨糯米面做汤圆祭天，祈望天神降下大雪，冻死害虫毒蛇，同时也祭祖灵和火神。另外，彝族、白族、纳西族等都有各自的祭天习俗和仪式。

云南许多少数民族都有拜地、祭地的习俗。景颇族从砍伐山林到烧地播种都要经过董萨占卜，播种前都要进行破土仪式。德昂族在每年播种包谷结束时都要举行祭地仪式，届时全寨各户凑钱买猪、鸡当祭品，在地边栽一根木桩，把各家准备好的碎石倒在木桩旁，杀猪宰鸡设祭，祈求包谷丰收。布朗族、山区的白族、彝族一些支系也都有自己的祭地习俗。

（二）动植物崇拜

云南素有“动物王国”和“植物王国”的美誉，生活在“动植物王国”的各民族都有自己独特的动物崇拜和植物崇拜。

1. 动物崇拜

德昂族农历三月要举行祭龙仪式，祈求风调雨顺。届时，村寨全体村民前往认为有龙的水潭边杀猪宰鸡祭祀，还要把画有龙像的纸漂放在水面上，叩头祭拜。傈僳族祭祀蛙神，他们认为蛙神会附在女巫身上，作祟于妇女和小孩，如遇妇女月经多时或不生育，就会用 12 块粑粑和 1 碗酒到河中祭祀蛙神。其他的还有白族的鸡崇拜，布朗族的竹鼠崇拜，彝族、摩梭人、普米族、拉祜族、哈尼族的虎崇拜等，值得一提的是，西双版纳克木人的动物崇拜有 25 种之多。

2. 植物崇拜

云南各少数民族植物崇拜有一个共同的特点，就是把村寨附近茂密古林中的古树、巨树、怪树当作神树崇拜。傣族、布朗族、德昂族和部分佤族视大青树为神树，哈尼族、怒族、纳西族和部分白族崇拜松柏、栗树，阿昌族则视桤木、红木、黄桑、皂角等树为神树。云南少数民族的植物崇拜还以葫芦崇拜最为特别。许多民族都认为葫芦是各族的共同母体，他们的创世纪洪水神话中，都有一个神奇的大葫芦保存了一对男女（兄妹居多），使各族得以繁衍。彝族、阿昌族、傈僳族和苗族认为葫芦是本族的祖先，他们中的许多民族以葫芦命

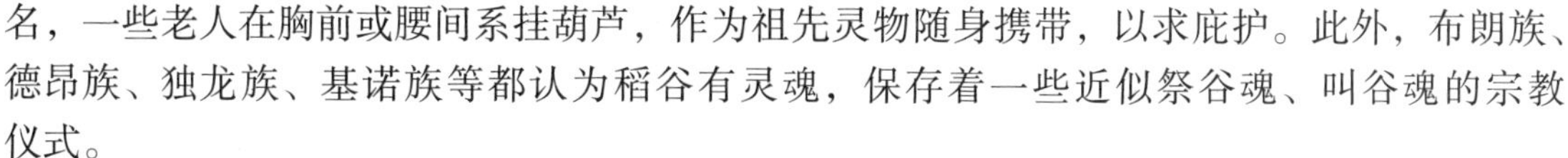

名，一些老人在胸前或腰间系挂葫芦，作为祖先灵物随身携带，以求庇护。此外，布朗族、德昂族、独龙族、基诺族等都认为稻谷有灵魂，保存着一些近似祭谷魂、叫谷魂的宗教仪式。

（三）祖先、灵魂、鬼灵崇拜

云南原始宗教中，祖先、灵魂、鬼灵崇拜的表现形式极为生动，祭祀仪式更是繁杂细致，民族特色非常鲜明。

1. 祖先崇拜

祭祖从时间上讲，一般多以过年节祭祖、十月秋收祭祖、婚嫁祭祖、生子命名祭祖、过继养子（女）祭祖等。从祭祀祖先的名称来说，又有母系祖先崇拜、父系祖先崇拜、宗族祖先崇拜、家庭祖先崇拜等。永宁—泸沽湖地区的摩梭人就有母系氏族祖先崇拜，父系氏族祖先崇拜和部落祖先崇拜。在西双版纳地区，以村寨集体名义进行祭祀的神称为“丢拉曼”和“丢拉勐”，“丢拉曼”几乎都是村寨最早建立时做出突出贡献的人物的神灵。景洪曼播寨有六个“丢拉曼”，三男三女，村寨每年定期祭祀。沧源佤族自治县供奉着一种称为“梅”的部落的祖先神，每年都要举行一至二次盛大的祭祀活动。

云南的各族祖先崇拜中，白族的本主崇拜是至今保存最为完整的祖先崇拜现象。本主意为本境恩主或本境福主，是白族生活所在地的保护神。大凡白族聚居的村落都有本主，有的一村供奉一个或数个本主，有的则数村供奉同一个本主。

2. 灵魂崇拜

云南各少数民族灵魂观念极为丰富。彝族一般认为人有3魂，人死后一个魂进入阴府天国，一个随身体埋入土中，一个则附于灵牌受子孙供奉。纳西族认为男人有9魂，女人有7魂，所以女人的胆量比男人小。景颇族认为男人有6魂，女人有7魂，人做梦是因为人的“真魂”离开肉体外游造成的。阿昌族和部分傈僳族人认为人有3魂，独龙族巫师认为人有9魂，佤族相信人的灵魂有很多个，但“头魂”最重要。

在这些灵魂观的影响下，许多民族都有各自的灵魂崇拜仪式，概括来说主要有以下几种：招魂（叫魂）仪式，即把被鬼捉住或迷失方向的灵魂叫回来；送魂仪式，即指引亡魂回到原始祖先最初居住的地方和祖先团聚；勾魂仪式，即为消灭仇敌或赢得爱情而进行的仪式；收魂仪式，即为避免亡灵跑出体外作祟而举行的仪式。这些灵魂崇拜仪式中以“招魂”和“送魂”最为典型。红河哈尼族认为人一降生就有12魂，主魂紧附于人体，其余由近及远，主魂离体，人即死亡。为求魂不离体，每年生日都要举行一次“叫魂”仪式，届时请巫师或男性长者口念咒语，将魂一个个请回，人体方能安康。彝族人死后，有毕摩念《指路经》，指引死者亡魂。纳西族人死后，东巴经师为亡魂指路时，要把亡魂一直送到北方一个叫作十二条大路交叉的地方。

3. 鬼灵崇拜

云南许多民族都相信或曾经相信鬼灵的存在，并从最初对鬼灵的畏惧，转而对鬼灵崇拜。景颇族把鬼灵分为“天鬼”“地鬼”“人鬼”，天鬼又包括“太阳鬼”“月亮鬼”“星辰鬼”“刮风鬼”“降雨鬼”“闪电鬼”等，而统率全体天鬼的是“毛南鬼”；“地鬼”包括“山鬼”“河鬼”“火鬼”和各种动植物鬼，由“咪南鬼”统领；“人鬼”则包括“寨鬼”“堂鬼”和“家鬼”，村民各自供奉自己的家鬼，氏族头领山官还要供奉统领全体“人鬼”的“木代鬼”。纳西族的《东巴经》记录了许多鬼灵，风鬼、云鬼、吊死鬼、饿死鬼等无所不包，各类鬼灵少则十几个，多则几十个。傈僳族、阿昌族、佤族、傣族等多个民族也都有各自崇拜的鬼灵和相应的祭祀仪式。

（四）生殖（性力）崇拜

图 8－1　香格里拉白水潭

云南少数民族的生殖（性力）崇拜，往往把一些状似男性生殖器的自然形成的圆形石柱、巨木和形似女性生殖器的岩穴、石缝等当作生殖器的象征物来崇拜。香格里拉三坝区白地有一个白水潭，潭水钙镁含量极高，水流经多年凝结，形成无数条雪白的梯田状凸壁，凸壁下自然形成一条扁长的狭缝，居住在当地的纳西族把此狭缝作为女性生殖器来崇拜，凡无子女的男女都要到狭缝前烧香叩头，祈求生育能力。如图 8－1 所示。纳西族摩梭人、普米族、藏族共同信仰的女神“巴丁喇木”是一尊形如裸体女性的天然石像，据说主宰妇女生育，也司管牲畜的繁殖。生殖崇拜的对象除了天然形成，也有经人工雕刻、打磨制成的形如男根女阴的石器或木器，其中尤以大理剑川石宝山石窟中的女阴石雕“阿央白”最为典型，哈尼族、佤族也有形如男根女阴的木雕立于寨门两边。

（五）巫术

巫术也是云南少数民族常见的原始宗教类型，其表现形式极其丰富，大多保持着古朴的原生形态。如傈僳族巫师在使用巫术求雨时，用竹片或木条编成方块状，涂上泥，让属龙的人在上面烧一堆火，随即放入水中，火苗若被水淹灭，就认为是下雨的征兆。云南少数民族曾普遍信仰巫术，巫师也自然受到人们尊重。巫师靠幻想的超自然能力常进行呼风唤雨、驱害除虫，驱鬼避害等活动。巫师一般都谙熟本族的传统文化及伦理道德规范，涉及民族社会生活的方方面面。巫术种类繁多，其中除原始宗教观念外，也包含原始的哲学萌芽、原始医药学知识、原始天文地理知识、原始雕刻绘画知识、原始民族禁忌等。

（六）原生型民族宗教——东巴教

原生型民族宗教与创生型宗教的区别主要在于原生型宗教没有确切的形成时间和具体的宗教创始人，其更多源于民族原始宗教信仰，并且多受外来宗教文化影响融合而形成的民族性宗教。

云南原生型民族宗教以纳西族东巴教最为典型。东巴教是丽江纳西族原始宗教受藏族苯教和藏传佛教影响而形成的一种地方民族宗教，同时具有原始巫教和宗教的特征。由于经文讲师被称为东巴，故名东巴教。“东巴”意为“祭司”，只能由男子担任，传承方式为父子传承或师徒相传。他们博闻强记，掌握东巴文，能写经、诵经，会舞蹈、绘画、雕塑，懂得天文、地理、历法，是纳西族古文化的重要传承者。东巴教大约起源于公元 11 世纪以前，其基本形态属于原始巫教，历史上曾经吸收了藏族苯教、藏传佛教的一些内容，所以东巴教是具有多元文化因素的民族宗教。东巴教有一整套严密的祭祀系统、庞大的鬼神体系与丰富的经典，该教奉丁巴什罗为教主。东巴教有丰富的用象形文字书写的东巴教经典，是纳西族传统文化的载体。东巴文在纳西语里称为“斯究鲁究”，意为“木石上的痕迹”或“见木画木，见石画石”。东巴经脱胎于原始的图画文字，目前已知有 1 400 个符号，国内外权威人士普遍认为它是目前世界上唯一还活着的象形文字，是珍贵的文化遗产。如图 8－2 所示。

图8－2 东巴文

任务3 云南外来宗教信仰民俗

案例导入

基督教在云南的发展与传播

云南基督教主要有两大教派：新教和天主教。新教传入云南，最早是清光绪三年从上海传入。后来，美国、加拿大和澳大利亚等国传教士相继入滇，并在少数民族地区传教。新中国成立前，新教仅在一些民族中有较广泛的影响。新中国成立后，云南新教爱国人士开展"三自革新"（自治、自传、自养）运动。天主教传入云南是在明末清初。清康熙三十五年（1696年），云南建立天主教区。道光二十三年（1843年），云南天主教在今盐津县建立主教公署，并于1881年迁至昆明。1948年昆明教区升为"云南总主教区"。

近代以来，基督教传入云南，对包括少数民族宗教在内的云南宗教带来不小的挑战，很多传统宗教信徒都改信了基督教，苗族、彝族、傈僳族、怒族、拉祜族、佤族、景颇族、哈尼族等少数民族受基督教影响尤深。

基督教传播的主要原因，固然与西方国家的支持有关，但更为重要的是，基督教的文明素质高、信仰素质高、社会服务功能强，而且信仰成本低。这些少数民族历史上深受汉族和大民族的欺压剥削，社会发展水平低，生活在贫困、短缺和边缘化的处境中。传教士紧紧抓住他们生活中的苦难与不幸，抓住他们寻求拯救和关怀的心理需要，通过创立传教文字、创办教会学校、设立医疗机构和慈善机构等举措，赢得了他们的信任，为传教成功奠定了坚实的社会基础，也使这些民族的社会面貌和精神面貌发生了巨大变化，客观上也促进了少数民族的现代化进程。

由于基督教与少数民族传统宗教发展水平的差异，基督教在传播过程中基本上没有吸收传统宗教的因素，信奉基督教的少数民族群众，是在放弃他们传统宗教基础上获得新信仰的。其客观结果是，这些少数民族群众日渐分为信仰传统宗教的和信仰基督教的。

资料来源：百度百科（http：//baike. baidu. com/view/1034934. html）；国史网（http：//www. hprc. org. cn/leidaxinxi/whjykj/201308/t20130829_237525. html）；孙浩然，云南少数民族宗教文化的现代传承与发展［J］. 学术探索，2013（8）。

思考：

1. 谈谈云南的基督教和西方传统的基督教有些什么区别。
2. 结合云南基督教的实际情况，谈谈如何开发云南宗教旅游产品。

云南的外来宗教主要有佛教、道教、基督教和伊斯兰教四种宗教。

一、佛教

佛教三大派系汉传佛教、藏传佛教、南传上座部佛教在中国都有传播，而云南则是中国乃至世界唯一拥有佛教三大派系的共同传播的地区。学术界普遍认为："云南佛教传于汉晋，兴盛于唐宋，昌于元，盛于明，衰落于清。"汉传佛教的传入最早，南传上座部佛教的传入最晚。

（一）汉传佛教

汉传佛教，俗称大乘佛教，主要分布在昆明、大理、保山等地，为汉族和较早接受汉文化的少数民族信仰。汉传佛教于公元8世纪传入云南，主要有密宗、禅宗、律宗、华严宗等派系。南诏大理国时期，除密宗外，其他派系因缺乏当地政权的支持，影响都不大。密宗从中原带来大量的汉译经典，与唐初传来的印度密教相结合，并吸收云南少数民族的文化习俗，形成了后来被称为"阿吒力教"的云南密教。阿吒力为梵语"Acarya"译音，意为"导师"，指密教僧侣，有家室，称为"师僧"，因往往读儒书，又被称为"释儒"或"儒释"，汉文化水平较高。阿吒力教受到南诏王细奴逻的推崇，南诏大理国时期仿唐朝设科取士、选官置吏，多从密教僧侣中挑选。元朝初年，汉传佛教尤其是禅宗大规模传入云南，阿吒力教逐渐隐没。而禅宗、律宗、净土宗得到了迅速传播，其中以禅宗尤盛。由于受到后来历代王朝统治者的扶持，禅宗名僧辈出，再加上鸡足山被讹传为迦叶的入定之所，成为各教派僧侣崇拜的圣地。清朝后期，由于战乱和经济萧条等原因，云南汉传佛教渐衰，影响不及藏传佛教和南传佛教。

与中原地区相比较，云南的汉传佛教具有密显相融、佛儒道相融的特点。云南最大的汉传佛教寺院是重建落成的大理崇圣寺，也是海内外最大的汉传佛教寺院。如图8－3所示。其他有影响的汉传佛教寺院还有昆明圆通寺（云南佛教协会会址）、筇竹禅寺、太华寺、华亭寺；大理鸡足山祝圣寺、金顶寺；晋宁盘龙寺；等等。

图8－3　大理崇圣寺

（二）藏传佛教

藏传佛教俗称喇嘛教，主要分布在香格里拉、丽江、怒江等地，为藏族、部分纳西族和普米族信仰。从公元678年到794年的百余年间，滇西北地区是吐蕃王朝直接统治的地区，松赞干布时期的前弘期佛教开始小规模地传入滇西北地区。11世纪以后藏传佛教各教派次第形成，为了扩大自己的势力范围，各教派先后向与西藏接壤的滇西北藏族、普米族和摩梭人地区传播和发展，藏传佛教大规模地、正式地传入云南。

云南藏传佛教在长期的传承发展过程中，形成了浓厚的云南地方民族宗教特点：教义上以大乘佛教为主，兼容小乘佛教，重密轻显；不同程度地吸收和融合了普米族、摩梭人的原始宗教礼仪；信仰上的多民族性，除藏族外，还为纳西族（摩梭人）和普米族信仰；寺院较小但数量众多，教派繁杂且多具地方性和民族性。

云南目前最大的藏传佛教寺院是位于迪庆藏族自治州香格里拉县的噶丹松赞林寺，汉名“归化寺”。如图8－4所示。有影响的藏传佛教寺院还有德钦三大寺（德钦格鲁派红坡寺、德钦寺和东竹林寺的简称），丽江五大寺（丽江城郊福国寺、文峰寺、指云寺、普济寺和玉峰寺），永宁扎美戈寺（云南摩梭人和普米族地区最大的格鲁派寺院）。

图8－4 噶丹松赞林寺

（三）南传上座部佛教

云南南传上座部佛教俗称南传佛教或小乘佛教，主要分布在西双版纳、德宏、临沧、思茅等地，为傣族、布朗族、德昂族及部分佤族、阿昌族、拉祜族信仰。

南传上座部佛教保留了较多原始佛教时期的色彩，只崇拜释迦牟尼，不信奉其他佛和菩萨。在修行方法上提倡个人出家修行，梯次升级，以修成阿罗汉为最高境界。南传上座部佛教主要经过斯里兰卡、缅甸、泰国等地传入中国云南傣族地区。传入的确切时间尚未考定，一般认为是公元6—8世纪，13世纪傣族文字创造后，开始兴盛，并形成了云南西南少数民族南传佛教文化圈，在中国佛教文化中占有一席之地。

云南南传佛教传播地区的民族通常全民信教，南传佛教对这些民族的生产、生活各个方面都有较大的影响。比如傣族地区，傣文、傣历及傣族的许多宗教节日都是南传佛教与当地民族文化结合后演变而成的。傣族的民间文学、雕塑、绘画等艺术无论是题材、内容，还是艺术风格都受到南传佛教思想文化的影响。

因僧侣遵守的戒律不同，以及信教群众的日常生活方式差异，南传上座部佛教在傣族地区可分为摆润、摆庄、多列、左抵四派，又可细分为八个支派。傣族儿童达到入学年龄都要到佛寺过一段脱离家庭的僧侣生活，系统地接受宗教文化教育，学习佛经、教义、教规，以及相应的民族文字、历史传统、人生哲理、道德规范和天文历法等方面的系统知识。大部分人到十五六岁还俗回家，少部分人继续学习并成为弘法僧人。

图8－5 西双版纳景洪勐泐大佛寺

云南南传上座部佛教的主要塔寺有：西双版纳景洪勐泐大佛寺（中国最大南传佛教寺院，由中国南传佛教首座大佛爷祜巴勐龙庄担任住持，如图8－5所示）、曼飞龙塔，勐海景真八角亭，临沧沧源广允缅寺，德宏盈江允燕塔、昆明圆通寺铜佛殿，芒市五云寺、菩提寺、佛光寺，瑞丽大等罕寺、姐勒大金塔等。

二、道教

道教是中国本土宗教，云南道教主要分布在昆明、保山、临沧、大理、楚雄等地，为部分汉族、彝族、白族、纳西族信仰。

图 8 –6　南诏德化碑

道教在东汉末年创立时就已经传入云南，唐宋时期得到很大发展，元明清三代，云南道教发展进入鼎盛时期，相传南诏王细奴逻曾受过太上老君点化，公元 766 年立于苍山脚下的《南诏德化碑》也显示出与道教相关的内容。如图 8 –6 所示。

云南道教多渊多流，教派繁杂，主要教派有长春派、龙门派、天仙派和武当道派等。道教从传入之时就与云南彝族、白族、汉族、纳西族原始宗教互相吸收，并长期与儒、释两教融合，深刻而广泛地渗透到云南各民族的生活习俗之中，从而有别于中国汉地道教，具有鲜明的地方民族特色。

云南现保存较好的道观主要有昆明金殿、昆明黑龙潭、西山三清阁、腾冲云峰山、临沧三元观等。而巍山巍宝山明清时期道教盛行，且宫观较多，有准提阁、巡山殿、玉皇阁、老君殿、长春洞等，成为云南道教名山。

云南比较有影响的道教组织是洞经会，以唱诵《太上玉清无极总真文昌大洞仙经》而得名，约形成于元代，至今云南各地都有这种组织。洞经会由民间道士及信徒组成，于每年农历二月初三、五月二十三日在各地文昌宫、关帝庙设坛做会。洞经会用音乐伴奏的形式唱诵经文，祭祀太上老君、玉皇大帝、文昌帝君等道教神灵，祈求人畜兴旺、风调雨顺、国泰民安。

三、基督教

基督教是奉耶稣基督为救世主之名教派的统称，包括天主教、东正教、新教等。在中国，“基督教”一词通常是狭义的名称，通常指基督教的新教，俗称耶稣教。基督教的主要节日是圣诞节和复活节，前者纪念耶稣诞生，时间在 12 月 25 日；后者纪念耶稣死而复活，时间在 3 月下旬至 4 月下旬之间。云南基督教主要有两大教派：新教和天主教。

1963 年，云南新教爱国人士成立了云南省基督教“三自”（自治、自传、自养）爱国运动委员会。1981 年 9 月成立了云南省基督教协会，会址在昆明市人民中路三一国际礼拜堂。现在新教在云南 16 个地州均有分布，为汉族、苗族、傈僳族、景颇族、彝族、佤族、怒族、独龙族、拉祜族和傣族等族的部分群众所信仰。

明末清初，天主教传入云南。1843 年，天主教在今盐津县建立主教公署，并于 1881 年迁至昆明。1948 年昆明教区升为“云南总主教区”。1985 年 10 月，成立了云南省天主教爱国会和天主教教务委员会，会址在昆明市北京路天主堂。现在，云南天主教主要分布在昆明、红河、文山、大理、丽江、曲靖等地州市，为汉族、彝族、苗族、傈僳族和景颇族等族的部分群众所信仰，信教者约3万人。

基督传教士曾先后在传播地区创制了苗文、东傈僳文、西傈僳文、独龙文、景颇文、拉祜文等少数民族文字，并创办教会学校，为云南少数民族地区的文化发展提供重要帮助。基督教传教士进行传教活动的同时，对云南少数民族社会、经济及文化的发展也起到一定的促进作用。

四、伊斯兰教

云南伊斯兰教历史上分为老教（格底木）、新教（哲赫林耶）和新新教（伊赫瓦尼）三大派，三大派的基本信仰和礼仪大体相同，都属伊斯兰教的逊尼派。其中老教分布最广、人数最多，较多地吸收了以儒家为代表的中国传统文化思想，早在明代就出现了第一批穆斯林儒学家。老教所倡行的“中阿并授”式的经堂教育在全国独具特点，率先采用汉文译某种经典于教学，要求学者在通晓阿拉伯文和波斯文的同时，能运用汉语通顺的解释教义。经堂教育是中国伊斯兰教历史上一种在清真寺内附设学校的宗教教育。

云南清真寺的分布与回族大分散、小聚居的状况相适应。云南的清真寺除有的具有阿拉伯风格外，大多为典型的中国庙宇式建筑，是伊斯兰文化和汉族、傣族、藏族、白族等云南各民族文化有机结合的建筑艺术形式。1984年8月，云南省伊斯兰教协会成立，会址设在昆明市顺城街清真寺内。

阅读材料

东巴文化

纳西东巴文化在云南各民族宗教文化中独树一帜，以东巴象形文、《东巴经》、东巴画和东巴音乐为主要内容。

东巴文字，属原始象形文字，共有1 400多个单字，被誉为世界上唯一保留完整的“活着的象形文字”，是全人类的珍贵文化遗产。

《东巴经》是用东巴文字写成的经书，是东巴文化的核心，涵盖了自然科学、社会科学各方面的内容，是纳西族传世的百科全书，也是研究纳西族古代哲学思想、宗教民俗、社会历史、文学艺术等方面的珍贵资料。现存约四万册，分别收藏于中国丽江、昆明、南京、北京、台湾以及美、英、德、法等国有关的图书馆、博物馆。由于《东巴经》是用原始图画象形文字书写的，一般人不易释读，所以，《东巴经》一直被视为“天书”。

东巴画以其古朴、拙稚、粗犷而不失流畅、舒展的风格取胜。东巴画艺术的主要形式有木牌画、纸牌画和卷轴画等。其中以卷轴画最为有名，又以表现天堂、人间和地狱的《神路图》为其代表。因该画旨在引导死者步入神灵之路，故名“神路图”。纳西语称其为“恒丁”，意为神卷。它是东巴画中的珍品，是世界上最长的卷轴画。画面分“地狱”“人间”“天堂”三部分，表现了人的生命轮回过程。它用连环画式的画面，反映了纳西先民的生命意识，被誉为原始宗教第一绘画长卷。

东巴音乐是指东巴在宗教祭祀活动中所吟诵的一种曲调，并伴有器乐，是东巴文化的一个重要组成部分。这种音乐流传于“东巴”口头，或零星保存于《东巴经》和东巴画中。东巴音乐的主要功能是请神悦神，喊鬼安鬼，压鬼驱邪，娱人娱己。

东巴舞是纳西族的古典乐舞。《东巴经》中有一部令人惊叹的舞蹈教程，即《蹉姆》舞谱，不仅把纳西族古代乐舞类别和跳法综合成体系，而且对舞蹈的姿势、动律、场位、路线、造型及配乐技法，都作了比较科学的描述，因而人们公认它是世界上用古文字系统地记录下来的最早舞谱著作，具有重要的学术价值。

注：转摘自聂乾先著《云南民族舞蹈文集》，99 页，北京，中国文联出版社，2003。

项目小结

本项目主要阐述了云南各民族原始宗教类型和云南外来宗教的历史发展概况，以及云南民族宗教信仰的类型和特点，并选择性的把云南各原始宗教信仰最具特色的典型给予介绍。

云南是我国民族种类最多的一个省份，也是宗教种类齐全、宗教现象最为丰富的省份之一。由于历史和自然的原因，各民族在社会政治、经济、文化的发展程度上极不平衡，各民族社会形态呈现为一部活的社会发展史，这种不平衡性既为云南保持了丰富的原始宗教信仰，也为外来宗教在云南的传播和发展创造了有利的条件。

从原始到现代的各种宗教信仰形式在云南都有存在，但概括来说，云南民族宗教可以分为两大类型：一类是云南本土产生的与各少数民族社会发展紧密相连的原始宗教；另一类是自云南本土以外传入的外来宗教，这些外来宗教在云南得到充分发展，成为云南多民族的传统文化的组成部分，对云南各民族的物质和精神生活产生深刻的影响。

关键词

原始宗教　外来宗教　东巴教（经）　本主崇拜　自然崇拜

练习与实训

一、单项、多项选择题

1. 云南存在水崇拜、火崇拜的少数民族很多，其中（　　）被称为“水的民族”。

　A. 傣族　　B. 彝族　　C. 普米族　　D. 哈尼族

2. 云南最为典型的原生型民族宗教是（　　）。

　A. 彝族的毕摩教　　B. 藏族的苯教

　C. 摩梭人的达巴教　　D. 纳西族的东巴教

3. 云南少数民族的植物崇拜以（　　）最为特别。

　A. 葫芦崇拜　　B. 松树崇拜

　C. 青树崇拜　　D. 跳舞草崇拜

二、判断题

1. 云南具有“动物王国”“植物王国”的美誉。 ( )
2. 保留本主崇拜的少数民族是布朗族。 ( )
3. 云南石崇拜最具特色的是彝族、藏族、纳西族、普米族的锅庄石崇拜。 ( )

三、思考题

1. 云南原始宗教信仰主要有哪些类型？
2. 在云南，儒释道三教合一甚至多教合一的现象很多，谈谈你对此的理解和看法。
3. 纳西东巴文化在云南各民族宗教文化中独树一帜，其内容支撑主要有哪些？
4. 云南南传上座部佛教有哪些特点，与汉传佛教相比有哪些不同？

四、实训

（一）任务名称

云南宗教信仰民俗的体验与考察

（二）任务目标

1. 增加对云南宗教信仰民俗风情的感性认识，从而提高学习的兴趣。
2. 使学生认识云南宗教信仰民俗的特点及其对各民族的影响，增强理解能力。

（三）任务要求

以学习小组为单位，以当地宗教信仰民俗为对象，参与宗教民俗体验，开展调研活动。

（四）任务实施

1. 对所教班级进行分组，每组 6 ~8 人为宜。
2. 小组讨论，设计调研方案。
3. 根据调研方案开展调研活动。
4. 整理调研素材，撰写并修改调研报告。

（五）成果考核

1. 各组提交调研方案和调研报告。
2. 教师根据提交材料评分，并纳入学生平时成绩。对于优秀的材料，供全班交流、学习和讨论。

推荐阅读书目

1. 杨学政，等．云南宗教史．昆明：云南人民出版社，1999。
2. 李国文．通向彼岸的桥梁——云南民族宗教信仰．昆明：云南教育出版社，2000。
3. 宝贵贞．中国少数民族宗教．北京：五洲传播出版社，2007。

项目 9 PROJECT

云南礼仪禁忌民俗风情

学习目标

通过本项目的学习，同学们应该达到：

1. 掌握云南各民族在日常生活中的礼仪禁忌；
2. 理解云南各民族节日与宗教祭祀活动中的礼仪禁忌；
3. 了解云南各民族婚丧与生育中的礼仪禁忌。

学习建议

在本项目的学习过程中，应当结合本项目后面提供的推荐阅读书目有选择地进行阅读学习，还可以通过网络、电视、杂志等多种渠道更全面地学习、了解云南的民族礼仪禁忌风情。

礼仪禁忌是一个地区和民族长期形成的风俗习惯，体现的是人与人之间的一种互动关系，它必须符合特定历史条件下的道德规范和传统的文化习惯。云南民族众多，不同民族都有自己独特的礼貌礼仪和禁忌规范。许多少数民族礼仪禁忌历史悠久，有着浓厚的地区、民族文化积淀。

由于云南少数民族众多，不同民族有不同的礼仪禁忌规范，而礼仪禁忌所包含的内容非常广泛，从人们的日常生产、生活（衣食住行、男婚女嫁、生老病死）到宗教节日，几乎涵盖了不同民族社会生活的方方面面。在云南旅游或是同云南少数民族交往的过程中，我们既要懂得社交的一般惯例，也应知晓一些少数民族的特殊礼仪禁忌。这里我们把有关民族礼仪禁忌的内容分为日常生活中的礼仪禁忌、节日与宗教祭祀活动中的礼仪禁忌、婚丧与生育中的礼仪禁忌三个方面，把最具代表性的尤其是云南独有少数民族的礼仪禁忌进行介绍。

任务1 日常生活中的礼仪禁忌

案例导入

云南普米族的酒习俗

滇西北高原崇山峻岭中的普米族对待客人，不论生熟亲疏，都热情接待，因为他们认为客人临门是种荣耀和吉兆。当主人听到狗叫，发现有客人光临时，家人都会出来帮客人牵马拿东西，请客人进屋。当客人在火塘旁坐定后，主妇便端上水果、食品和一碗苏里玛酒。普米族以火塘上方的一块长方形石柱代表家族祖先神灵，可称之为“锅庄”。主人先敬家神，在锅庄上滴几滴酒，若是燃起火焰，则为最吉，主人会很高兴。一般度数较高的醇酒都能接火而燃。主人看到酒燃，便念道：“客人到，福气到，贵客犹如金太阳照，给我家暗淡的房子里，带来了光明和吉兆。客人到，福气到，贵客好像吉星照，木楞房里充满了喜庆与欢笑，彩色的祥云在我头上飘。”祝颂毕，主妇捧酒献客。客人先抿一口，不得有吸饮的响声，随即说“真醉人”，以表赞美和感谢。此后客人便根据自己的需要随便饮酒。若有主家的长辈在场，客人要主动请长辈坐上席，并请其先品尝酒。客人用饭，主人家人均在旁侍候，绝无不周到之处，客人吃完主人家才围坐在一起吃饭，若客人第二天就要登程，主人还为他准备路上的食品，多是鸡腿、鸡蛋、肉块、油炸粑粑等。受到如此礼遇，客人往往会感到自己不是客人，而是主人家的至亲好友。

资料来源：http：//shenghuo. foods1. com/show_4385. htm。

思考：

从普米族待客的酒文化中，你能看出这个少数民族在日常生活有些什么礼仪禁忌?

云南少数民族日常生活中的礼仪禁忌很多，大致又可以分为交往礼仪禁忌、居住礼仪禁忌、饮食礼仪禁忌、性别礼仪禁忌等。

一、交往礼仪禁忌

（一）尊老爱幼，特点各异

云南几乎所有的少数民族都有尊老爱幼的传统美德。

白族见到老人要主动打招呼问候、让座、端茶、递烟。吃饭时要让老人坐上席，并先动筷子。在老人面前不说脏话，不跷二郎腿。

哈尼族对老人有专门的尊称，从不直呼姓名。杀鸡时，鸡头、鸡肝等要敬奉给老人。哈尼族对小孩亲切地称呼为“阿黑然古”，意为亲爱的小弟或小妹。

云南壮族为了报答父母的养育之恩，子女把祝寿视为对父母的孝顺，采用福、寿、康、宁4个字来表达给老年人的寿礼名称。

纳西族老人在家中具有很高的地位，备受尊重。在纳西族人家里做客，只要有老人在，即便主人邀请，也要把主位让给老人，更不可主动占据。

瑶族十分尊敬长辈与老人，若是骑马遇见老人，必须立即下马。

德昂族有良好的尊重长辈的风尚，把爱护、尊重与赡养老人视为民族的美德。每当过年过节时，年轻人都要把家里最丰美的饭菜送一份给村里的高寿老人以表示敬意。对于村里的孤寡老人，当他们丧失劳动能力时，亲戚们会无条件地替他们下种和收割，有的则把老人接到家里和自己一起生活。泼水节时，幼辈要为长辈洗手洗脚。当一盆温暖的水端到长辈面前时，幼辈先向长辈合掌叩拜，口中喃喃自语，说明一年来自己在某几件事情上，有违背长辈教诲之处，或在某些方面有对长辈不够尊重的地方，望长辈指教原谅。长辈也在某些方面做出自我批评并祝愿今后和和气气地相处，阖家幸福等。然后幼辈用温暖的水为长辈洗手洗脚。洗手洗脚礼对于培养幼辈尊重长辈，长辈爱护幼辈，协调家庭成员及亲戚间的关系有着积极意义。

（二）热情好客，形式多样

同样，云南几乎所有的少数民族都热情好客，见面多以酒、茶、烟相待，客人也应注意相应的礼节。

彝族有客人到家时，必敬酒、传烟、递茶，这是云南彝族的传统习俗。到彝族人家做客不能摸成年人和老人的头，上楼要脱掉鞋子。

著名的“三道茶”是白族的待客礼，白族倒茶一般只倒半杯，斟酒则需满杯，他们认为“酒满敬人，茶满欺人”。如图 9 -1 所示。

图 9 -1 白族“三道茶”

哈尼族除了酒烟相待，客人离开时，主人还会送上粑粑、腌肉、酥肉、豆腐圆子等食品。

傈僳族如遇客人远道而来，不论是世代忘年之交，还是素昧平生，一样都会热情接待。主人通常与客人各用一只手共捧一碗酒，互相搂着脖子和肩膀饮“同心酒”，盛情的主人会悄悄地把碗向客人一端倾斜，以使客人能多喝一些酒，借此表示自己的敬意。客人应注意不宜在傈僳族的房前屋后呼“哦……”，这样做被认为不祥，不宜拄拐棍进傈僳族人家，不能坐在主人家的木柜上。

布依族家中来客，不管其酒量如何，先斟一大碗自酿的米酒奉上，客人应量力而行，或多或少都要喝一点。到布依族人家做客，不得触动神龛和供桌，也不得在供桌上摆放东西。布依族送礼必须送双数。

按照怒族的礼节，到怒族人家做客应带些烟、酒之类的礼物。喝同心酒是怒族对客人表示信任的最高礼节，能与怒族同胞喝同心酒，是客人的荣幸，不接受同心酒是不礼貌的，也会失去他们的信任。

佤族敬酒讲究年龄大小，先敬老人，后敬年轻人。敬酒人将酒杯递给客人时，客人一般都要双手接酒杯，然后很有礼貌地回敬敬酒者。敬酒者若推辞不了，可以先抿一口，再把酒杯里的酒加满又敬客人。客人一般不能拒绝敬酒，客人能否喝酒，都要很客气地接过酒杯，先抿一口后转敬给年长者，等年长者喝完，再负责把酒杯交给敬酒者。

德昂族离不开茶，婚丧嫁娶、探亲访友，都以茶作为礼品，“茶到意到”，茶叶已成为其社交中最常见和必不可少的礼品。

独龙族非常好客，如遇猎获野兽或某家杀猪宰牛，便要举行一种远亲近邻共聚盛餐的宴会。此外，独龙族还有招待素不相识过路人的习俗，对过路和投宿的客人，只要来到家中都热情款待。独龙族人在外遇到陌生人时，总是双手搁在胸前，脸转向右边，以示问好。独龙族人携带礼品是不外露的，他们习惯藏在胸前的披毡里，当来到客人面前时，会默不作声地站立，待看清客人后，才取出礼品，双手捧给客人，并含笑低下头，以示“请收下”，然后便匆匆离去。客人要微笑着双手接礼品，并说“谢谢”。

需要注意的是，云南少数民族大都热情好客，且常以酒、烟、茶相敬。客人们不会抽烟无所谓，但是不管会不会喝酒都不要轻易拒绝，无论多少都尝一点，喝不完不要轻易倒掉，可放在一旁或是还给主人。

二、居住礼仪禁忌

云南许多少数民族在建房、搬迁、居室内的格局与陈设等方面都有相应的禁忌习俗。房门的朝向、神龛的位置，厕所、畜圈、卧室（甚至睡觉时头的朝向）的位置都有讲究。对火塘、锅灶、水缸、水井的尊重和保洁在各少数民族中较普遍。

彝族大都把火视为家庭的象征，尤其是屋内火塘里的火终年不熄，称为“万年火”。火塘的锅庄石或三脚架是圣灵的象征，不能跨越，不能用脚去踩，严禁往火塘里吐唾沫、烧烤不洁之物，并禁忌在火塘边裸露身体（敬火塘、锅庄石、灶台的少数民族还有哈尼族、壮族、瑶族、怒族、德昂族等少数民族）。另外，不能用脚踩门槛，或坐在门槛上，不能用筷子敲桌子和碗，不要在家中吹口哨、唱山歌、说粗话（彝族、傣族、景颇族、哈尼族、傈僳族等许多少数民族都有这些忌讳）。

哈尼族人家的门槛忌站、忌坐、忌讳用刀砍。

白族人家的门槛也忌讳坐人；男人所用的工具，忌妇女从上面跨过；家庭内忌讳戴着孝帕的人进入，认为这样会给家庭带来不洁。

进入傣家竹楼，要将鞋子脱于门外；在屋内走路要轻；不能坐在火塘上方，不能跨过火塘；不能进入主人的内室，不能坐在门槛上。如图9－2所示。

进入景颇族人家，要在主人指定的位置就座，主人家的卧室是不准外人进入的（云南许多少数民族的主人卧房都不许外人进入）。

图 9-2　傣家竹楼

三、饮食礼仪禁忌

云南许多少数民族和汉族一样在饮食上都有自己的礼仪和禁忌，这些礼仪禁忌流传至今，因保留、变异程度不同，往往具有独特的民族风格和浓重的地方特色。

彝族人家凡有客至，必杀牲待客，并根据来客的身份、亲疏程度分别以牛、羊、猪、鸡等相待。待客的肉食以膘肥、肉厚为体面，切成大坨，拌入佐料，俗称“坨坨肉”。鸡头送给最尊贵或最年长的人吃。吃饭中间，主妇要时时关注客人碗里的饭，未待客人吃光就要随时加添，以表示待客的至诚。

哈尼族杀鸡时，鸡头、鸡肝等要敬奉给老人，主人也常把鸡头夹给客人表示对客人的敬重，客人应双手接过鸡头，然后把它转敬给在座的老人或年长者。在饭桌上饮酒时，要注意敬酒的顺序，首先从年纪最长者开始，沿逆时针方向逐个斟酒，最后向年纪最长者的杯里再斟上一点，表示大家团团圆圆。

壮族是稻作民族，严禁捕杀青蛙，也不吃蛙肉。

苗族逢年过节做的饭菜以及新粮成熟时，未祭祖不能食用，饮酒以前洒酒于地以示敬供。未婚男女不能吃牲畜的蹄爪。

到佤族人家做客，不能拒绝主人准备的餐饮，无论怎样也要喝一点、吃一点。

普米族忌食狗肉、蛙肉、马肉、猫肉。

回族忌食猪肉、狗肉、马肉、驴肉和骡肉，不吃未经信仰伊斯兰教者宰杀的和自死的畜禽肉，不吃动物的血等。回族忌讳别人在自己家里吸烟、喝酒；禁用食物开玩笑，也不能用禁食的东西作比喻，如不得形容辣椒的颜色像血一样红等。

纳西族吃饭时忌敲碗筷，忌翻菜，忌接连不断地夹菜。鸡头应让年长者享用，鸡爪不能给小孩吃（纳西族认为吃鸡爪的小孩将来写字手会发抖）。主人盛饭时，客人要主动提出自己需要的饭量，不要在碗底留剩饭。共同进餐时，若已经吃完饭，最好陪旁人一会儿。若想提前离席，要招呼别人“慢请”。

景颇族喜欢从山上采些阔叶回来当碗碟，但在饮食中，叶子千万不能倒着用。景颇族还忌食狗肉。

勐海县的布朗族喜欢吃田螺，但忌用田螺招待客人，因为给客人吃田螺含有“断交”的意思，不受欢迎的客人，主人家才会用田螺来招待。

在阿昌族地区普遍盛行劝饭习俗。最隆重的多在红白喜事中，远方客人即将离寨返程的最后一席饭时，青年男女相互逐一劝饭，主人热情待客，客人谦虚避让，你一言我一句，动情之处则唱起“山歌”来，这就是著名的阿昌族“劝饭山歌”，而劝饭的真正目的，是借此表达主人好客的心意，并借机交流男女间的感情。阿昌族饭桌上，禁忌打人骂人，认为打和骂，会将谷魂气走。谷魂离开谷米，无饭食是严重的，故有“雷不打吃饭人”之说。

到德昂人家做客时，不能看着人家炒菜或到灶边转，吃饭时不能随意拨弄盘中的食物。家中接待客人时，上桌后要站着给客人斟酒、敬酒或夹菜，自己不能先吃。筷子必须置于碗的右边，若置于左边，就说明对客人不欢迎。

需要注意的是，虽然鸡是各族同胞餐桌上最常见的食物，但怒族忌讳杀鸡招待客人，所以到怒族人家做客，不能提出吃鸡的要求。

四、性别礼仪禁忌

云南许多少数民族存在性别上的一些礼仪禁忌，主要是针对女性而言，也有一些是男女服饰上的严格区别（不得穿异性衣服），或是男女分工的不同。

彝族家族中，兄弟可与嫂嫂开玩笑，但兄长不能与弟媳开玩笑；彝族妇女的衣裤不能晾晒在过路的地方和蜂窝旁边。

白族男人所用的工具，忌妇女从上面跨过。

哈尼族谷仓里的谷子除女主人外，禁止其他人撮取。

傈僳族严禁妇女踩踏或跨越所有的工具，否则会失去灵性。

拉祜族、瑶族大年初一，妇女不能串门访亲。

到瑶族人家做客，客人先要与主妇打招呼，主人才高兴，否则被认为傲慢无礼。

在佤族村寨，不能眼勾勾地盯着你不相识的妇女，不能称年轻姑娘为小姐。

德昂族妇女经过男子面前时，必须撩裙弯腰走过，以示尊重男子。

水族家有客人，妇女要等客人吃完饭后才能上桌吃饭；男女单独相处时，要保持一定的距离。

TASK 任务2

节日与宗教祭祀活动中的礼仪禁忌

案例导入

彝族“祭祖大典”——“耐姆”祭祀习俗

彝族“祭祖大典”彝语谓之“耐姆”，“耐”的含义为“同宗”或“同氏族”，“姆”的含义为“作”或“举行”，即同宗族的人共同举行祭祖大典之意。“祭祖大典”作为全体氏族成员集体举行的最隆重、最盛大的宗教典礼，其规模之大小，则取决于该氏族的整体实力，如图9-3所示。

旧时彝族举行一次祭祖大典，往往耗资巨大，所投入的人力、物力不计其数。据彝族老人讲，人丁兴旺的氏族举行祭祖大典会有成千上万的人参加，祭祀用的牲畜（猪、牛、羊等）多达成百上千。许多彝文经典形象、生动地记述了祭祖大典中的情形，如经文曰："祭祀场面大无比，椎牛似红岩层叠，屠猪犹黑石满坡，宰（绵）羊如白茧遍地。"举行祭祖大典的时间，一般为9天，据说有些名门望族曾举行过49天。如此隆重的宗教典礼与大规模的氏族及姻亲集团集会的习俗，有着丰富的文化内涵。在彝族先民一切生产生活都受神力支配的时代，这种宗教典礼，不但具有重大的宗教意义，而且有着多重社会功能，并对彝族的社会历史产生重大的影响。

由于彝族原始宗教，是一种以祖先崇拜为核心的多神教。而祭祖大典既是以彝族宗教信仰"祖先崇拜"为中心的具体体现，又是一种具有强大社会约束力的仪式活动。因为彝族相信只有举行"祭祖大典"，先人的亡灵才能进入祖宗的行列，永远幸福安乐，否则先人的亡灵就会长期沦为孤魂野鬼，备受妖魔鬼怪的凌辱而遭受苦难。故彝族认为子孙后代要为祖先念经解除其种种罪孽，使之得于超脱，不再因罪孽深重而遭受苦难。在这种宗教观念的支配下，彝族先民把为祖先解脱罪孽和消除各种邪气、污秽，并超度祖灵升迁为宗教之事，视为子孙后代应尽的义务。由此可见，祭祖大典的宗教意义在于祭奠和超度祖先亡灵，使之顺利畅达地进入列祖列宗的行列，化为宗神，保佑子孙后代。祭祖旧时彝族举行隆重而盛大的祭祖典礼，除了规模浩大、礼仪纷繁之外，参加人数众多，耗资巨大，需要调动大量的人力和物力。为了确保祭祖大典的充分准备、如期举行、圆满结束，有一套传统的操作程序和时间安排的惯制。

资料来源：http：//blog. sina. com. cn/s/blog_6a5826b60100o0jy. html。

思考：

彝族的祭祖大典有什么意义，对彝族文化的传承和发展有什么影响？

图9－3　2013年中华彝族祭祖节巍宝山南诏土主庙祭祖仪式

云南的少数民族大都有自己的宗教信仰及原始崇拜，甚至同一个民族存在多种信仰。每一个民族也都有自己的各种节庆、宗教祭祀活动。伴随这些节庆与宗教祭祀活动产生了相应的礼仪和禁忌规范。

彝族一年主要的节日有十月年、二月八节、火把节、密枝节、春节等。火把节是彝族最普遍、最隆重的节日，节期在农历六月二十四、二十五日，有的地区节期为三天。节日期间举行传统的集会和文体活动，如耍龙、斗牛、赛马、赛球、摔跤、打秋千、打歌和物资交流。在这些节日期间有一些禁忌：大年初一禁食荤和香油，禁串门子；女子不能过密枝节，节日期间不能出村串亲访友；不能爬、砍象征山神、土地、祖宗神的神树。

白族的节日主要有“三月街”（农历三月十五至二十日）和春节，逢年过节白族有许多礼仪禁忌。大理的白族大年初一不准动刀、挑水、泼水、扫地。元江县的白族每年的三月街或天子庙会期间，禁止杀生。怒江白族大年三十晚饭前祭祖时，忌讳外人在场。白族崇拜本主，几乎每个村寨都有一个本主庙，庙内供奉泥塑或木雕本主神像。进入白族的本主庙，必须虔诚、肃穆，禁止大声喧哗，禁止触摸本主神像。如图9－4所示。

图9－4　2013年大理白族三月街

哈尼族的主要节日是“十月年”和“二月节”。节日期间村寨集体杀猪祭祖龙树林、寨门神、水井神，并由宗教头人召集，摆长街宴，等等。节期，要将涂有狗血的木刀、木棍悬挂于村口，以示谢绝外人进村。不慎闯入者或寨中客人，必须等祭祖活动完毕，才能离开寨子。农历七月第一个属虎日举行祭天仪式，外人和妇女不能参加。哈尼族崇拜多种神灵，视村寨附近的一片茂密的树林为寨神“昂玛吐”栖身之所，绝对禁止砍伐林中树木，禁止在林中放牧，一般也禁止妇女进入林区。

傣族信仰南传上座部佛教（俗称小乘佛教），每个村寨都有佛寺，每个家庭都有佛坛。进入傣族佛寺要脱鞋，不能踩和尚的影子，忌摸和尚的头，忌摸佛像、旗幡等一系列佛事圣物。傣族在祭寨神时，游人不宜入寨。

苗族认为万物有灵，许多事均祈求于神灵和祖先，由此引发的禁忌也颇多。如逢年过节做的饭菜以及新粮成熟时，未祭祖不能食用；饮酒以前洒酒于地以示敬供；祭祀活动，只能讲苗语，禁止其他民族参加；祭门神和天神时，妇女小孩不能参加；除夕夜晚洗脚不能倒洗脚水，否则来年会洪水泛滥；大年初一吃饭不能用汤泡，妇女不得串门，否则会踩着别家的门神；初一要早起，不能让别人叫；初一至初三，垃圾不能扫出门外，不向门外泼水，也不能吃绿菜；正月初一至十五不推磨。

傈僳族主要节日有阔什节、刀杆节、春节等。在传统节日期间，带上礼物探亲访友是傈僳族的一种重要习俗。但在某些地区，却有禁忌，如不能在年三十晚上串门，以免冲去主人家的福分；年三十晚上，家人要回家团圆，并在祭祀后一定要吃一点东西，否则来年歉收；在组织“刀杆节”的准备工作中，严禁妇女踩踏或跨越所有的工具，否则会失去灵性，刀会见红。

拉祜族过火把节当日，人们要点着火把到田间地里举行叫谷魂仪式，路遇拉祜族人家叫谷魂，切记不能与他们讲话，否则被认为会惊动神灵。另外，任何人不得在神树林中大小便，行路中不能随意触摸治鬼器具。

佤族每年农历正月初一至初五为春节，农历八月十四至十七日为新米节。初一不到别寨走访亲友，也不接待客人，不杀鸡杀猪剽牛，不请客送礼。到了初二以后，就相互请客，请吃糯米粑粑等；佤族崇拜木鼓，佤族认为木鼓能通神，有灵魂，所以须祭祀，并给它建造房子。木鼓是神器，过去除了在较大的宗教活动和军事行动时击鼓聚众外，平时很少敲它，也忌进鼓房和乱敲木鼓。现在，木鼓的作用在延伸，它不但是祭祀神器，也是娱乐器乐。不过，佤族村寨里的木鼓毕竟不是舞台上的木鼓，到了佤族村寨，最好在得到允许后，才能进木鼓房击敲木鼓。

纳西族受东巴教的影响，不得砍伐水源林，不准在树木生长期进山砍伐，不准猎杀怀孕母兽和幼兽，不准杀死进入家宅的小动物（可驱赶或捕捉后送出）。不得污染水源，如不准向水源吐痰、大小便、倾倒垃圾，不准在河流里洗涤污秽物品。取用井水要遵守“三眼井”规定，汲水、洗菜和洗衣物分开，不得混用；纳西族“三朵节”，又称“二月八庙会”，是纳西族的传统节日。参加祭天或“三朵节”的人，事前要净手，并要跨过由杜鹃枝等燃起的烟火堆，以示除秽。

瑶族祭龙扫寨活动，禁止妇女参加，也谢绝外人进入寨子，已在本寨的外寨人，必须等祭扫完毕才能出寨。

景颇族传统盛大的节日是目瑙纵歌，一般在农历正月十五日开始举行。不分民族，不论男女都可以参加，尽情歌舞。但是作为客人，跳舞时不能跑到瑙双（领舞者）前面去跳，一般也忌讳紧跟在瑙双后面跳，而是应跟在大队伍后面；景颇族信仰鬼神，如天鬼、地鬼、家鬼等。景颇族人家的楼房一般都有三道门：第一道门为家人、客人出入的门。第二道门为鬼门，专供人死后抬出和鬼出入。鬼门是禁止家人和外人出入的，鬼门旁的祭台上供有家鬼，以几节小竹筒表示，禁止外人触摸。第三道门为通往晒台的门。景颇族还在门外和寨外设有供鬼居住的鬼桩，以竹台、木桩表示。鬼桩一般不能触摸，也禁止在鬼桩附近大小便。

布朗族在每年农历二月和七月，要举行全寨性的祭寨神活动。届时寨门外高悬木刻、蔑盘等，以示禁止外人进寨，本寨人和本寨的客人也不得出入寨门；布朗族还把村寨附近的参天古树视为神树、龙树；布朗族祭祖期间，不准吹口哨，不准玩乐器，祭祖后 3 日之内，严禁外人进入本寨，也不允许任何人接近龙树。

基诺族祭大龙的习俗是纪念基诺族创世始祖阿嫫尧白的纪念日，一般在农历六月间举行。祭龙这天，谢绝外地游客进寨子。基诺族主要节日“特懋克节”，是基诺族一年中最盛大的传统节日。节日期间，亲友互相拜年，唱歌跳舞，欢度节日，还要邀请别寨的贵宾来自己寨中过节。招待客人采取流水席方式，客人不管到哪家都会受到热情款待。

德昂族在关门节至开门节前的 3 个月内，严禁杀生；佛龛和祖宗牌位禁止外人触摸，也禁止在此挂放东西；禁止砍伐村寨神树，也禁止在其周围大小便；此外，德昂族不允许进入并触动墓地之物。

独龙族历史上信奉原始宗教，在进行一些原始的祭祖活动时，游客不能参观。

TASK 任务3 婚丧与生育中的礼仪禁忌

案例导入

纳西族“子谷妹”习俗

“子谷妹”在纳西语中为要钥匙的意思。在玉龙纳西族自治县纳西人的婚庆中，至今仍流传着“子谷妹”的习俗。

纳西新娘子出嫁之前，送亲的娘家兄弟姐妹、叔伯姑舅等亲友将新娘嫁妆中的箱、柜、机、车等的钥匙隐秘保管起来。一般每个人只保管一把。待傍晚时分婚宴结束，便开始整个婚庆中的压轴戏——“子谷妹”。

在男方家的院子中央拼接一排四方桌子，桌面上摆满美酒佳肴、糖果瓜饼。一般桌子正中央坐的是新娘的亲兄弟，表明纳西族天下母舅大的礼仪观。其余的按照与新娘的亲疏辈分顺序排座次，如果送亲宾客坐不完有空位子，则安排一些男方的人补上，坐满为止，表达了纳西人对客人的尊敬之意。一切安排妥当，新郎、新娘开始向在座者要钥匙，以开启幸福之门。这时候，整个院内热闹非凡，人们往往分成两个阵营：一方是藏钥匙的送亲队伍，他们多由伴娘“胖金美”（纳西未婚姑娘）组成；另一方是要钥匙的新郎、新娘及贺喜者，他们多由小伙子组成。当新郎、新娘每走到一位送亲者跟前敬上美酒要钥匙时，被要者及他的助阵者往往会提出一些问题为难这对新人，这时新郎、新娘及他们的助阵者要机敏而风趣地回答，常常引来满院欢快的笑声。

“子谷妹”的过程，也是其他青年男女寻觅心上人的过程。所以，当“胖金美”们提出一个问题时，这时小伙子们个个摩拳擦掌、跃跃欲试。问题的对答多数以纳西“本子”“谷气”等形式完成，既要严格按照纳西族“本子”的接口连音的格式，又要必须经口即成诗句，是憎是爱，直抒情怀，情真意切。

如果“胖金美”对回答不满意，小伙子无法得到姑娘的芳心，而且新郎、新娘也很难要到钥匙，这时新郎、新娘就要充当中间调解角色，好话说完，许尽承诺才能要到钥匙。

待新郎、新娘要到所有钥匙，一般已是次日凌晨。这时才表明一对有情人终成眷属。老年人开始互认亲家，饮酒对调，通宵达旦。如图9-5所示。

资料来源：云南少数民族网（http：//www.yn21st.com/show.php？contentid=26101）。

思考：

你还知道其他哪些少数民族有类似“子谷妹”的习俗？

图 9－5　纳西族“子谷妹”习俗

一、生育礼仪禁忌

彝族妇女生育时，多在自家门头插以松枝、小布旗或挂上笠帽、小瓶等物，以示谢绝外人入内。生育时不许在室内饮酒、煎炒刺激物，不除圈粪挖地。产妇不满月，一般不出门，也不得走进别人家。

白族妇女怀孕后，以系合页双层围裙，并将头页对折别在腰间作为有喜的标志。外人见了，要懂得注意保护。有些地方的白族，怀孕妇女不能进入新郎、新娘的洞房。大理、剑川一带的白族，妇女产后，主人要请第一个进家的客人吃荷包鸡蛋汤圆，客人不能拒绝，否则主人会生气。

哈尼族妇女生了小孩后，忌讳外人进入，要在门上悬挂红泡刺儿、野姜、笋叶剪成的人像和锯形木刀等物。哈尼族以舅舅为最大，认为“舅舅不大，外甥不长”。“认舅舅”是每个新生儿必须履行的礼俗，一般在孩子满三四个月之后进行。

傣族地区，如看到大门口有用竹子所编形如米的标志，则告示路人家有产妇生孩子，谢绝入门。

苗族家有产妇，外人 3 日内不得入内，如有不慎而入门者，出门时要洗脚，并喝一碗冷水，否则认为会将产妇的奶水“踩干”。

傈僳族产妇生了孩子，门口要挂一个酒瓶，以求吉祥。傈僳族产妇坐月子，一般为 20 天左右。在 20 天以内，生了男孩的人家，别人不能带弯弓和长刀进住室内；生了女孩的人家，不允许穿鞋进屋。

拉祜族妻子身怀有孕，丈夫不串山打猎。出生婴儿不满 3 日，外人不许进入产妇家，如果成年男子贸然闯入，得认婴儿为干儿或干女，要为其取名，还要送衣物、手镯作礼物。

有事相帮是佤族传统道德中的主要表现。村寨里任何一家婚丧嫁娶、生孩子、生病等，全寨人都前来帮忙、探视，送酒、米、钱等之类的东西。客人若遇到这一类的事，一般也可根据自己的条件而定，买点酒或送点钱给主人，以表示自己的一点心意。

纳西族满月客对婴儿忌说“漂亮”、忌说“重”（因纳西风俗在装殓死人时兴说漂亮，对无生命的东西才说重），可用“健壮、英武”之类词语。

瑶族妇女生了小孩后，要在门上悬挂柚子、黄果和橘子枝条，以示禁忌。

基诺族生孩子的人家要在大门边插两枝带叶子的桐枝尖，以示外寨人不能进来；孩子出生的时候，不管谁在身边都要给他取名；在孩子满月那天，谢绝外人进屋。

二、成年（人）礼仪禁忌

度戒，是瑶族人一生中最隆重的成人传统礼仪，它通过自古流传下来的传统方式对后人进行族史、族规、礼仪、戒律等方面的道德教育。参加瑶族的度戒仪式，必须征得主人家的同意。在整个度戒过程中，受试者有许多礼俗禁忌，外人不得随便与之接触、交谈。如图9－6所示。

图9－6　瑶族成年礼——度戒

彝族的成年礼主要是为女性举行的，以女孩的换裙仪式最具代表性。换裙，一般是在女孩15岁、17岁，或女孩月经初潮的逢单年岁举行仪式。届时，女孩家要宴请亲朋近邻，请一位健康多子的妇女为女孩换上成年妇女穿的红、黑（或蓝）、白三截相连的百褶裙，换下女孩原先所穿的红白两色的两截童裙。随即要将女孩原先脑后的独辫从头顶中际分开，梳成双辫，戴上头帕，再将女孩原先的耳珠线取下，换上银质耳坠。

纳西族的摩梭人成年礼又称“穿裙礼”（女孩）或“穿裤子礼”（男孩），俗称“踩猪膘”，一般在大年初一清晨为家中满13岁的孩子举行。届时男孩站在正房左边柱（男柱）下，女孩站在右边柱（女柱）下，左脚踩着猪膘肉，右脚踩着粮食口袋，象征今后吃用不尽。成丁的孩子先给狗喂食以示谢恩，因为神话讲到人与狗换了寿命，才可活一百岁。女孩由母亲为她脱去旧的长衫，穿上金边衣、百榴裙，系上绣有花卉图案的腰带，为其盘缠发辫，配上项链、耳环、手镯等饰物。男孩则由舅舅为其脱去旧的长衫，穿上新的上衣和长裤，扎上腰带，佩上腰刀。穿着完备后，亲友长辈向孩子送礼，成丁孩子分别向祖先牌位、锅庄神、灶神和父母长辈叩头致谢，然后静听达巴（祭司）念诵祖谱，并跟唱祝福歌。仪式结束后，青年男女通宵达旦举行舞会。

三、婚礼中的礼仪禁忌

“掐新娘”是白族一种十分有趣的结婚习俗，在表达对新娘的祝福时要“掐新娘”，且掐得越痛说明对新娘的祝福就越深。当迎亲队伍来到男方家门口，新娘由哥哥或弟弟背着，快步跑进新房。按照白族的习俗，新娘来到男方家时，那些参加婚礼的小孩往往会蜂拥而上，一边朝新娘撒米花，一边争着用手去掐新娘，新娘即便是被掐痛了也不能发火。有的白族地区，迎亲队伍刚一进门，新郎新娘就像参加百米赛跑似的，争着跑进洞房抢枕头，因为谁先抢到枕头，就预示着将来谁当家。

参加布朗族的婚礼，应接受新郎新娘的盥洗礼。一般当客人来到主人家竹楼前时，站在楼梯口迎接客人的新郎新娘，一人捧水壶，另一人持毛巾，为来客倒水让客人洗手，然后入席。婴儿出生后，在偏厦的屋檐下或墙缝中挂一束带有绿刺儿的树枝，向亲友报喜。参加祝贺布朗族新生儿出生，按本民族习惯，应带两碗米、一只鸡、一块红糖。外来客人可视情况赠送相应的钱物，以示恭贺。

傈僳族媒人去女方家说媒，在路上忌讳遇到狗和蛇下坡，认为这是不吉祥的兆头，要驱邪或改天再去。

四、丧礼中的礼仪禁忌

碰到哈尼族举办葬礼，可携带两瓶酒前往参加，但是必须严格遵守哈尼族的礼仪禁忌，禁止触动“波略”。另外，孕妇不能参加丧礼。

在傣族地区，参加丧葬仪式一定要经丧家同意。丧家门口挂着一个装水的竹桶，水里放有酸叶子，在客人参加丧仪后出门时，要用竹桶里的水洒在头上，以示驱邪。

按独龙族的禁忌，死者不能直接从大门抬出，必须在住房的后壁或地板上另撬开一条缝将尸体抬出。凡属正常死亡者，均埋在自家宅地不远的地方。下葬那天，全村人停止劳动一天，远近亲属和本村的人都带来鸡、酒等，向死者表示哀悼。

迪庆藏区盛行天葬、水葬、火葬、土葬和塔葬五种葬式，丧葬时采用何种葬法，要征询喇嘛后才能决定。

傈僳族村里死了人，全村人都不吃辣椒。

云南少数民族大都重信用、通情理，一般情况下也不会计较客人因无知而产生的过失。他们都很看重平等与信用，与之交往最好以诚相待，不可欺瞒哄骗。

阅读材料

瑶族礼仪禁忌概览

瑶族十分尊敬长辈与老人。路遇老人要主动打招呼，并让到路的下方；骑马者，见到老人时必须立即下马；在老人或长辈面前，不跷二郎腿，不说污秽的话；不随地吐痰；不直呼老人和长辈的名字；与老人和长辈同桌共餐，要让他们坐上席，主动给他们添饭布菜，可口的菜肴要移到老人和长辈面前摆放。

路途相遇，不论相识与否，都要热情打招呼，否则被视为不懂礼貌；有客人到家，客人先要与主妇打招呼，主人才高兴，否则被认为傲慢无礼；遇有客人到访，要以酒肉热情款待，有些地方要把鸡冠献给客人。

火塘是瑶族家庭的核心，火塘上的三脚架以及灶膛不能用脚踩，火塘内的柴火忌讳倒着烧；进入瑶族人家，切莫触摸、翻动瑶族人家的神龛，也不能在神龛上摆放东西；有些地方的瑶族忌吃狗肉、牛肉；还有些地方的瑶族忌吃乌龟、蛇和鳝鱼；洗脸盆不能拿来洗脚；用餐时忌讳互用碗筷；忌讳乱用班辈排行；忌讳衣裤当户晒；忌讳在屋内乱吐痰；平时不能坐门槛；猪日不杀猪，鸡日不杀鸡，牛、马日不买卖牛、马。

瑶族妇女生了小孩后，要在门上悬挂柚子、黄果和橘子枝条，以示禁忌。参加瑶族的度戒仪式，必须征得主人家的同意。在整个度戒过程中，受试者有许多礼俗禁忌，外人不得随便与之接触、交谈；大年初一和十五不得狩猎或从事农事；大年初一妇女不串门访亲；正月初三、初五、初六家人不出门；不能踩坟墓和在墓地炸石挖土；严禁砍伐村前寨后的风水林（神林）。

项目小结

本项目选择性地介绍了云南少数民族在日常生活中、节庆宗教祭祀活动中以及婚丧生育中的礼仪禁忌方面的内容。由于云南少数民族众多，要记住每个民族的礼仪禁忌规范是很困难的，然而通过上述介绍，我们可以总结出云南少数民族礼仪尤其是禁忌应注意的方面：

- 尊老爱幼
- 主人敬酒，不宜拒喝，多少都得喝一口或抿一下，喝不完也不能倒掉
- 吃饭时不要敲碗筷，不要频频翻菜，不要接连不断地夹菜
- 不能触摸和践踏民族宗教标志、原始崇拜器物
- 不轻易参加少数民族的祭祀活动
- 不能在村寨周围乱砍滥伐，随意大小便
- 不能触摸、翻动人家的神龛
- 不得对火塘有不敬的行为，如不能往火塘里吐痰，不能跨越火塘上的三脚架，不能用脚蹬，不能在上面放鞋袜、衣裤
- 注意门槛，不能坐在门槛或踩在门槛上
- 最好不要在屋子里吹口哨、戴草帽
- 不要进入主人、产妇和病人的房间
- 不能随意摸小孩、小和尚和少女的头和头饰，不要随便称赞别人的小孩
- 不要随便向少女赠送装饰品
- 不能一进家门就抱别人的婴儿
- 进入小乘佛教佛寺要脱鞋，进入一些少数民族人家，应先询问是否需要脱鞋
- 到回族地区或进清真饭店时，忌谈猪肉，忌说“肥”“杀”字，可用“壮”“宰”代替
- 清早不能谈梦见的事，家中不谈性方面的话题
- 最重要的是要入乡随俗，不懂先问，平等互重，以诚相待

关键词

日常生活　节庆　祭祀　婚丧　生育　礼仪禁忌

练习与实训

一、单项、多项选择题

1. 云南少数民族大都有尊老爱幼的美德，其中（　　）为长辈举行洗手洗脚礼。

A. 白族　　B. 纳西族　　C. 瑶族　　D. 德昂族

2. 鸡是各族同胞餐桌上最常见的食物，但（　　）忌讳杀鸡招待客人，客人不应提出吃鸡的要求。

A. 阿昌族　　B. 基诺族　　C. 布依族　　D. 怒族

3. （　　）以舅舅为最大，认为“舅舅不大，外甥不长”，所以“认舅舅”是每个新生儿必须履行的礼俗，一般在孩子满三四个月之后进行。

A. 哈尼族　　B. 基诺族　　C. 布依族　　D. 傈僳族

二、判断题

1. 到少数民族地区做客，主人敬酒，不能拒喝，多少都得喝一口或抿一下，喝不完也不能倒掉。（　　）

2. 许多少数民族家里都有火塘，游客不能有对火塘不敬的行为和语言。（　　）

3. 进入少数民族人家，应注意门槛，不能坐在门槛或踩在门槛上。（　　）

三、思考题

1. 由于云南少数民族的礼仪禁忌规范涵盖的范围很广，内容很多，要记住每个民族的这些礼仪禁忌是很困难的，我们如何尽量避免因不了解而可能造成的误会？

2. 云南少数民族的礼仪禁忌和汉族有什么相通之处？

四、实训

（一）任务名称

云南礼仪禁忌民俗的调研与思考

（二）任务目标

1. 增加对云南礼仪禁忌民俗风情的认识，从而提高学习的兴趣。

2. 使学生认识礼仪禁忌民俗的作用、价值及在旅游活动中“入乡随俗，入境问禁”的重要性。

（三）任务要求

以学习小组为单位，以当地礼仪禁忌民俗为对象，开展民俗调研活动。

（四）任务实施

1. 对所教班级进行分组，每组6～8人为宜。

2. 小组讨论，设计调研方案。

3. 根据调研方案开展调研活动。

4. 整理调研素材，撰写并修改调研报告。

（五）成果考核

1. 各组提交调研方案和调研报告。

2. 教师根据提交材料评分，并纳入学生平时成绩。对于优秀的材料，供全班交流、学习和讨论。

推荐阅读书目

1. 杨学政．云南少数民族礼仪手册．昆明：云南民族出版社，1999。
2. 毛公宁，刘万庆，等．少数民族风俗与禁忌．北京：民族出版社，2007。
3. 苏丽春，李艳．云南民俗风情与旅游．昆明：云南大学出版社，2005。
4. 吴宝璋，等．云南导游基础知识．昆明：云南大学出版社，2006。

项目10 PROJECT 云南工艺美术民俗风情

学习目标

通过学习，你应该能达到：

1. 了解云南工艺美术的历史及发展；
2. 熟悉云南工艺美术民俗的类型及特点；
3. 掌握云南独有的工艺美术类型。

学习建议

在本项目学习过程中，应当结合本项目后面提供的推荐阅读书目进行阅读学习，还可以通过网络、电视、杂志等多种渠道更全面地学习和了解云南的工艺美术风情，有条件的同学还可以到云南民族博物馆、云南民族村，或是本项目推介的旅游地亲自参观体验。

工艺美术一般包括传统手工艺品、现代工业美术和现代商业美术三大部分。传统手工艺品如玉雕、木雕、漆器、金属工艺品等；现代工业美术（或称“工业设计”）包括一切为满足人民日益增长的物质生活和精神生活需要的适用而美观的生活用品（如花布、陶瓷、玻璃器皿、家具、地毯等），以及现代化的交通工具及机械的造型和色彩设计；现代商业美术主要是指商品标志、包装装潢和商业广告等。本项目主要介绍云南现存的传统绘画、雕塑和工艺美术（工艺美术只涉及云南民族特色工艺如雕刻、刺绣、捏塑成型铸塑与压延锻造等，不涉及现代工业美术和现代商业美术）。

TASK 任务1 云南美术民俗风情

案例导入

沧源崖画

沧源崖画，当地的佤族称为“染典姆”，意为岩石上的画。从1965年起先后发现10余处，分布于沧源县勐省、勐来两乡与缅甸接壤的东西长约20公里的区域内。沧源崖画可从壁上辨认出的图像有1 063个，其中人物785个、动物187个、房屋25座、道路13条、各种表意符号35个，另有树木、舟船、崖洞、太阳、手印、云朵、山峦、大地等图像。人物似为裸体，男多女少，其中部分有头饰、尾饰，所绘人物使用的工具多为木、竹、石、角制品。崖画所描绘的多半是狩猎和采集的场面，也有放牧、舞蹈、巢居、归家、娱乐、斗象、野猪追人等生活内容。

沧源崖画所描绘的先民们的住房，主要有岩洞、巢居、干栏式3种类型，并有了村落的出现。也有不少图像描绘了人们的娱乐活动及原始的宗教崇拜活动，体现了歌、舞、游戏、宗教融为一体的原始生活情景。崖画的人体造像也颇具特色，人的身体部分大多画成较为单一的三角形，面部不绘五官，而四肢部分却通过双臂、双足的变化来表示人们在做何种活动。值得注意的是，人像身上没有绘衣裤，只有头上有装饰，据此分析，也许当时的先民们还未解决穿衣这一生活问题。

崖画所使用的颜料，据化验是当地产的赤铁矿粉末掺和适量的动物血浆，并加上了含胶质的植物液体，稳定性高，附着力强，至今图像仍很鲜明，而且会随日照时间、天气阴晴、干湿冷暖等因素不断地变幻色彩，当地佤族和傣族人说它是“一日三变，早红午淡，晚变紫。”画壁多选择崖面较为平整、上部多有岩厦、前面又较平坦便于行动的地方，图像一般距地面1~5米，以利于保存，充分显示了先民们当时的智慧和绘画水平。

沧源崖画内容丰富，特点突出，是研究我国西南少数民族史、宗教史、美术史的重要形象资料。1983年1月，云南省人民政府公布沧源崖画为省级重点文物保护单位。

思考：

1. 沧源涯画的特点是什么？
2. 云南著名的美术作品还有哪些？

美术，也称造型艺术或视觉艺术，它是运用一定的物质材料（如纸、布、木板、黏土、大理石甚至人体肌肤等），通过造型的手段即技艺创造过程，创造出来的具有一定空间和审美价值的视觉形象的艺术。

一、云南美术的历史发展

从早期新石器时代的美术陶器到稍后原始崖画的出现，青铜艺术的辉煌成就，再到南诏、大理国时期的两个长卷画极品，云南民族美术经数千年发展演变，可谓是千姿百态，五彩斑斓。

云南较早出现的美术作品主要是以沧源崖画为代表的崖画艺术。沧源崖画是我国目前发现的最古老的崖画之一，产生于3 000多年前的新石器时代，是云南省至今发现的最古老的崖画，具有较高的艺术、历史价值。

战国至西汉，云南民族美术创作最为突出，古滇人用高超的技艺为后人铸就了一部传奇的青铜史诗，滇青铜器以其独特的风格魅力在世界青铜艺术的殿堂上占据了一席之地。迄今云南出土的刻纹青铜器总量已逾百件，多数出土于晋宁石寨山、江川李家山等地。出土的刻纹青铜器器型包括生产工具、兵器、礼器和生活用具。在这些青铜器中，各种精美的造型包括了动物组合、人和动物的组合及圆雕、浮雕及直形体浇铸与焊接的工艺，其写实性之强，令人叹为观止。

绘画方面，古滇国青铜器上已有很多刻绘图，多以写实为基调。滇国以后，云南壁画、书画、布画发展较快。东晋时期昭通霍承嗣墓壁画是云南发现的唯一一座古代壁画墓，写实性比较明显。南诏大理国时期出现的《南诏图传》和《张胜温画卷》两幅长卷画杰作，都具有极高的艺术价值。

云南石窟摩崖造像随着佛教的传入而蓬勃兴起，它开创于中晚唐，绵延于明清。以剑川石钟山石窟沙登箐区第一号阿弥陀佛像方座正面为证，云南石窟摩崖造像最早应出现在南诏丰佑时代。值得一提的是云南摩崖造像没有简单的复制这种外来雕刻形式，而是作了大量地方化、民族化的复合创造。如女阴石刻“阿央白”就是最具云南民族特色的石刻造像，这在其他摩崖石窟中还未发现相同例子。

总之，云南民族美术源远流长，绚丽多彩，它是中华民族艺术大家庭里一朵芬芳的奇葩。

二、云南美术的类型

云南的民族美术，渊源悠长，可上溯至新石器时代的崖画。从云南传统美术演变及保存的情形来看，主要有绘画、雕塑等。

（一）绘画

云南民族绘画包括原始崖画、古代壁画、古代书画、布画、古代版画等。

1. 原始崖画

云南最原始的绘画，是新石器时代的氏族先民画在崖壁和巨石上的崖画。保存于今的崖画在云南全省共计23处，图像1 500多个，居全国之首。所涉及的内容十分丰富，包括狩猎、农耕、采集、模拟巫术、符号、手印、神话人物和神祇等。云南省的崖画基本采用剪影法或叫影像法造型，突出所画人或物的轮廓而不讲究细部和质感，同时，各处崖画点的绘画风格也不尽相同。云南崖画的调查研究，始于20世纪60年代，最具代表性的是沧源崖画。如图10－1所示。

云南其他比较有名的崖画还有麻栗坡大王岩崖画、元江它克崖画、石林崖画、文山原始崖画、中甸渣日崖画等。

图10－1　崖画

2. 古代壁画

壁画是指绘在建筑物的墙壁或天花板上的图案。云南壁画主要有墓葬壁画、洞窟壁画、寺庙壁画和家居壁画四类。云南现存比较有名的壁画有昭通霍承嗣墓壁画、晋宁观音洞壁画等。

霍承嗣墓原位于昭通市昭阳区城西后海子中寨，发现于 1963 年春，1965 年迁入城内。这是云南发现的唯一一座古代壁画墓，霍家是“南中大姓”之一，墓主霍承嗣是霍峻、霍弋的后裔。

墓室由长条砂石叠砌而成，平面为正方形，顶部呈覆斗状。室内四壁绘满题材丰富的壁画，画为彩绘。其中有墓主人、侍从、家丁、部曲、玉女等人物 70 余个，风格古朴粗犷，形象生动。其右上方有墨书铭记，说明此墓建于东晋太元十年至十九年（公元 385—394 年）间。部曲中有相当数量的少数民族形象，壁画中出现的“天菩萨”“察尔瓦”“披毡”与现在彝族的装饰发型很像，这是目前考古资料中所见彝族服饰发型较早的绘画。

整个壁画，从绘画上看，墓主造型高大，而其他人物则有意缩小，主从关系鲜明，显示了两爨文化中意识形态的不同侧面；从原料上看，各种颜料的运用，且历千余年而不褪色，可见配料、着色上的水平；从军事上看，“夷汉部曲”的形象、铠马、戈矛、弓箭的配备，均为珍贵的资料。该壁画是云南首次出土的晋代壁画，反映了两爨文化的丰富性，这种具有确切纪年及地志的东晋壁画墓室，即使在国内也是罕见的。

观音洞壁画位于晋宁县上蒜乡观音村西南观音山溶洞内。溶洞为西北走向，洞口宽 7 米，高 8 米，分上、下两洞。上洞绘有佛教密宗教神像和各位天菩萨像 7 组，共有佛神 223 图，其中，观音的造像最多，此外还绘有各式佛塔 11 座。下洞则绘有金刚力士像等。上洞东壁有元宣光五年（1375 年）行书题记墨迹 11 行，记载元御史桑哥实里奉梁王之命踏勘军民屯地，“联辔焚香到此”的史迹，可作为壁画创作年代的考据。

在观音山南 5 公里处洗澡村，还有一个观音洞，绘有佛教造像 21 尊，有题记 8 处，最早的为大理国道隆四年（1242 年），其他为元明清各代所题。

观音洞壁画对研究云南这一时期宗教与文化艺术的诸多关系具有较高的价值，1987 年被列为云南省文物保护单位。

云南比较有代表性的壁画还有丽江白沙壁画、巍山彝族壁画和孟连、澜沧等地的傣族佛寺壁画。

3. 古代书画、布画

云南著名的古代书画作品主要有《南诏中兴画卷》《张胜温画卷》等，布画以东巴画为代表。

《南诏中兴画卷》全称为《南诏中兴国史画卷》，又叫《南诏图传》，是由画卷及文字卷两幅长卷组成的卷轴画。画卷长 5.73 米，宽 0.3 米，形式为连续故事画；文字卷有 2 462 字，是画卷的注释和说明。《南诏中兴画卷》反映了从南诏建国到舜化贞时期的历代国王及王室家族历史，并再现了“修廊曲庑”的房屋建筑、“二牛抬杠”的农业耕作、“祭祀铁柱”的宗教习俗以及当时的艺术、书法、兵器、服饰、民俗等南诏社会风貌。此画卷的绘画技法与敦煌长卷基本相同，既保持唐代绘画艺术传统风格，又具有南诏浓郁的地方民族特色，是云南古代的一件艺术瑰宝。但这幅珍贵的画卷随八国联军的入侵流出国外，现收藏在日本京都有邻馆。如图 10－2 所示。

图 10－2 南诏中兴画卷

《张胜温画卷》又名《宋时大理国描工张胜温画梵像》，是大理国时期画匠张胜温绘制的一幅以佛教故事为主，兼以反映大理国外事活动的名画，是我国 12 世纪的美术巨作。画卷为纸本，全长约 16 米，分为 134 开，大小人物 774 个，飞禽走兽不计其数。画卷由三部分组成：第一部分为大理国国王利贞皇帝率文武群臣官员虔诚礼佛的情景；第二部分为大理国佛教供奉的诸佛、菩萨、天王、罗汉、尊者、龙王等。第三部分以乾隆题跋结尾，记述了画卷流入中原的概略及对此图卷之评价。整幅画卷，画笔娴熟，技法精湛，构图严谨，疏密有致，内容繁复，首尾呼应，寄寓深远，是一幅不可多得的艺术珍品。《张胜温画卷》极高的艺术价值，被认为可与《清明上河图》相媲美，并与其一起被美誉为“南北双骄”。此画现存于台北故宫博物院，为其镇院之宝。

古老的东巴画是最具特色的纳西族美术遗产，有木牌画、纸牌画、布卷画和经文画几类，其中以布卷画《神路图》最为有名。《神路图》一般长达 14 米多，宽 26 厘米左右，有“古代宗教绘画第一长卷”之誉。分为地狱、人类世界、自然天国、天国四部分，画面色彩鲜明艳丽，文化内涵异常丰富，在国际学术界被视为宗教绘画一绝。《神路图》主要用于丧葬时超度死者亡灵仪式中，描绘了死者亡灵要经过的地狱、人间、自然界、天堂等各阶段的具体场面，有较高的文化和艺术研究价值。

4. 古代版画——甲马

云南版画的传统，可追溯到古代的宗教木刻、民间木板年门画及木刻甲马纸，而民间木刻版画影响最大的是“甲马纸”，有的民族和地区也叫“甲马”或“纸马”。“甲马”起源于唐朝，是手绘的彩色神像，因最初画上的神像大多披甲骑马，所以又叫“甲马”。但后代不断演变，“甲马”上未必都有马。彝族将“甲马”和“纸马”分开，“纸马”为六种一套，由灶君、山神、土主、门神、桥神、水火二神组成。而“甲马”分为“顺甲马”和“倒甲马”两种，人在马之后者称“顺甲马”，其作用是“迎神”，马在人之后者则称“倒甲马”，其作用是“驱鬼”。白族印“甲马纸”的材料多为梨木和杜鹃花木板，用锅烟调墨，印在纸上，其风格粗犷、简单、凝重。

（二）雕塑

云南民族雕塑是云南地方文化和民族文化的重要组成部分，最早可以追溯到 3 000 年前的青铜铸造和石刻艺术。云南雕塑的造型以动物、人物、景物等内容突出云南的民族特色和地方特点，这其中有做工精美、器形独特的铜铸精品；有反映宗教观念及生活的石窟艺术；有造型古朴，雕刻精致的各种石雕艺术品；有形态逼真、形神兼备的各种泥塑罗汉造像等。

1. 青铜造型艺术

云南民族的青铜造型艺术始于商代至西汉时期，从已发掘出的青铜器看，其器形种类繁多，其中许多可视为艺术精品。

战国时，云南在青铜塑刻艺术铜器的铸造上已可使用铁刀线刻工艺，最著名的代表作品有云南晋宁石寨山青铜塑刻艺术刻纹铜片，在一块长 42 厘米、宽 12.5 厘米、厚仅 0.1 厘米的青铜片上刻出细如发丝的人物、凤凰、牛头、马首、虎头、海贝等十分复杂的图形。

江川县李家山古墓是战国末至东汉初古滇国重要墓地之一，文物工作者在这里清理了古墓 85 座，获出土文物 3 500 多件，其中有驰名中外的牛虎铜案（如图 10 - 3 所示）、虎皮鹿贮贝器等重要青铜器。这些青铜器和中原及西北青铜文化有着历史渊源，但又有着鲜明的特性，对研究古滇国民族的美术、冶金、民俗等，都具有重要的价值。为展示这些珍贵的青铜文物，李家山青铜器博物馆于 1994 年建成开放，成为中国第一座青铜器博物馆。

图 10 - 3 牛虎铜案

2. 石窟艺术和摩崖造像

剑川石钟山石窟位于剑川县城西南 25 公里处。石窟开凿于南诏、大理时期，是云南现存规模最大、保存完好的石窟群。石窟分布于石钟寺（8 窟）、狮子关（3 窟）、沙登箐（6 窟）三个区域，绵延 3 公里，共有 17 窟，造像 139 躯，崖画 1 处，碑碣 5 通，造像题记 4 则，其他题记 40 则。窟内造像有本主、佛、菩萨、明王、天王、头陀僧等，具有浓厚的密宗色彩。少数洞窟如“华严三圣”窟、“维摩诘说法”窟，反映了内地显宗的影响。石钟寺区石刻有8窟。石钟山石窟造像融中原、吐蕃、印度和当地风格为一身，反映了唐宋时期，云南与南亚诸国及印度的经济文化交流，有较高的文化艺术价值，是我国佛教石窟艺术中独具地方民族特色的一颗明珠。如图10－4所示。

图10－4　剑川石钟山石窟

安宁法华寺石窟位于安宁市城东5公里小桃花村的洛阳山上，因建有法华寺而得名，为宋大理国时期所雕刻的石窟群。石窟依山岩绝壁修建，共有四处，第一处为地藏菩萨及观音造像；第二处为十八罗汉，分列为上中下3层，大多残缺；第三处，原有造像三窟，有一窟雕有佛及菩萨像，另两窟已无法辨认；第四处是释迦佛涅槃像，俗称卧佛，长4.8米，法华寺石窟中这尊卧佛艺术性最高。整座石窟以禅宗造像为主，对研究云南的佛教艺术及民俗有重要的价值，现列为云南省重点文物保护单位。

云南其他比较有名的摩崖造像还有晋宁摩崖造像、剑川金华山摩崖造像、禄劝密达拉摩崖造像等。

3. 罗汉塑像

云南最为著名的罗汉塑像当属筇竹寺“五百罗汉”。“五百罗汉”位于云南昆明西北郊之筇竹寺大雄宝殿、梵音阁、天台阁中。系清光绪九年（1883年）至十六年（1890年），四川民间雕塑家黎广修师徒历时7年塑成。在中国，有五百罗汉塑像的寺庙很多，但筇竹寺的五百罗汉却与众不同。黎广修继承了中国传统泥塑重彩色法，同时又摆脱了中国佛教传统泥塑千人一面的模式，以现实生活中的人物形象来塑造罗汉的精神面貌。这里的每尊罗汉都有自己的特点，他们似佛非佛，似僧非僧；有的憨态可掬，有的阴险狡诈；有的勇猛刚毅，有的胆小如鼠；有的亲切有加，有的望而生畏。看似佛国众生，却是大千世界芸芸众生的凡夫俗子相。筇竹寺“五百罗汉”被誉为“东方雕塑宝库中的明珠”。

阅读材料

牛虎铜案

在种类繁多的云南古代青铜器中，动物造型独树一帜，其种类达 40 余种。这些艺术作品写实性极强，但又不乏夸张，追求形神兼备的艺术效果。比较有代表性的是牛虎铜案、圆雕铜鹿、蛇茎剑及各类“斗兽”题材的艺术作品，尤以牛虎铜案最为著名。20 世纪 60 年代末和 70 年代初，在中国文物考古界，有两次惊人的发现：一是甘肃武威出土的铜奔马“马踏飞燕”，二是云南玉溪江川县李家山出土的铜祭器“牛虎铜案”。从此这一北一南，一马一牛的精美雕塑誉满神州，轰动世界，并有“北有马踏飞燕，南有牛虎铜案”之称。同时也翻开古滇王国神秘面纱的一角。

牛虎铜案 1972 年出土于玉溪江川县李家山古滇国墓葬群 24 号墓，高 43 厘米，长 76 厘米，重 36 千克，是贵族祭祀时用的华贵器具。“牛虎铜案”是一件举世无双的艺术珍品。苍凉中浸透着豪迈，悲歌里流淌着婉约。不由人要迷恋它充盈着生命力的动感，回味着它所带来的那邈远的精神气质。动与静、文与野、大与小、善与恶都呈现出如此完整的和谐统一。细赏铜案，总感受到一种撩人心魄的警示——危急与祸患就在身边。这是一件展示戏剧冲突而又饱含哲理的空前绝后的神奇之作。“牛虎铜案”已成为玉溪乃至云南博物界的神圣标志。

青铜器牛虎铜案是云南古代青铜文化的杰出代表，现珍藏于云南省博物馆，于 1995 年被国家文物局鉴定专家组定为国宝级文物。

注：节选自《国内民俗旅游市场细分研究》（柳青，易起论文网：http：//www.17net.net/Article/604/16772.html）。

TASK 任务 2
云南工艺民俗风情

案例导入

“乌铜走银”工艺制作流程介绍

“乌铜走银”的制作大体上可以分四道工序。第一道工序是合金冶炼。先按一定比例把紫铜、黄金、白银配置好，放入炉中熔化后，把溶液浇铸于铁板上，等冷却后，再用手工锻锤成金属薄片，这样反复熔炼、锻锤三次以后，再按需求剪切焊接成型。在原料配置中，需加入一种秘传的特殊物质，否则成品就不能变成乌黑色。第二道工序是錾花。在已经成型的合金薄片上，精心镂刻出所需的字画花纹等图案。这是最为耗时的一道工序，一片叶子、一片花瓣，往往需要花上半个小时，一件工艺品的錾花工序全部完成，则需要半个月到一个月的时间，这道工序最考验工匠的“微雕”技艺。第三道工序是走银。在已经成型的合金片上刻好的图案纹路内镀上白银，这就是“乌铜走银”中“走

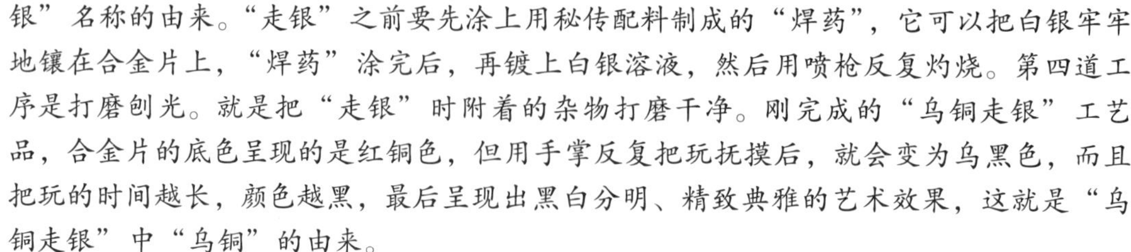

银”名称的由来。“走银”之前要先涂上用秘传配料制成的“焊药”，它可以把白银牢牢地镶在合金片上，“焊药”涂完后，再镀上白银溶液，然后用喷枪反复灼烧。第四道工序是打磨刨光。就是把“走银”时附着的杂物打磨干净。刚完成的“乌铜走银”工艺品，合金片的底色呈现的是红铜色，但用手掌反复把玩抚摸后，就会变为乌黑色，而且把玩的时间越长，颜色越黑，最后呈现出黑白分明、精致典雅的艺术效果，这就是“乌铜走银”中“乌铜”的由来。

思考：

1. “乌铜走银”的名称是怎么得来的？
2. 乌铜走银的工序有哪些？

一、云南工艺的发展历史

云南民族的工艺历史悠久，在新石器时代出土的文物中，就有很多陶器、石饰品、骨饰品、角饰品和牙饰品。这些器品不仅仅具有生活实用性，同时也具有鲜明的审美功能。元谋大墩子遗址出土的鸡形陶壶就是一件早期捏土烧制而成的生活用品，其工艺水平达到了原始陶艺的高峰，为云南原始陶艺的代表作品。

新石器时代，云南纺织工艺也发展起来，从大理苍山佛顶峰、元谋大墩子、宾川白杨村、晋宁石寨山等新石器时代遗址地出土了大量的陶制、石质纺轮和骨制、角制针具等缝纫工具。

春秋战国时期，云南进入青铜时代，也进入云南工艺美术的一个发展高峰。以青铜制品为标志，从冶炼到制作，从造型到装饰，都达到相当高的水平。滇国青铜器品种繁多，造型精美，包括农具、工具、生活用具、兵器、乐器和饰品等多个类别。其中，青铜铜鼓的发展演变集中体现了云南青铜文化的意蕴。青铜铜鼓经历了最早的烹饪用具到打击乐器、贮贝器到祭祀活动使用的礼器，再到权贵标志物的发展过程。今天，铜鼓在云南很多少数民族宗教、节庆活动中依然发挥其浓郁的民族文化功能。

滇国时期（约战国时期至西汉）的纺织工艺，以纺麻和纺棉为主，纺轮和踞织是当时最主要的纺织工具。刺绣工艺和染色工艺开始出现，一些青铜器上的人物的衣物上已有明显的花鸟动物纹饰，反映了当时刺绣和原始浸染技术的水平。

南诏、大理国时期是云南民族工艺的另一个发展高峰期。从纺织工艺、刺绣工艺、扎染工艺到石雕艺术、铸造工艺都十分发达。其中，刺绣和染织最为显著，各种精美的丝织品，尤以锦、绫、绢、缎最为名贵。在《南诏图传》和《大理国画卷》中出现的武士头囊，有些是用蓝花布料做的，说明扎染出现的时间较早。

元、明、清时期，云南民族工艺在历史传承中逐步趋于细化和分散化，云南民族工艺的民族性、地域性和差异性开始凸显出来，形成不同的民族风格和地域风格。

二、云南工艺的主要类型

对琳琅满目、特色各异的云南民族工艺，从不同的角度有不同的分法。从加工对象和生产技术特征进行划分，有雕刻工艺、扎染工艺、刺绣、编织工艺、蜡染工艺等；从使用价值看，可分为首饰工艺、面具工艺、餐具工艺等。这里我们将结合云南民族工艺的特点，把云南最具代表性、最具特色的各民族工艺逐一介绍。

（一）竹木工艺

1. 剑川木雕

木雕工艺在云南各少数民族日常生活中普遍存在，因地理、经济、文化等差异，云南木雕工艺也呈现出丰富多彩的特点。大理、丽江、鹤庆、剑川等地的木雕名扬海内外，其中尤以“木雕之乡”剑川木雕最为著名。

剑川木雕做工精细、用料考究，集明、清各式木雕之精华，造型美观大方，高雅别致，坚硬柔韧，耐腐蚀、不变形。剑川木雕主要用于建筑装饰、室内装饰、家具几个方面，图案有花、鸟、虫、鱼、龙、凤、狮、象、渔、耕、樵、读，如“喜鹊登梅”“鸳鸯戏水”“狮子滚绣球”等。剑川木雕多与大理石相配，显得古朴大方、新颖高雅，富于民族特色。剑川木雕继承和发扬了优秀的民族木雕艺术，具有很高的实用价值、工艺价值和收藏价值。1996年大理剑川被国家文化部命名为“木雕之乡”。

除白族外，云南的汉族、纳西族、傣族都有技艺水平很高的木雕工艺传统。

2. 傣族竹编

云南竹种资源丰富，为原住民族提供了极大的生产生活便利，同时也创造了悠久灿烂的竹编文化。傣族、布朗族、傈僳族、哈尼族、佤族等少数民族都有自己独特的竹编技艺，尤以傣族最为典型。

傣族生活的地方多处于亚热带河谷地区，竹林资源非常丰富。有龙竹、毛竹、金竹、甜竹、苦竹、黑竹、条竹等，种类繁多，质地有别，大小不一，为竹编工艺的发展奠定了坚实基础。竹与傣家人的生活息息相关，形成傣族特有的竹文化。傣家人住的是竹楼，用的是各式自编的竹器，大至床、桌、柜、席，小到帽、盒、篮、篓，无一不为竹编。

傣族竹编工艺精细，选材精良，造型朴实，构思奇巧，种类繁多，是优良的实用工艺品，其中以笆箩、饭盒、槟榔盒等竹器编织技术最有代表性。值得一提的是，笆箩是傣族青年男女间爱情的传递物。傣族青年男子通常会精心编织一只笆箩送给自己心仪的姑娘，换回姑娘回赠的亲手织绣的筒帕。所以，人们通常把编织笆箩、织绣筒帕看作是傣族青年“编织爱情的技艺”。如图10－5所示。

图10－5　傣族竹编

（二）陶石工艺

1. 陶工艺

建水紫陶历史悠久，工艺别致，品种繁多，具有亮如镜、质如铁、音如磬、洁如玉的特点。1953 年全国民间工艺美术品展览会上，建水紫陶以其独特的制作工艺，与享有盛名的江苏宜兴陶、四川荣昌陶、广西钦州坭兴陶并列为全国四大名陶。建水紫陶品种繁多，有壶、杯、盆、碗、碟、缸、汽锅、烟斗、文房四宝等百余种，造型大多古朴典雅，别具一格。建水紫陶采用当地蕴藏量丰富的红、黄、青、紫、白五彩陶土配制，含铁量高，使成器硬度高，强度大，表面富有金属质感，叩击有金石之声。装饰上采用刻画雕填，既有粗犷豪放的书法，又有写意国画和民族图案。生产工艺上采用无釉磨光，即坯体不上釉，烧成后只需打磨、抛光，产品就可清新光洁。这一独特工艺的采用，使所制紫陶器具有耐酸、抗碱、透气、防潮和保温的特点，故有“茶壶泡茶不变味、茶缸贮茶不变色、花盆栽花不烂根、花瓶插花花常鲜”之说。

建水紫陶集书法、绘画、雕刻、镶嵌、烧制、磨光等工艺于一身，是中国民间陶艺的一朵奇葩。

云南陶器工艺中，傣族黑陶与红陶是一个特别的种类。其原料是傣乡特有的一种黑土和红土，经与一定的沙土混合后捶砸揉压烧制而成。傣族使用最普遍、最典型的黑、红陶水瓶，带有浓厚的乡土气息和佛教文化特色。黑、红陶器具有相当好的吸水性和透气性，用来盛饭装水，在炎热的傣族地区最为合适，因而至今仍有很强的生命力。

香格里拉藏族黑陶历史已千年有余，由香格里拉县尼西乡汤堆都吉古村土陶山特有的红土与白土混合制作而成，需经过备料、塑形、雕花、阴干、烧制等工序，尼西黑陶的塑形、抛光等都是纯手工完成的。黑陶可用于制作土锅、茶罐、火盆、花瓶等各种宗教用品、生活用品及工艺品，持久耐用。“藏族黑陶烧制技艺”已被列入国家级非物质文化遗产保护名录，而孙诺七林则是“藏族黑陶烧制技艺”的代表性传承人之一。1999 年 6 月，孙诺七林被云南省文化厅评为“云南省民族民间高级美术师”；2007 年 4 月，被云南省经济委员会评为“云南省工艺美术大师”；同年，他制作的“黑陶火盆”“酥油茶壶”“凤仪茶罐”3 件黑陶制品，被中国国家博物馆收藏。孙诺七林已经成为香格里拉黑陶的代名词。

2. 玉石工艺

翡翠是玉中之王，与钻石、红宝石、蓝宝石、祖母绿齐名，并称为“五大宝石”。古有“玉出云南”之说，其实世界上最大的玉石翡翠储藏地在缅甸北部地区，云南毗邻缅甸，自古以来就是中国最大的翡翠原石与制成品集散地。

腾冲历来是西南最大的玉石翡翠集散地和加工基地，素有“翡翠之乡”之称，腾冲古老民歌有“玉石牌坊翡翠桥”的赞誉。腾冲玉器是云南著名的手工艺产品，腾冲玉雕业源于明而盛于清，至今已有 500 多年历史。腾冲玉器以缅甸玉石为原料，工艺精美，品种繁多，质地细腻，形色俱佳。目前主要的产品有手镯、簪花、耳环、玉坠、佛像、别针、观音、鸡心、大小花件、兽蹲、戒指等品种。

3. 大理石工艺

大理石是石灰岩的一种，在长期的地质变化中形成。大理石因产于大理点苍山也被称为“点苍石”，历史上还有“屏石”“文石”“醒酒石”等称谓，在京都皇宫内还有“贡石”“凤凰石”之称。

大理石的开采、加工始于 1 400 年前的唐代南诏国时期，著名的唐宰相李德裕平泉庄的“醒酒石”就产于点苍山；1 000 多年前唐代修建的大理崇圣寺三塔，就已采用大理石来装饰美化建筑。大理石质地细腻、花纹奇特、颜色绚丽，经过剖切打磨，往往构成山水、人物、禽兽之类图案，尤以山水题材最为多见。因此，大理石被广泛用于建筑、装饰和日常生活用具，如竖屏、围屏、圆桌、座墩、花盆、笔筒、砚台、花瓶、酒杯、地砖等，深受人们喜爱。值得一提的是大理石工艺与剑川木雕结合，用大理石作椅背、桌面等，镶嵌于具有浓郁民族特色的云木雕花家具上，独具魅力，尤以镂雕镶嵌的紫檀红木家具享誉海内外。如图 10 – 6 所示。

图 10 – 6　大理石工艺

（三）金属工艺

1. 白族银器

云南各族人民都非常喜欢银器，苗族、彝族、傣族和白族的银器工艺水平相对较高，尤以白族银器最为有名。

历史上，白族人民深受中原文化、佛教文化影响，形成了白族人民兼容并蓄的文化特征。白族银器工艺充分体现出各民族宗教融合，文化影响渗透的特点，历史上白族打造的银器深受周边各族人民喜爱。白族银器工艺精细、纹样简洁、种类繁多，主要有碗、盘、杯、筷、盒、壶、烟斗、佛像、香炉、护身符及头饰、胸饰、项圈、手环、发簪、耳坠等配件饰物。

素有“小炉匠之乡”的大理鹤庆新华村银器加工工艺已有 500 余年历史，新华村早在明代就开始制作民间手工艺品，世代相袭，其工艺、规模在西南地区首屈一指。

新华村现已形成家家搞加工，户户办工厂，一户一品，一户一业的生产格局。这里的银器，大多选用含量达 99% 以上的纯银，工艺相当精美，如一个拇指指甲盖大小的银算盘，每一颗针头大的算盘珠子都能拨动。

2. 斑铜、乌铜工艺

斑铜工艺至今已有 300 年历史。云南有“有色金属王国”之称，古滇国青铜文化曾盛极一时。斑铜就是在吸收青铜、铜鼓制作技术基础上发展起来的云南特有民间传统工艺。云南斑铜独到之处在于“妙在有斑，贵在浑厚”。斑铜选料严格，制作复杂，采用独特的工艺使铜和其他金属混而不合，呈现出各种瑰丽的棱斑花纹，色彩金黄交错，高雅华贵。云南斑铜产品类别丰富，主要有炉、鼎、瓶、罐、爵和人物、动物、花卉等系列。云南斑铜工艺品多次在国际上获奖，早在1915年的“太平洋万国巴拿马博览会”上，云南斑铜工艺品“九龙鼎”就已经大放异彩，名噪一时。云南斑铜还被定为国家级礼品，斑铜工艺品孔雀瓶、大犀牛、仿古牛、五型炉等被国家有关部门作为永久珍品收藏。

乌铜走银是云南的又一独特的传统铜制工艺，始创于云南石屏。它以乌铜为胎，在胎上雕刻各种精美的花纹图案，然后将熔化的银（或金）水填入阴刻的纹饰内，冷却后打磨光滑处理，再经过特殊的氧化处理——手捂，使底铜变得乌黑发亮，反衬出精细的银（或金）纹图案，呈现出黑白（或黑黄）分明的装饰效果，雍容华丽，典雅别致。因一般多以镶嵌白银为主，故称“乌铜走银”。乌铜走银曾与北京景泰蓝齐名，并称“天下铜艺双绝”。如图10－7所示。

图10－7　乌铜走银

3. 个旧锡器

云南个旧以盛产锡而名扬世界，素有“锡都”之美誉。个旧生产的锡提纯度高达99.9%以上，被伦敦金属交易市场指定为国际免检产品，是仅次于金银的“绿色环保金属”。个旧锡工艺品的生产始自明末清初，距今已有300多年的历史。早期的锡工艺以实用为主，如香炉、烛台、油灯、酒具、茶具等。个旧人李伟卿设计制作的“关云长勒马望荆州”曾参加“巴拿马亚太博览会”荣获特别奖。中华人民共和国成立后，由李伟卿之子，已故中国工艺美术大师李宗泽设计和参与制作的锡制小水烟筒、笔筒、笔洗、花耳驴、唐马、曲烛台、牛顶罐七件锡工艺品被国家征集为一级珍品永久收藏保存。

由于锡的化学和物理性能具有耐酸、耐碱、无毒、无味、不上锈、防腐蚀的特点，锡制工艺品不但外观精美、银亮如镜、华丽高雅，而且用来盛装食物经久不变质不变味。

随着科技的不断创新，近年来锡工艺品家族也在不断扩大，出现了斑锡、喷砂、喷涂、磨砂、斑花、贴花、浮雕、拼接覆膜镶木等新品种。其中斑锡工艺品，用浮雕形式同传统手制工艺相结合而成的金属画，经过解图、雕模、浇铸、焊接、装饰等工艺制作而成，雍容大度，更显尊贵，更具艺术价值和收藏价值。

4. 阿昌族户撒刀

云南众多少数民族都喜刀具，白族、纳西族、阿昌族等少数民族都能打制精美的刀具，其中尤以阿昌族的户撒刀最负盛名。户撒刀因产于德宏傣族景颇族自治州陇川县的户撒乡而得名，而陇川县户撒乡主要是阿昌族聚居区，户撒刀也叫阿昌刀。

户撒刀种类繁多，深受各族人民喜爱。有景颇族、傈僳族喜爱的背刀，有傣族、阿昌族喜爱的尖刀和砍刀，有专为藏族打的腰刀和长刀，还有其他民族用的菜刀、镰刀等。户撒刀工艺独特，质地精良，锋利耐用，有“柔可绕指，削铁如泥”之说，在省内外久享盛名。户撒刀尤以背刀和藏刀最为精巧和典型，这些手工刀具、刀装大部分采用云南和缅甸本地的名贵木材楠木、红木、大叶紫檀、鸡翅木、乌木等纯手工雕刻而成，因而极具收藏价值。

阿昌族的刀具制作在村寨之间分工较细，各寨有自己的拳头产品。如来福寨的黑长刀、花钢刀，芒东寨的腰刀、小尖刀，腊姐寨的锯齿镰刀，新寨的背刀，芒所寨的刀鞘等。

2006 年，阿昌族户撒刀锻制技艺入选第一批国家级非物质文化遗产名录。

（四）织染工艺

1. 大理白族扎染

扎染古称“扎缬”“绞缬”，俗称“印花布”或“扎花布”，是中国民间传统的三大印花技术之一。大理白族扎染是白族人民的传统民间工艺产品，集文化、艺术为一体，在大理城乡随处可见。白族扎染根据设计图案的效果，用线或绳子以各种方式绑扎布料或衣片，绑扎处因染料无法渗入而形成图案，图案以规则的几何纹样组成，布局严谨饱满。传统白族扎染常以大理当地的山川风物作为创作素材，多取材于动植物形象和历代王宫贵族的服饰图案，生活气息浓郁。白族扎染主色调为蓝、白二色，给人以“青花瓷”般的淡雅之感。近年来推陈出新，发展出彩色扎染手工印染技术，强调多色的配合和色彩的统一。随着市场需求的变化，扎染的图案也逐渐丰富，并融入许多时尚元素。目前，白族扎染除了传统的扎染布外，又开发出彩色扎染的新品种，产品有匹色布、桌巾、门帘、服装、民族包、帽子、手巾、围巾、枕巾、床单、衣裙等上百个品种。如图 10－8 所示。

图 10－8 大理白族扎染

大理白族地区的扎染原料为纯白布或棉麻混纺白布，染料为苍山上生长的蓼蓝、茜草、紫草等天然植物的蓝靛溶液，颜色朴素自然，对人体皮肤没有任何伤害。白族扎染于2006年被列入第一批国家级非物质文化遗产名录。

2. 傣族织锦

云南织锦工艺，主要在傣族、壮族、苗族中流行，尤以傣族织锦最为有名。

傣族的织锦，史书上简称为傣锦，有悠久的历史。傣锦是一种古老的传统手工纺织技艺，图案设计是通过熟练的纺织技巧创造出来的，多是单色面，用纬线起花，对花纹的组织非常严谨。织造时傣族妇女将花纹组织用一根根细绳系在“纹板”（花本）上，用手挡脚蹬的动作使经线形成上、下两层后开始投纬，如此反复循环便可织成十分漂亮的傣锦。设计一幅傣锦，需几百乃至上千根细绳在“纹板”上表现出来，倘若结错一根细线，就会使整幅傣锦图案错乱，可见傣锦的工艺要求极严。

傣锦织工精巧，图案别致。傣锦图案多以动物、植物、建筑、人物等为题材，视使用场合不同，分别具有不同的含义。如凤凰展翅、大象、马、塔等图案，分别代表着吉祥、力量和丰收；宝塔、寺院、楼阁象征美好未来和天堂极乐世界。如图10－9所示。

傣锦工艺除了制作传统的筒裙、挎包、手巾、被面、窗帘外，还开发出傣锦屏风、沙发垫等新品种，以鲜明的色调、瑰丽的图案和浓郁的民族风情深受海内外人士喜爱。

图10－9　傣族织锦

3. 民族刺绣

云南民族刺绣工艺源远流长，从昆明官渡区羊甫头出土的“妇人漆器跪鼓佣”中的妇人衣饰纹样来看，可能在2 000年前的奴隶社会，滇人已经会用刺绣进行装饰了。

云南少数民族众多，不同的民族有不同的图案、格调及刺绣方法。从刺绣的技巧和方法上看，云南民族刺绣技艺大致可分为彝族的挑花，白族的立体绣，汉、白等民族的乱针绣，德昂族、拉祜族的贴布绣，白族、苗族的染绣结合的连物绣，还有许多民族都采用的顺针平绣、剪空内贴布绣等刺绣方法。云南民族刺绣运用的材料比较丰富，一般用作绣料的有棉布、麻布、织锦等，绣线则多用丝线、棉线，其他还有头发、马尾、什锦线等。色彩基调方面，从各民族对色彩偏好和用色习惯上看，主要有鲜艳、素雅和灰淡三种色彩风格。

4. 版纳地毯

云南昭通的版纳地毯是纯羊毛手工纺织地毯中具有独特地方民族风格的一种。版纳地毯并非版纳所产，只因其地毯图案多以反映西双版纳风光风情为主，故名版纳地毯。昭通盛产绵羊毛，版纳地毯选用当地优质羊毛作原料，采用版纳的动、植物图像，以傣族民族图案为蓝本，融合云南其他少数民族传统的装饰艺术并加以创新，形成风格独特的图案体系，给人以强烈的装饰美感和艺术享受。

版纳地毯工艺精良，质地紧密，轮廓清晰、状若浮雕，富于弹性，经久耐用，是非常实用的工艺佳品，用于陈设装饰于客厅、卧室，富丽堂皇，满室生辉。

版纳地毯被誉为中国四大民族高级羊毛手工地毯之一，生产工艺和生产设备不断更新，产品类型日益丰富，挂毯、地毯、床前垫、汽车坐垫及沙发垫等远销欧美及东南亚地区。

（五）剪纸工艺

剪纸就是在纸上镂空剪刻，使其呈现出所要表现的形象。现在，一般民间将纸剪或纸刻而成的装饰花样或图案，称为剪纸艺术。剪纸是一种镂空艺术，其在视觉上给人以透空的感觉和艺术享受。其载体可以是纸张、金银箔、树皮、树叶、布、皮、革等片状材料。

云南剪纸魅力非凡、厚实多变，用途广泛，有刺锈用的花纹图样，有专做佛事用的剪纸长幡，有记述民间故事的剪纸连环画，另有贴于门窗的喜花，装饰灯具的灯花，祈福避邪的门笺等。以昆明为中心多为汉文化内容的剪纸；滇南红河彝族的剪纸首要用于刺绣，内容以自然万物和抽象图案为主；滇西北的纳西族剪纸，以福寿花最有特色；滇东南的苗族以龙纹形式多样而见长；滇西南的傣族剪纸多与宗教历史有关。2006 年，芒市傣族剪纸被正式列入国家级非物质文化遗产保护名录。2010 年 8 月，中国剪纸入选联合国教科文组织“人类非物质文化遗产代表作名录”，芒市傣族剪纸作为中国剪纸的子项目也随之入选。

阅读材料

苗族服饰上的刺绣图案

苗族的服饰不仅是美的表达，也寄寓着对先民、祖居地的怀念，尤其刺绣图案有着深刻的象征意义，折射出民族历史上的分支、迁徙、战争等。苗族服饰图案被称为“研究民族历史文化的活化石”，也有人称苗族服饰为“穿在身上的书”。例如，花苗在其黑色圆领斜襟窄袖衣的领边、袖肘绣有红、黄、蓝、白等花纹，纹路多呈花状、江水状，据说这些花纹象征着苗族祖先所居之地：红、绿波浪花纹代表奔腾的江河，大花代表京城，交错纹代表田埂，披领代表京城，方块代表田地，花点代表谷穗，围边的尖形圈案代表山谷等。禄劝、武定、安宁一带的大花苗爱披花披肩，上绣三道方形图案，象征古代的练兵场和令旗，披肩两头的花纹代表过去京城的城市和街道等。这些服饰的由来，大多与上古九黎部落与黄帝部落逐鹿中原，战败后从黄河中下游地区退到长江流域，又退到云贵高原的历史有关。为了记住这段历史，永世不忘故地，苗族把家乡和都城的样子绣在衣服上面，成为一种标示历史与文化的记号。

注：转摘自聂乾先著《云南民族舞蹈文集》，99 页，北京，中国文联出版社，2003 年。

项目小结

本项目主要阐述了云南民族在工艺美术方面的历史发展及现状，以及云南工艺美术的类型和特点，并选择性地把云南工艺美术最具特色的典型进行了介绍。

关键词

民族美术　民族工艺　绘画　雕塑　竹木　陶石　金属　织染　剪纸

练习与实训

一、单项、多项选择题

1. 云南崖画的调查研究，始于20世纪60年代，最具代表性的是（　　）。

A. 沧源崖画　　B. 元江它克崖画

C. 石林崖画　　D. 文山原始崖画

2. 云南大理、丽江、鹤庆、剑川等地的木雕名扬海内外，其中尤以“木雕之乡”（　　）木雕最为著名。

A. 大理　　B. 丽江　　C. 鹤庆　　D. 剑川

3. 云南众多少数民族都喜刀具，许多少数民族都能打制精美的刀具，其中尤以（　　）户撒刀最负盛名。

A. 阿昌族　　B. 白族　　C. 佤族　　D. 纳西族

二、判断题

1. 霍承嗣墓是云南发现的唯一一座古代壁画墓，霍家是“南中大姓”之一，墓主霍承嗣是霍峻、霍弋的后裔。（　　）

2. 《张胜温画卷》又名《宋时大理国描工张胜温画梵像》，是大理国时期画匠张胜温绘制的一幅以佛教故事为主，兼以反映大理国外事活动的名画，是我国12世纪的美术巨作。（　　）

3. 云南版纳地毯盛产于云南西双版纳。（　　）

三、思考题

1. 云南民族美术及工艺可以分为哪些类型？

2. 云南壁画最有代表性的有哪些？

3. 列举云南独有的工艺类型。

4. 请你谈谈云南工艺美术与云南旅游可能有的关联。

四、实训

（一）任务名称

云南民族工艺美术考察

（二）任务目标

1. 增加对云南民族工艺美术的感性认识，从而提高学习的兴趣。

2. 使学生认识民族工艺美术在旅游业中的作用。

（三）任务要求

以学习小组为单位，以当地民俗为对象，开展民族工艺美术调研活动。

（四）任务实施

1. 对所教班级进行分组，每组6～8人为宜。

2. 小组讨论，设计调研方案。

3. 根据调研方案开展调研活动。

4. 整理调研素材，撰写并修改调研报告。

（五）成果考核

1. 各组提交调研方案和调研报告。

2. 教师根据提交材料评分，并纳入学生平时成绩。对于优秀的材料，供全班交流、学习和讨论。

推荐阅读书目

1. 陈劲松，等．云南特色民间工艺．昆明：云南大学出版社，2008。

2. 杨雪吟，等．彩云之容——云南民族美术．昆明：云南教育出版社，2000。

3. 杨雪果，等．传扬生活妙韵的巧技——云南民族工艺．昆明：云南教育出版社，2000。

4. 郭思九，等．云南文化艺术词典．昆明：云南人民出版社，1997。

5. 施惟达，段炳昌，等．云南民族文化概说．昆明：云南大学出版社，2004。

项目 11 PROJECT

云南民俗风情旅游的规划开发

学习目标

通过学习，你应该能达到：

1. 了解民俗风情旅游规划的原则与程序；
2. 掌握云南民俗风情旅游开发的原则与形式；
3. 能够结合本地民俗风情情况进行规划开发的设计。

学习建议

在本项目学习过程中，同学们应当结合项目后面提供的推荐阅读书目有选择地阅读学习，还可以通过电视、网络等多种渠道更全面地学习和了解民俗风情旅游规划开发的内容。

TASK 任务 1

云南民俗风情旅游的规划

案例导入

新平县民俗旅游资源的规划开发

新平是滇中地区旅游资源富聚地。15 个少数民族在新平县域内星罗棋布，民族文化底蕴丰厚而古朴。其中，红河谷居住着 5 万多花腰傣人，成为中国最大的花腰傣聚居地，新平也因此被誉为“中国花腰傣之乡”。近年来，新平县立足丰富的旅游资源，以打造花腰傣、哀牢山、红河谷三大品牌为重点，不断加强组织领导，完善发展机制，加大资金投入，着力加快旅游文化产业发展。

新平县委、县政府把旅游文化产业列为全县“五大优势产业”加以培植和发展。2009 年，制定《新平花腰傣特色旅游村寨创建活动实施方案》，以戛洒镇为试点，开展以民族文化传承展示、村庄环境美化、旅游接待服务为主要内容的特色旅游村寨创建活动。2010 年以来，新平县首次将“旅游活县”列入全县发展战略，编制了《新平县旅游发展总体规划》，在新编制的《新平县旅游发展总体规划》中，新平县提出了在县城和戛洒镇分别以彝族文化和花腰傣文化为核心，建成两个民族文化特色鲜明的产业园，在园区凸现民族文化展示区、民族文化产业区和民族文化体验区的“一园三区”特点，发展特色文化产业，建设特色文化城镇，推动特色文化旅游，全面展示民族文化的独特魅力。

按照这个总体规划，新平县将以市场化为手段，整合全县旅游文化资源，实行所有权与经营权分离，将经营权转让给有实力、懂管理、善经营的企业，政府侧重抓规划管理，严把规划审批关，对建房项目进行认真评估、审核，确保旅游景区和文化园区开发建设规范有序。随着政府对旅游文化产业的日趋重视，对旅游产业的资金投入力度也逐渐加大，为旅游文化产业快速发展提供了有力的保障。在强有力的资金支持下，基本完成石门峡、茶马古道、金山丫口原始森林等景区基础设施、服务设施的建设，形成了花腰傣文化风情体验游和哀牢山、磨盘山原始森林生态游等深受游客喜爱的主题旅游线路。

2008 年，新平县被授予“最具原生态民族文化特色的少数民族自治县”荣誉称号；哀牢山自然保护区荣获“全国民族文化旅游新兴十大品牌”；戛洒镇先后被评为“云南省旅游小镇”“省级文明风景旅游区”，2011 年还被《中国国家地理》杂志评为“最浪漫栖居地”首位；以“体验花腰傣风情，品尝傣家美食，探访神秘哀牢”为主题的昆明至戛洒镇一晚两日游被推荐为全省 100 条精品旅游线路之一。2010 年，新平县“千桌万人磨盘宴”“彝族文化长廊”分别通过中国世界纪录协会认证，获得“世界上规模最大的宴席”和“世界上最长的彝族浮雕文化长廊”称号。

资料来源：豆丁网（http：//www. docin. com/p－676561978. html），有删减。

思考：

1. 民俗风情旅游规划的重要性体现在哪些方面？
2. 民俗风情旅游地的规划中应遵循什么原则？

一、民俗风情旅游规划的原则与程序

（一）民俗风情旅游规划的原则

1. 协调一致原则

民俗风情旅游规划要以国家和地区社会经济发展战略为依据，以旅游业发展方针、政策及法规为基础，与城市总体规划、土地利用规划相适应，与其他相关规划相协调。同时要根据国民经济的发展形势，对民俗风情旅游规划进行不断的调整和改进。

2. 市场导向原则

民俗风情旅游规划要坚持以旅游市场为导向，以旅游资源为基础，以旅游产品为主体，坚持经济、社会和环境效益可持续发展的指导方针。

3. 突出特色的原则

民俗风情旅游规划要突出民俗特点，增强地方色彩，开发出特色鲜明、主题形象明确的旅游产品地方特色，注重区域协同，强调空间一体化发展，避免近距离不合理重复建设，加强对旅游资源的保护，减少对旅游资源的浪费。

4. 规范性原则

民俗风情旅游规划应采用先进方法和技术。编制过程中应当进行多方案的比较，并征求各有关行政管理部门的意见，尤其是当地居民的意见。旅游规划编制工作所采用的勘察、测量方法与图件、资料，要符合相关国家标准和技术规范。旅游规划技术指标，应当适应旅游业发展的长远需要，具有适度超前性。旅游规划编制人员应由相关行业专家构成，如旅游、经济、资源、环境、城市规划、建筑等。

5. 把握“文脉”原则

“文脉”指的是旅游地所在地域的自然地理基础、历史文化传统、社会心理积淀、经济发展水平的四维时空组合。民俗风情旅游规划要通过实地考察、资料搜集等多种途径，全面获得民俗旅游资源的文化背景、历史渊源、民间传说、风土人情、经济水平等相关资料，在此基础上对旅游资源进行全方位的开发和规划。

6. 重视保护原则

民俗风情旅游资源作为人类社会的一笔财富，如果不加以保护，会很快地枯竭和消亡。民俗风情旅游资源的保护主要体现在几个方面：一是保护民俗风情资源本身；二是保护民俗风情旅游资源所依存的生态环境，在进行旅游规划的编制过程中，应确保旅游者人数控制在环境容量范围之内。在此基础上，进行科学的、合理的保护性开发，实现民俗风情旅游资源的可持续利用，保证民俗资源地经济发展水平的提高。

（二）民俗风情旅游规划的程序

1. 民俗风情旅游规划任务确定

委托方应根据国家旅游行政主管部门对旅游规划设计单位资质认定的有关规定，通过招标和直接委托的方式确定旅游规划编制单位，委托方应制订项目计划书并与规划编制单位签订旅游规划编制合同。

2. 民俗风情旅游规划前期准备工作

（1）政策法规研究及基础条件分析。

首先要对国家和本地区旅游及相关政策、法规进行系统研究，全面评估民俗风情旅游开发所带来的社会、经济、文化、环境等方面的影响。其次要分析旅游规划区的由来、区位条件、自然地理概况、历史文化、社会经济发展状况、基础设施等开发建设条件、旅游业发展基础、旅游规划区在国际、国内及地区旅游圈中的地位，找出该旅游规划区经济发展及旅游业面临的问题。

（2）旅游资源调查与评价。

对规划区内旅游资源的类别、品位进行全面调查，编制规划区内旅游资源分类明细表，绘制旅游资源分析图，具备条件时可根据需要建立旅游资源数据库，确定其旅游容量。旅游资源调查可采用的方法主要有：资料统计分析法、访谈询问调查法、野外实地考查法。调查结束后，根据中华人民共和国国家标准《旅游资源分类、调查与评价》（GB/T 18972—2003），将规划区所有旅游资源按照基本类型、主类、亚类进行《旅游资源分类表》的填写，采用打分评价的方法对旅游资源单体进行评价，并依据旅游资源单体评价的总分值，将其分为五级。评分的要素主要包括资源本身、开发条件和效益。

（3）旅游客源市场分析。

旅游规划中的客源市场分析主要是对市场需求方向和需求量进行分析，通过调查旅游地和周围客源地居民的消费水平和出游率，分析现有以及潜在的客源状况；调查分析邻近资源及区域间资源的相互联系，找出它们所产生的积极和消极的影响。在对规划区的旅游者数量和结构、地理和季节性分布、旅游方式、旅游目的、旅游偏好、停留时间、消费水平进行全面调查分析的基础上，研究并提出规划区旅游客源市场未来的总量、结构和水平。

（4）规划区旅游业竞争性分析。

对规划区旅游业发展进行竞争性分析，确立规划区在交通可进入性、基础设施、景点现状、服务设施、广告宣传等各方面的区域比较优势，综合分析和评价各种制约因素及机遇。

3. 民俗风情旅游规划编制

（1）确定规划区主题。

在前期准备工作的基础上，确立规划区旅游主题，包括主要功能、主打产品和主题形象。主题与形象是旅游区的生命，也是形成竞争优势的最有力的工具。

（2）确立规划分期及各分期目标。

规划编制一般按照近期、中期、远期进行规划，确立各个阶段要达到的基本目标。近期目标主要是尽快完善配套设施的建设，通过招商引资加快规划地的建设步伐；中期目标一般要能达到基本完成规划区的配套建设，能够接待一定规模的旅游者，取得一定的经济、社会效益，在市场上具有一定的知晓度；远期目标要达到具备完善的接待能力，成为具有一定知名度的旅游地，为当地的发展带来极好的经济、社会、文化效益。

（3）提出旅游产品及设施的开发思路和空间布局。

在规划区域内进行分区有利于内部规划，也有利于今后的管理功能分区规划。分区是为了找出规划区域的资源优势，确定其市场定位、目标市场与发展战略，既包括环境保护分区、土地利用分区，也包括总体布局，是旅游规划的核心内容。规划地的旅游发展中心，主要选择规划地内的旅游接待中心、重要的游客集散地和旅游目的地，并将中心所辐射的区域划为不同的旅游区，据此确立不同的旅游产品，设计相应的旅游线路。

（4）确立重点旅游开发项目。

一个民俗风情旅游地的开发，会涉及多个项目，而这些项目受到人力、财力、物力的限制，不可能同时进行，因此需要分批、分期、有步骤的进行开发建设。在这些项目中应确定哪些是民俗风情旅游核心的部分，需要进行重点开发，并确定投资规模，进行经济、社会和环境评价。

（5）形成规划区的旅游发展战略。

旅游发展战略主要包括规划实施的措施、方案和步骤，包括政策支持、经营管理体制、宣传促销、融资方式、教育培训等。

（6）撰写规划文本、说明和附件的草案。

旅游规划文本是对旅游规划的目标、战略、内容等进行详细说明的规定性文件。民俗风情旅游规划文本要遵循旅游规划文本的大致内容，但又要体现出民俗风情旅游开发的特殊性。民俗风情旅游规划文本主要包括下列内容：

① 基础系统：

- 旅游发展背景与基础条件分析。
- 旅游资源普查与评价。
- 客源市场分析。
- 旅游投资效益分析。

② 主体系统：

- 旅游规划总论。
- 旅游形象创意策划。
- 功能分区与项目设计。
- 旅游产业规划。
- 旅游营销系统规划。

③ 支持系统：

- 旅游环境承载力分析。
- 旅游环境保护工程规划。
- 旅游接待设施规划。
- 交通与基础设施规划。

④ 保障系统：

- 旅游集散地与接待地规划。
- 旅游人力资源开发规划。
- 旅游融资规划。

⑤ 图件：

- 旅游区区位图。
- 综合现状图。
- 旅游市场分析图。
- 旅游资源评价图。
- 总体规划图。
- 道路交通规划图。
- 功能分区图等其他专业规划图。
- 近期建设规划图。

4. 意见征求

民俗风情旅游规划草案形成后，应邀请规划区内相关部门、主管领导及专业人员，对规划的初始文本广泛征求各方意见，并在此基础上，对规划草案进行修改、充实和完善。修改后的文件可提交专家组进行评审，并根据专家意见进一步修改，形成最终的文本和图件。

二、云南民俗风情旅游战略规划

云南省各民族在不同的地域分布，形成了不同区域内民俗风情的独特性。云南民俗风情的规划应服从于云南旅游发展规划的总体战略目标，通过合理的规划布局，形成相互补充、各具特色的民俗风情旅游区域。根据云南旅游发展规划的区域布局和民俗风情旅游开发的重点，云南民俗风情旅游可规划为六大旅游区进行开发建设：滇中古滇文化旅游区、滇西北“香格里拉”民俗文化旅游区、滇西南民俗风情旅游区、滇西民俗风情旅游区、滇东南民俗风情旅游区、滇东北民俗风情旅游区。

（一）滇中古滇文化旅游区

该区域主要以昆明、玉溪、楚雄为旅游中心，划分为昆明环滇池文化观光旅游区、玉溪“哀劳山—红河谷”生态民族文化旅游区、楚雄“三古一彝”文化旅游区，集中展现和突出古滇文化、彝族文化、中原文化和东南亚文化交汇的风格和特色。

1. 昆明环滇池文化观光旅游区

该区域以昆明城市历史文化、古滇文化、云南少数民族文化和历史名人郑和、聂耳为主要题材，包括主题街区、城市建筑等城市文化观光和体验产品；以官渡古镇、晋城古镇、转龙古镇、杨林古镇、汤池小镇、沙朗白族乡、野鸭湖小镇、安宁温泉小镇为重点的文化体验、安居养生旅游产品；以“火把节”为主的民族节庆活动和以彝族撒尼人文化为主的民族文化体验产品。

2. 玉溪“哀劳山—红河谷”生态民族文化旅游区

该区域以哀劳山、红河谷两大地理环境为背景和主线，展示区域内以花腰傣为主的多种民族文化以及特色鲜明的自然生态景观，提供包括大槟榔、大沐浴等民族文化体验和以十里河景区、磨盘山和大龙口国家森林公园、元江红河谷热区农业景观、那诺云海梯田、元江干热河谷植物园、元江清水河温泉、峨山高香万亩生态茶园、华宁县万溪万亩柑橘园为主的热区景观观光为主的生态休闲旅游产品。

3. 楚雄“三古一彝”文化旅游区

“三古一彝”，即古生物（恐龙）、古人类（元谋人）、古文化（彝族十月太阳历）和彝族文化。楚雄彝族自治州是彝族之乡，全州八县市都有彝族聚居，楚雄市彝族文化旅游园区、楚雄彝族火把节、永仁彝族赛装节、大姚彝族插花节、牟定彝族“左脚舞”“三月会”等民俗风情旅游产品深受旅游者的喜爱。

（二）滇西北“香格里拉”民俗文化旅游区

该区域在旅游规划中具体呈现为“三心、三区、三带”布局，具体为：大理市、丽江市古城区、香格里拉县城三个旅游中心；大苍洱旅游区、丽江古城—玉龙雪山旅游区、天界神川（迪庆藏族自治州）旅游区；梅里雪山—澜沧江旅游带、高黎贡山—怒江旅游带、老君山—金沙江旅游带。此区域以少数民族风情人文景观为底本，集民族风情体验、康体生态、休闲度假、探险科考旅游为一体，让旅游者尽享“神奇的‘三江并流’”“永远的‘香格里拉’”。滇西北旅游区将重点开发成以大理南诏文化、丽江东巴文化、泸沽湖摩梭风情、迪庆康巴文化、怒江大峡谷民族风情为主的滇西北高原少数民族文化风情旅游区。

该区域的民俗风情旅游精品有：大理古城、喜洲白族文化区（白族民居、白族商帮文化、白族风情习俗）、云龙县千年白族古村诺邓村、剑川石宝山文化旅游区、洱海岛屿白族民俗体验村（金梭、银梭、海印、双廊）；丽江古城、束河古镇、白沙古村、泸沽湖摩梭风情；滇藏茶马古道、松赞林寺旅游区；傈僳族多声部合唱、同心酒、手抓饭、沙滩埋情人、澡塘会、阔什节；独龙族文面人、卡雀哇节；普米族情人节；等等。

（三）滇西南民俗风情旅游区

该区域包括三类民俗风情旅游产品、三大民俗旅游区、四大民俗旅游精品和四大民族节庆产品。

1. 三类民俗风情旅游产品

以民族村寨、建筑服饰、节庆歌舞等为代表的民族风情旅游产品；以跨境通道、边境口岸、跨境村寨等为代表的边境风光旅游产品；以古道遗址、观光茶园、茶叶市场等为代表的茶马古道旅游产品。

2. 三大民俗旅游区

傣族文化旅游大区是以热带雨林为主的自然景观及以地方文化为背景的民族风情旅游区，茶文化旅游区是以普洱茶文化为代表的历史文化、普洱茶文化相结合的滇茶文化旅游区，佤族旅游区是民族风情、边疆走廊、热带风光相结合的旅游大区，其中最具优势的旅游资源是浓郁的佤族风情、悠久的佤族历史、优美迷人的自然山水。

3. 四大民俗旅游精品

重点开发以民族村寨、建筑服饰、节庆歌舞等为代表的民族风情旅游产品，以跨境通道、边境口岸、跨境村寨等为代表的边境风光旅游产品，以古道遗迹、观光茶园、茶叶市场等为代表的茶马古道旅游产品，打造版纳热带雨林傣族风情游、千里边关临沧秘境游、沧源崖画佤山游、普洱茶马古道休闲游四大民俗旅游精品。

4. 四大民族节庆产品

推出西双版纳傣族泼水节、普洱茶文化旅游节、临沧佤山司岗里狂欢节、澜沧拉祜族葫芦节四大品牌节庆活动。

（四）滇西民俗风情旅游区

滇西民俗风情旅游区主要规划开发的精品旅游线路有：

南甸宣抚司署文化观光体验旅游：以展现边疆土司、傣族头人生活为主题，提供民族文化溯源、边疆文化探秘、土司生活体验、阿昌民族风情游等为主题的旅游活动。

云南景颇园民族生态文化展演旅游：以当地原住民为主体，凭借典型景颇族村庄园区，提供景颇风情观光、目瑙纵歌、景颇生活体验、景颇美食品尝游、民族村寨体验游等旅游产品。

勐巴拉纳西民族生态休闲游：凭借勐巴拉纳西、孔雀湖、德宏民族风情游览区，推出民族文化生态游。

大盈江风光文化休闲游：以秀丽的大盈江风光和多彩的民族文化、宗教文化为核心，突出绿韵、水韵、民族文化和宗教文化特色，提供水畔民族风情体验游、傣寨休闲度假游等民族风情旅游精品。

腾越文化名城名村体验旅游：以腾越文化（腾冲）为主线，提供由古村、古镇、古城多层次旅游资源和丝路文化、商贸文化、边地文化等多文化相结合的休闲度假游。

（五）滇东南民俗风情旅游区

1. 三条旅游带

北部喀斯特地质地貌旅游带，包括石林、泸西阿庐古洞、陆良彩色沙林、罗平九龙瀑布、丘北普者黑、广南八宝等，及与之相配合的少数民族民俗风情；中部历史文化和民族文化旅游带，包括建水古城、张家花园、广南、石屏、纳楼土司署等历史遗迹，与之相配合的民俗风情是壮族风情、苗瑶风情、彝族风情、哈尼风情以及元阳梯田；南部苗族瑶族风情旅游带。

2. 六大旅游产品

石林、元阳梯田、罗平油菜花节、普者黑风光、世外桃源坝美、建水朱家花园。

（六）滇东北民俗风情旅游区

盐津县豆沙关、会泽会馆、麒麟爨文化是该线路上的主要旅游产品。主要开发：

滇蜀古道文化旅游线路：以五尺道为纽带，树立“滇蜀古道文化走廊”新形象，开发包括省级历史文化名城会泽和娜姑、国家级重点文物爨宝子碑、三十七部会盟碑、袁滋题记摩崖石刻、豆沙古镇等民俗风情旅游资源。

爨乡度假地：麒麟区系爨文化的主要发祥地，其八塔台古墓群、“南碑瑰宝”——爨宝子碑和三十七部会盟碑代表着其深厚的历史文化，将该区规划建设成“爨乡麒麟、度假胜地”。

阅读材料

“天雨流芳、梦幻丽江”：民俗风情旅游规划中的主题与形象定位

“天雨流芳”本是纳西语“读书去吧”的音译，原来书写在丽江木府旁的一座牌坊上。由丽江市人民政府与南开大学品牌建设项目组共同打造的“天雨流芳、梦幻丽江”城市品牌建设荣获“2006 中国十大最佳品牌建设案例”，这也是目前中国营销界的顶级奖项。“天雨流芳”被用汉语解读为“上天给予的惠泽”。由于上天的惠泽，丽江所拥有的丰富旅游资源，形成了丽江文化的多元性，赋予了丽江无穷的魅力；带着各种梦想来丽江旅游的游客都能“圆梦”，因而成为一个“梦幻的城市”。“天雨流芳、梦幻丽江”定位口号由此而来。在这个形象定位口号中，既有鲜明的纳西特色，又容易使人进一步联想和解读，给人留下深刻印象。

TASK 任务 2 云南民俗风情旅游的开发

案例导入

霞给藏族文化生态旅游村

香格里拉霞给藏族文化生态旅游村依山傍水，风景如画。民风民俗浓郁，藏家风情迷人，被誉为“香格里拉第一村”。离香格里拉县城 13 公里，位于普达措国家公园内，是香巴拉文化走廊的第一站。村内金碧辉煌的印经院、典型的藏民居建筑，藏族独有的生产和生活习俗、藏传佛教文化、饮食文化及传统的民间手工艺文化，让人如同进入了藏族博物馆。为充分展示民族文化，景区投资 3 600 万元，完成了木器坊、唐卡坊、牛角骨雕坊、藏香坊、民居博物馆、藏银、藏刀坊和藏医学博物馆的建设，使濒临失传的民间手工艺得以保护和传承。除了民族手工艺外，霞给村的藏民们还展示着多姿多彩的藏族服饰文化、饮食文化、歌舞文化和节庆文化。藏民日常的生产习俗和生活场景鲜明地展现在游人面前，人们可以感受到藏民传统的酥油、糌粑待客礼仪和婚娶丧葬的习俗。霞给藏族文化生态旅游村于 2005 年被评为国家 AAA 级景区和全国农业旅游示范点，景区结合当地实际，创新思路，按照“政府引导、企业参与、市场运作、群众受益”的原则，让当地居民积极参与到景区的建设管理中，并每年给予每户 3 000 元的景区收益分成，在有效解决当地剩余劳动力的同时，增加了当地农户的收入。村里设立了一系列手工作坊，通过收集和整理民间手工艺并集中展示，从而使这些民间手工艺得以传承和保护，霞给藏族文化生态旅游村接待游客人次逐年上升，景区营业收入在400多万元。

思考：

1. 霞给藏族文化生态旅游村是如何进行旅游开发的？
2. 民俗风情旅游的开发形式有哪些？

一、云南民俗风情旅游开发的指导思想

（一）凸显民俗文化内涵

民俗风情旅游的魅力在于民俗旅游景观所承载和体现的深厚的民俗文化内涵。随着旅游业的深度发展，以文化为内涵的旅游将会超越以观光为内涵的旅游。在现代旅游中，游客的旅游动机包含了越来越多的“文化需求”。从世界范围看，文化在旅游中的“含量”以及游客对旅游中的文化的“摄入量”也越来越大。云南有26个民族，各民族在长期的历史发展过程中，从衣、食、住、行等日常习俗到信仰道德等精神意识，几乎每个民族都形成了与众不同的风俗习惯和独特的民俗文化系统。民俗风情旅游是以民俗风情作为旅游观赏和活动的对象，民俗风情旅游资源具有鲜明的民族性。因此，开发民俗风情旅游必须凸显民俗文化内涵。云南民俗风情旅游开发者和经营者必须对民俗风情有较全面的理解、对其重要性有充分的认识，在开发民俗风情旅游资源时，要深入挖掘民俗风情旅游资源的内涵，开发民俗风情旅游项目时，要做到“神”“形”合一，把民俗文化的精华完整地表现出来，让旅游者能得到深刻的文化体验和感受。

（二）突出参与性与体验性

和自然风光旅游、历史古迹旅游相比，民俗旅游是最具参与性的旅游形式。民俗风情旅游的参与性，一方面体现在民俗风情旅游的开发离不开民众的参与，如民族村寨的整体开发，需要村民普遍的参与，获得他们的支持和配合；另一方面，对旅游者来说，许多民俗活动的动态特征决定了民俗风情旅游的参与性，这也是民俗风情旅游最富有魅力的原因之一。同时，随着大众旅游时代的到来，旅游者的人数急剧增加，旅游者的旅游经验也更加丰富。旅游者已经不满足将民俗旅游资源仅仅作为观光产品，而是要求能够参与到民俗风情旅游活动中，与当地居民进行交流，深入他们的生活，体验他们的各种习俗。

（三）力求体现真实的民俗风情

由于现代旅游的“商品交易化”的作用，所有的事物和活动都在商品的交换当中获得了一种价值的转变。在商品贸易中，价格转变成了货物和服务，进而转化成为一种交换系统。在这个交换系统中，事物和活动无不从价格市场上获得了相应的存在标志。在这种情况下，任何物质和事物内在固有的品质都已经丧失殆尽。旅游过程中的“真实性呈现”便逻辑性地成为一种文化生产过程。在云南民俗风情旅游资源的开发过程中，开发者必须深入实地进行长时间的调查，理解并尊重民俗风情的本土特色，按照民俗风情旅游资源的本来面貌，进行民俗风情旅游产品的开发，呈现民俗事象的实际存在形态，给旅游者真实的旅游体验，才能让民俗风情旅游产品具有吸引力和生命力。

（四）尽量减少旅游对传统文化带来的消极影响

民俗风情是在历史发展过程中逐渐形成的，是人们生产和生活方式的历史积淀。随着旅

游者的大量涌入，在一定程度上对传统文化带来了消极影响。大量游客的涌入，造成民俗风情旅游地人口拥挤、环境污染、物价飞涨，当地居民模仿游客的行为导致传统文化的特性削弱甚至丧失；旅游业的发展使居民的价值观发生改变，削弱了人们合作与互助的传统道德规范。以丽江古城为例，随着旅游业的蓬勃发展，丽江原住居民大量外迁、外地客商和游客大量涌入，当地传统民族文化和特有的生活习俗受到强烈冲击，“过度开发”“太过商业化”的质疑也不绝于耳。因此，在民俗风情旅游开发的过程中，保护好传统文化是一个必须重视的问题。

二、云南民俗风情旅游开发的原则

（一）因地制宜的原则

民俗风情具有鲜明的民族性和地方性，这也是民俗风情旅游最吸引旅游者的地方。因此，在民俗风情旅游开发过程中必须以民俗风情作为根本，挖掘当地的民俗文化旅游资源，突出“原汁原味”。在开发民俗风情旅游资源的过程中，必须依靠当地固有的资源，从当地的资源特点出发，从当地客观实际出发，充分考虑当地的自然生态环境、经济基础、交通运输条件、区位条件等因素。对于移植的外来民俗文化，要充分考虑是否与当地民俗文化背景相适应，并且需要经过本土化的改造。

（二）突出特色原则

具体是指利用“人无我有，人有我优”的资源优势，开发出体现民族特色和地方特色及独具个性的民俗风情旅游产品。特色性是旅游资源的基本属性，民俗风情旅游资源尤其如此。不同的地理环境、经济背景形成了各地不同的风俗习惯，在云南民俗风情旅游开发实践中应以特色为依据，保持民俗文化的原生态性，突出各地区的民俗风情，设计和推出与众不同的旅游产品、旅游线路和旅游购物品。突出特色原则也是提升旅游区的品位，提高竞争能力的有效手段。云南各民族都有自己独特的民俗风情，其中民族节日以盛大欢腾、集中展示民俗风情的特点，受到了广大旅游者的欢迎，许多民族自己的节日已经逐渐演变为大量其他民族共同参与的节日。除此以外，各民族多彩的民俗文化、手工艺品等，都成为发展民俗旅游的优势所在。

（三）以游客为中心的原则

旅游者是旅游活动的主体。旅游者花费时间、费用和精力，从旅游市场上购买到的是一段经历。这段经历包括旅游者从常住地离开到达旅游目的地，再返回常住地所经历和接触到的事件、事物和服务。旅游者的旅游心理复杂多样，但最基本的还是求新、求异、愉悦身心。针对游客的这些基本旅游心理，应该开发新奇、参与性和体验性强的民俗旅游产品。云南民俗风情旅游资源开发应以游客为中心，按照游客的需求开发适销对路的民俗旅游产品。同时，旅游活动的商业性也要求在民俗风情旅游的开发过程中特别关注旅游者的感受，只有满足了旅游者的需求，才会产生效益，不管是对旅游者而言还是对开发商、经营商而言都是如此。

（四）文化保存原则

世界上的民族都生活在特定的地域环境中，有特定的语言、习俗，并在历史发展的进程中形成了特定的民族心理及独特的民族文化。民俗风情旅游资源的开发，在一定程度上干扰了民俗文化原有的发展过程，使旅游开发地区受到旅游者外来文化的冲击，

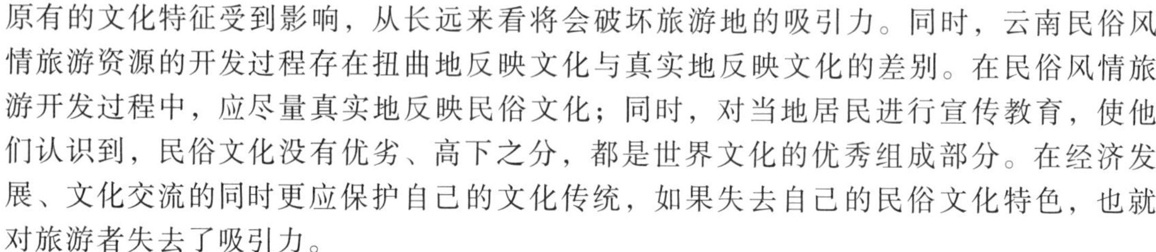
原有的文化特征受到影响，从长远来看将会破坏旅游地的吸引力。同时，云南民俗风情旅游资源的开发过程存在扭曲地反映文化与真实地反映文化的差别。在民俗风情旅游开发过程中，应尽量真实地反映民俗文化；同时，对当地居民进行宣传教育，使他们认识到，民俗文化没有优劣、高下之分，都是世界文化的优秀组成部分。在经济发展、文化交流的同时更应保护自己的文化传统，如果失去自己的民俗文化特色，也就对旅游者失去了吸引力。

（五）可持续发展原则

旅游业的发展，能够增加旅游地居民的收入水平，为社会提供更多的就业岗位，增加各类创业致富机会，为当地经济发展作出贡献。我国许多地方自发展旅游业以来，取得了极大的经济效益。因此，长时间以来，人们普遍把经济利益作为民俗风情旅游资源开发的主要目的。然后，由于一些急功近利的开发行为，对民俗风情旅游地的环境造成了极大的破坏，也使旅游地的形象大打折扣。可持续发展是既满足当代人的需求，又不对后代人满足其需求的能力构成危害的发展。旅游业可持续发展强调旅游资源开发要与保护相协调，发展速度要与发展质量相协调，经济效益要与社会效益、生态效益相协调。云南民俗风情旅游资源的开发，必须是在珍惜和保护民俗传统文化的基础上的开发。在开发中不但要对现有的民俗风情旅游资源进行抢救和保护，更要防止外来文化对民俗文化的影响。只有这样，才能保留旅游地独特的民俗风情，继续造福子孙后代。为此，应利用科学的方法进行开发，采用先进的理念来经营，才能实现民俗风情旅游的可持续发展。

三、云南民俗风情旅游开发的形式

目前，云南民俗风情旅游的开发形式主要有：以云南民族村为代表的民俗风情主题公园、真实展现民族（民俗）文化的原生自然型民俗聚落、民俗节庆与民俗风情活动、民俗旅游商品等。

（一）民俗风情主题公园

民俗风情主题公园是将散布于一定地域范围内的典型民俗集中于一个主题公园内表现出来。这种开发方式可以让游客用很短的时间，走很少的路程就领略到原本需要花费很长时间、走很长路程才能了解的民俗文化，但缺点是在复制加工过程中会损失很多原有的民俗文化内涵，缺乏真实感。云南民族村是云南最有代表性的民俗风情主题公园。

云南民族村位于云南省昆明市滇池北岸，是集中展示云南少数民族风情的一个主题公园，集云南主要的彝族、白族、傣族、苗族、景颇族、佤族、哈尼族、纳西族、傈僳族、独龙族等25个少数民族的村寨、民族歌舞厅、民族广场以及激光喷泉、水幕电影等旅游设施为一体。云南民族村将各民族民间艺术、民俗风情和民居建筑融为一体，是云南民族文化的缩影，各少数民族丰富多彩的村舍建筑、生产、生活、宗教习俗均如实地展示出来。游客在村寨里，除了可以了解云南各民族的建筑风格、民族服饰、民族风俗外，还可以观赏激光喷泉、水幕电影、民族歌舞、大象表演，品尝民族风味小吃，购买民族工艺品。根据各少数民族的节日时间，在民族村里还举行白族的“三月街”、傣族的“泼水节”、彝族的“火把节”、傈僳族的“刀杆节”、景颇族的“目瑙纵歌”、纳西族的“三朵节”等独具民族特色的民族节日活动，让游客尽兴观赏与体验。

（二）原生自然型民俗聚落

聚落是人类各种形式的聚居地的总称，分为城市聚落和乡村聚落。聚落环境是人类有意识开发利用和改造自然而创造出来的生存环境。原生自然型民俗聚落是在尊重民俗文化原态的基础上，稍加改造，就地开发的民俗。这种民俗风情旅游产品集民俗建筑、民俗活动、民俗饮食、民俗风情为一体。这种开发形式的优点是投资少，游客有真实感，能自然地与当地居民交流，有很大的活动自由度，参与体验性强；缺点是原住民的正常生产、生活会受到干扰，可能对其原有的生产、生活方式生产影响，一些人可能产生抵触心理。

1. 少数民族聚居村寨

少数民族聚居村寨是指在一个民俗文化相对丰富的地域选择一个最为典型、交通也比较便利的村落，以村民的自然生产、生活和村落的自然形态为旅游内容，辅以必要的基础设施建设，开发成集民族建筑、民俗活动、民族饮食、民族风情为一体的综合性或专门性的民族文化风情园（村），如西双版纳傣族园。西双版纳傣族园由 5 个保存最完好的傣族自然村寨组成，是集中展示傣族历史、文化、宗教、体育、建筑、生活习俗、服饰、饮食、生产、生活等为一体的民俗生态旅游精品景区。主要活动内容有：傣族村寨参观、傣族手工艺展示、傣族民间音乐演示、傣家民居参观、傣家做客、赶摆、歌舞表演、天天泼水节。通过在傣族村寨一天的吃、住、行、游、购、娱，以游客的参与性来体验傣族的历史、艺术、宗教、饮食、服饰、民居及民风民俗，通过富有趣味的活动，让游客在轻松愉快的心情中充分了解傣民族独具一格的传统文化、生产方式、生态观念，如图 11－1 所示。

图 11－1 少数民族聚居村寨——傣族园

2. 传统风貌型古城（古镇）

传统风貌型古城主要是将国家级、省级历史文化名城及一部分民族文化特色鲜明的城镇，开发成集自然风光、民俗风情和历史文化为一体的民俗风情旅游地。云南目前已经具备较高知名度的古城、古镇有：大理古城（如图 11－2 所示）、丽江古城、独克宗古城、束河古镇、和顺古镇等。

图 11－2　大理古城

（三）民俗节庆与民俗风情活动

节庆活动可以在短期内将旅游地的人文景观、民俗风情、参与体验娱乐活动有机融合，向游客展示其最具代表性的核心文化，符合了旅游者在短时间内充分领略旅游目的地各种景观和风情的要求。这一模式的优点是民俗文化的真实性强，对游客的吸引力大，缺点是民俗节庆的时间短，会使一些旅游地出现旺季接待设施不足、淡季接待设施闲置的情况。傣族的“泼水节”（如图 11－3 所示）、白族的“三月街”、苗族的“花山节”等，都成为旅游者与本民族共同狂欢的节日。同时，与旅游业结合的民族节庆活动也不断创新发展，在传统的基础上增加了许多丰富的活动和内容。如楚雄彝族的“火把节”期间，还增加了云南少数民族情歌大赛、原创音乐节、彝族民间竞技等群众参与性强的活动。

除民俗节庆外，以民族歌舞、民族体育活动、民风民俗、民族宗教等活动为内容的许多民俗风情旅游活动，也成为中外旅游者感受、体验云南多民族文化特色的民俗旅游产品。

图 11－3　傣族泼水节

（四）民俗文化旅游商品

以民族服饰、地方工艺品为主的民俗文化旅游商品是旅游者争相选购的内容。目前，云南省充分挖掘本土民族民间文化资源，大力扶持民族民间工艺品发展，各地开发的金银首饰、珠宝玉器、民族服饰、斑铜工艺品、银铜器皿、民族刀具、针织刺绣等民俗文化旅游商品备受消费者青睐，形成了一些专门的旅游商品购物城，如腾冲的珠宝城、大理的“洋人街”、昆明的“旅游商品购物中心”“珠宝玉石中心”、西双版纳的“珠宝购物街”等；并形成了一些集生产、加工、参观、展示、销售、购物为一体的民族旅游生产地及旅游村寨，如以生产销售银器而闻名的新华村。云南民族特色旅游商品销售额年均增长近 15%，年产值超过百亿元，已成为云南十大主导特色文化产业之一，如图 11－4 所示。

图 11－4　丽江旅游商品

项目小结

本项目首先阐述了民俗风情旅游规划的原则、程序，介绍了云南民俗风情旅游的战略规划；接着简要介绍了云南民俗风情旅游开发的指导思想、原则，并对云南民俗风情旅游的开发形式做了概括。

关键词

民俗风情旅游资源　规划原则　规划程序　云南风情旅游战略规划　开发指导思想　开发原则　开发形式

练习与实训

一、单项、多项选择题

1. 民俗风情旅游规划的前期准备工作包括（　　）。

A. 政策法规研究及基础条件分析　　B. 旅游资源调查与评价

C. 旅游客源市场分析　　D. 旅游业竞争性分析

2. 旅游资源调查可采用的方法主要有（　　）。

A. 资料统计分析法　　B. 访谈询问调查法

C. 实验法　　D. 野外实地考查法

3. 民俗风情旅游资源的开发，必须是在珍惜和保护民俗传统文化的基础上的开发。这体现了民俗风情旅游资源开发的（　　）原则。

A. 因地制宜　　B. 突出特色　　C. 以游客为中心　　D. 可持续发展

4. 傣族园属于以下哪种开发形式？（　　）。

A. 民俗风情主题公园　　B. 原生自然型民俗聚落

C. 民俗节庆与民俗风情活动　　D. 民俗旅游商品

二、判断题

1. 民俗风情旅游规划不需要与城市总体规划、土地利用规划等相适应。（　　）

2. 旅游规划文本是对旅游规划的目标、战略、内容等进行详细说明的规定性文件。（　　）

3. 滇西北“香格里拉”民俗文化旅游区的旅游中心是丽江。（　　）

三、思考题

1. 民俗风情旅游规划要遵循哪些原则？

2. 民俗风情旅游规划的程序是什么？

3. 民俗风情旅游开发的指导思想是什么？

4. 简要叙述云南民俗风情旅游开发的战略规划。

5. 云南民俗风情旅游的形式有哪些？

四、实训

（一）任务名称

民俗风情旅游产品开发分析

（二）任务目标

通过对民俗风情旅游产品进行开发分析，了解民俗风情旅游开发的形式。

（三）任务要求

1. 以个人或学习小组为单位，选择调查对象。

2. 实地进行调查。

3. 撰写民俗风情旅游开发分析报告。

（四）成果考核

1. 提交调查报告。

2. 教师根据提交材料评分，并纳入学生平时成绩。对于优秀的材料，供全班交流、学习和讨论。

推荐阅读书目

1. 梁福兴，吴忠军．民俗旅游学概论．北京：中国林业出版社，北京大学出版社，2009。

2. 巴兆祥．中国民俗旅游．福州：福建人民出版社，1999。

3. 邱扶乐．民俗旅游学．上海：立信会计出版社，2006。

4. 明庆忠．旅游地规划．北京：科学出版社，2003。

5. 邹统钎．旅游开发与规划．广州：广东旅游出版社，1999。

6. 彭兆荣．旅游人类学．北京：民族出版社，2004。

项目 12 PROJECT

云南民俗风情旅游资源的保护

学习目标

通过学习，你应该能达到：

1. 了解云南民俗风情旅游资源保护的意义及原则；
2. 了解云南民俗风情旅游资源保护的现状；
3. 熟悉云南民俗风情旅游资源保护的方法；
4. 掌握云南民俗风情旅游资源保护的措施。

学习建议

在本项目学习过程中，同学们应当结合本项目后面提供的推荐阅读书目有选择地阅读学习，还可以通过电视、网络、杂志等多种渠道更全面地学习和了解民俗风情旅游资源保护的相关知识。

TASK 任务 1 云南民俗风情旅游资源保护概述

案例导入

“和顺模式”：古镇开发与保护的实践结晶

在中国魅力名镇的评选活动中，和顺成为中国十大魅力名镇的第一名。“保护风貌，浮现文化，适度配套，和谐发展”的16字方针，是云南省保山市腾冲县和顺乡在保护和开发的实践中摸索出来的经验，并作为“和顺模式”受到充分肯定。

“保护风貌”，即保护古镇的建筑、生态、民俗风貌。这是古镇景区可持续发展的基础。和顺古镇的建筑主要是明清和民国的建筑，在开发过程中对古建筑的历史、现状、建筑特色都建立了电子文档，并挂牌妥善保护，修复时尊重原貌，按照“修旧复旧”的原则，充分运用古建筑修复技术，在经过批准的基础上修复。对于新建建筑，按照和顺建筑的特质与机理设计，经过批准施工。保护古镇的田园风光，包括和顺古镇入口处以及现有的基本农田，和顺的湿地、河流、峡谷、树木等。同时，还要认真整理保护和顺的民俗活动。

“浮现文化”，即重现和顺的历史文化，包括建设了中国第一个民间投资、民间收藏的滇缅抗战博物馆，展示了和顺乃至滇西抗战文化；修复了展现和顺宗祠文化的刘氏宗祠；建设了腾冲神马艺术馆。

“适度配套”，在商业配套上，不过度商业化，保持古镇的古朴风貌，有古镇特有的文化内涵。

“和谐发展”，主要是两点：一是古镇景区自然、人文景观与新建景点、配套设施的和谐；二是景区内开发公司与居民的和谐。和顺的开发过程中，坚持正确处理古镇景区中居民、开发公司、当地政府之间的关系，实现和谐发展、共赢的局面。

资料来源：http：//paper. yunnan. cn/html/20061230/news_92_109850. html，有删减。

思考：

1. “和顺模式”的主要内容有哪些？

2. 民俗风情旅游资源开发过程中，应如何处理开发与保护的关系？

一、云南民俗风情旅游资源保护的意义及原则

（一）云南民俗风情旅游资源保护的意义

1. 推动民俗风情旅游地的全面发展

云南民俗风情旅游业的发展，离不开丰富多彩的民俗风情旅游资源，民俗风情旅游资源的有效保护，能够促进民俗风情旅游业的发展。从经济效益来看，旅游业的发展能够促进民俗风情旅游地的经济发展，促进产业结构的优化和调整，为当地居民提供更多的就业机会、增加居民的收入；从社会文化效益来看，旅游活动能够加强各地人民之间的相互了解和友好往来，加强各国家、各民族之间文化科技的交流与融合，促进科技进步和民族文化的发展与保护；从环境效益来看，旅游业的发展将促进历史遗迹的修复和保护，使旅游接待地的环境卫生得到重视和保持，引起全球对旅游环境问题的广泛关注。

2. 促进云南旅游业可持续发展整体战略的实现

大众旅游时代的到来，在某种程度上对旅游业的可持续发展提出了严峻考验。可持续发展是当前旅游业面临的一个重要问题和世界旅游业普遍关注的一个焦点。旅游业要实现可持续发展，就应增进人们对旅游的全面认识，正视其产生的环境破坏现象，采取必要的措施保护资源和环境；向旅游者提供高质量、高品位的旅游产品，满足人们的旅游需求；促进旅游的公平发展，保证后代人享有同样的发展与机会，改善旅游接待地的生活质量及推动旅游地的社会进步等。当今社会在高速发展的同时，也带来一系列社会问题，民俗风情旅游以其优良的环境、丰富的文化内涵、质朴的表现形式、浓郁的人情味，为旅游市场提供丰富的多样化、个性化产品，满足广大旅游者多方面的旅游消费需求，是众多旅游形式中最富有魅力和最受旅游者钟爱的形式之一。它的可持续发展不仅给旅游业注入新的活力，客观上也必将推动人类社会向更高的发展水平迈进。作为云南旅游业的重要组成部分，民俗风情旅游的可持续发展不仅是旅游业可持续发展的一部分，更是人类社会可持续发展的组成部分，它的可持续发展的实现将从整体上促进人类可持续发展向更理想的境界迈进，并将对人类社会的发展产生多方面的积极意义。

3. 促进旅游地民俗风情的传承与发展

在旅游业发展过程中，旅游地居民凭借本民族的文化脱贫致富，他们对自己民俗风情价值和特征的认识更加深入，能够培育出深厚的民俗文化自豪感；并且可以通过整合外来的文化因子，将自己的民俗文化发扬光大，形成民俗风情保护和旅游双向互动、良性循环的机制。以云南省丘北县普者黑景区内的仙人洞村为例，村民属于彝族的一个支系——撒尼，1999 年仙人洞村被确定为云南省第一座“民族文化生态示范村”后，村民开始有意识的挖掘、恢复原有的民俗文化。仙人洞村的撒尼人在迁徙中丧失了文字，村中毕摩已不识彝文经书。村里通过举办彝语培训班，请来彝文教师教授，让许多村民基本掌握了彝文的读写方法。以前村民祭祀的神祇是画在纸上、携去远处的山上祭祀，现在村口处雕刻了 38 座神像，满足了村民的宗教生活需求，也为游客增添了观赏之物；村民开始注重保护和发展民族歌舞、创新民族节日，每年夏天举行为期一个月的“双节”：荷花节和花脸节活动，以节日推动旅游，推动文化保护；开发出具有民族特色的旅游商品，如吞口、刺绣、编织、根雕等，现在村中已有民间艺人和工匠 100 余人；并且根据一些文献和老年人的回忆，记录、整理出多篇神话传说和民间歌谣。

（二）云南民俗风情旅游资源保护的原则

1. 整体保护原则

民俗风情包括了丰富多样的民俗形式和民俗内容，也包括民俗风情赖以存在的多样性生态环境。民俗风情旅游资源由无数具体的文化事象构成，而这些文化事象通常都是适应特定生态环境的产物。如云南西双版纳地区，气候炎热潮湿，当地傣族住竹楼、穿筒裙，喜吃酸辣的食物；而藏区由于气候寒冷，海拔较高，形成了藏族穿披毡、吃牛羊肉、喝酥油茶等习俗。整体保护原则，是指既保护民俗旅游资源本身，又保护民俗旅游资源产生和发展的自然与社会环境。这就要做到：保护民俗风情旅游资源的形式、内容和特色，使它们免遭旅游开发带来的破坏；保护民俗风情旅游资源产生和发展的社会环境，避免因社会文化变迁而发生的变化，影响到民俗风情旅游资源的传承；保护民俗风情旅游资源紧密依存的自然生态环境，确保民俗风情旅游资源的形式、内容和特色不发生本质性的变化。

2. 保护民俗风情真实性的原则

民俗风情是一个民族在特定的自然、历史条件下，经过长期形成的规范、约束群体生产和生活方式的模式，它是一个社会群体在语言、行为和心理上的群体习惯，是一个民族传统文化的载体。云南民俗风情旅游所依托的民俗文化具有原始性与神秘性的特征，能充分满足现代人的求新、求异和求奇的心理。民俗风情的真实性是民俗风情旅游赖以存在的基础，旅游者对异域民俗的强烈兴趣和好奇心主要是通过在旅游活动中对真实性的民俗文化再现来实现的，民俗旅游资源的保护就是要最大程度地保存民俗文化的这种真实性。

3. 保护民俗风情传统价值的原则

民俗风情旅游资源的根本价值在于它的传统精神价值，而其传统精神价值是丰富和复杂的，这是由民俗文化所包含着的悠远历史、深厚积淀和复杂心态等特点决定的。云南民俗文化源远流长，各民族在长期的生产、生活中形成了许多风尚和习俗，并代代相沿，积淀而成丰富多彩、特色鲜明的民俗文化。民俗风情包罗万象，既包括各民族的生活习俗、礼仪习俗、人生礼俗、节庆习俗，也包括民间工艺、民间艺术、生产劳动、工商贸易等各个方面的习俗风尚。要真正保护民俗旅游资源，必须对民俗旅游资源认真研究，辨识、解读它的精神内涵、文化价值，才能真正保护民俗风情的传统价值。

二、云南民俗风情旅游资源保护现状

（一）云南民俗风情旅游资源保护取得的成就

目前，云南已有丽江古城、哈尼梯田两处世界文化遗产，并拥有多座国家级历史文化名城、省级历史文化名城、省级历史文化名镇（村）、中国民间（特色）艺术之乡。为了保护好这些历史文化遗产，各级政府及相关部门做了大量工作，如制定相关的保护管理条例，将保护工作纳入法制轨道，恢复重建了一些历史上有名的建筑。这些文化遗产和文化名城已经成为云南民俗风情旅游的重要组成部分。

随着人们对中国优秀传统文化价值的认识加深，非物质文化遗产的保护受到了全社会范围内的高度关注，根据《国务院办公厅关于加强我国非物质文化遗产保护工作的意见》，我国的非物质文化遗产保护工作将由文化部门主管上升为政府主导，逐步建立国家、省、市、县四级非物质遗产名录体系。云南省启动实施民族民间传统文化保护工程，随之建立了非物质文化遗产分级分类保护名录体系。2012 年，云南有各级政府批准公布的非物质文化遗产保护名录 8 590 项。其中，国家级 90 项、省级 197 项、州（市）级 2 881 项、县（区）级 5 422 项，傣族剪纸、藏族史诗《格萨尔》入选联合国教科文组织人类非物质文化遗产代表作名录。已命名非物质文化遗产代表性传承人 3 698 名，其中国家级非物质文化遗产代表性传承人 51 名、省级传承人 824 名、州（市）级传承人 970 名、县（区）级传承人 1 853 名。全省已有 47 个非物质文化遗产传承展示馆（所）、12 个民族博物馆。其中，阿诗玛创世史诗、彝族海菜腔、傣族制陶等一批国家级非物质文化遗产项目已建有传承基地。

认定和培养了民族民间文化精英和文化传人。从 1999 年开始，各级部门开展了大规模的民族民间文化及其艺人的调查。将各地知名的民族民间艺人命名为云南省民族民间音乐、舞蹈、美术师和云南省民族民间音乐、舞蹈、美术艺人。并采取了一系列措施，如建立文化传习馆、传习院等传承这些民间艺人的技能。

少数民族古籍珍本抢救保护取得明显成效，共抢救保护少数民族文字文献古籍 3 万余册。《云南少数民族古籍珍本集成》（100 卷）大型项目的编纂工作已全面启动。目前，已编纂出版了《瑶文古籍典藏》（7 卷）、《耿马傣文古籍典藏》（1 卷）、《红河彝族文化遗产古籍典藏》（20 卷）、《彝文典籍集成·云南卷》（50 卷）等。

民族文化保护村和民族文化生态村已进行规划与建设。云南从事民族文化研究的专家学者，通过大规模调查研究，提出了以社区为单位建立民族文化保护村（区），以确保民族文化可持续保护与发展的构想。民族文化村是选择具有典型代表的民族村寨，对民族文化进行整体保护的一种方式。云南各地、州、市、县纷纷制定了一批民族文化保护村、保护区和民族文化生态村的建设规划，有的已付诸实施并成为民俗风情旅游者青睐的旅游地。

（二）云南民俗风情旅游资源保护存在的问题

云南民俗风情旅游虽已取得了令人瞩目的巨大成绩，但由于多方面条件的限制，目前还存在不少亟待解决的问题。

1. 民俗风情旅游资源保护与开发意识有待提高

在云南民俗风情旅游开发的过程中，民俗风情旅游资源所蕴含的巨大经济效益和社会效益开始显现出来。从总体来看，一些地方政府和旅游部门对此已经有了深入的认识，在发展旅游的过程中制定了有关民俗风情旅游资源的保护措施，但许多地方仍然对民俗风情旅游资源保护与开发重视不够。一些地方在改、扩建过程中，将具有较高历史价值和旅游价值的古民居、古城区拆除，之后又斥巨资仿建新的民俗景点，只顾开发不注重保护民俗风情旅游资源的现象在许多地方仍然存在。

2. 民俗风情同化现象严重

同化是文化接触后一个群体的原有文化完全被另一种文化所代替。民俗风情的同化，是指民俗风情旅游目的地的民俗风情受异族、异地的民俗与风尚影响，逐渐向外来文化转化，并最终被其取代的现象。民俗风情旅游资源的开发，促进了云南各民俗风情旅游地旅游业的发展；同时，它也导致了民俗旅游资源的破坏与民俗文化的同化。旅游业的发展，无可避免地使国家与国家之间、地区与地区之间、民族与民族之间，政治、经济、文化交往日益频繁，民俗风情旅游地在接待一批又一批来自四面八方的游客时，原来相对封闭的环境被打破，长期持续地处于外来文化强烈冲击之下，许多少数民族的传统服装渐渐被现代服装所取代，传统民居也渐渐被新式楼房代替，传统的生活方式也正发生着极大的改变。民俗风情同化现象最终会造成民俗风情的完全丧失，使民俗风情旅游缺乏必要的资源保证，最终将影响民俗风情旅游的持续健康发展。

3. 民俗风情旅游环境受到破坏

民俗风情旅游环境是民俗风情旅游借以发展的自然环境和社会文化环境，不仅指民俗风情原生地的地理条件和当地人民的生活方式、经济水平、社会形态、历史文化、精神意识等综合环境，还指民俗风情事象之间互为依存的关系和环境。民俗旅游环境的破坏，一方面表现在城市建设过程中，一些具有历史文化价值和独特旅游价值的古城区、古建筑不断地被拆除，或民俗风情旅游地的生态环境受到破坏，使民俗风情所依附的环境不断恶化。如大理著名的洱海，随着旅游业的发展，兴建了大量酒店、餐馆等，这些企业所产生的污水未经处理，直接排放进洱海中，对水体造成了严重的污染。另一方面表现在大量的游客涌入民俗风情旅游地，对旅游地居民的日常生活带来影响。

4. 民俗风情庸俗化和商业化现象突出

在民俗风情旅游开发中，片面追求经济利益，使传统文化商品化、庸俗化，民俗风情旅游被机械地舞台化、民俗风情旅游项目过于艺术化、民俗文化被随意地庸俗化等情况时有发生，为了迎合旅游者需求而将一些传统民俗过度开发，忽略了对文化的深入挖掘，真实的民俗文化传统渐渐被商业化表演所取代，民俗文化的精髓被错误地解读，从而失去了民俗风情的特色。

一些民俗风情旅游项目为了迎合游客口味，编排了许多庸俗的民族婚嫁娱乐项目，给游客留下了不好的印象。例如：在云南省西双版纳的某村，曾经有一段时间，旅游开发商设计了一套民俗表演。首先是报幕、致辞等例行程序，然后是跳象脚鼓舞、丢包舞、傣女沐浴、傣族公主完婚仪式。在丢包舞中接到香包的观众，被作为傣族的“驸马”邀上舞台，与公主举行结婚仪式。仪式过后，公主向驸马赠送 88 元的纪念品，驸马则要回赠 200 元的手镯和 300 元的项链。虽然驸马们暗呼上当，但是，多数情况下也只好慷慨解囊。

阅读材料

傣族园“保护就是发展”的经营理念

为科学合理地开发民族传统文化，傣族园提出了“保护就是发展”的经营理念，即保持典型的傣家干栏式建筑特征，保持傣家浓郁的民风民俗，保护历史文物和傣家宗教传统文化，以保护求发展，以发展促保护。

傣族园是凭借傣家风情开发的旅游景区，保持傣族传统文化就成为景区发展之重。傣族的干栏式建筑是西双版纳独具特色的旅游资源，但随着社会的发展，干栏式建筑已经在许多傣族村寨中消失。为了保护傣族的传统建筑，傣族园公司请人创作了傣语歌曲《珍爱竹楼》，并使之成为傣族园村民中家喻户晓的歌曲；公司还制定了《保护干栏式建筑的管理办法》，要求村民们建房时执行申请、审核、批准、资金补助建设施工的操作程序，并且设立了干栏式竹楼建筑保护基金，保护基金的设立给村民们带来了实惠，得到了村民的拥护和支持。旅游业的发展，给傣族人带来了巨大的经济效益；但随着对外交流的扩大，外来人口观念、行为及现代化的生活方式也对本地文化旅游业发展带来了极大的冲击，特别是对年轻人的影响巨大。许多年轻人崇尚现代生活方式、穿现代服装，传统的待客礼仪和宗教文化在弱化，针对这种状况，傣族园管理者制订了相应的培训教育计划，对年轻人进行传统文化技能、普通话、旅游知识和法律知识的培训，保证傣族传统文化的传承，营造良好的旅游环境。

傣族园还根据自身文化特点，推出了“学唱一首傣家歌、跳一曲傣家舞，吃一顿傣家饭、住一宿傣楼、观一次傣家景、干一回傣家活，泼一身幸福水，做一天傣家人”的傣家乐旅游项目，走出了一条独具特色的民族文化生态旅游发展道路。

注：http：//www. ynethnic. gov. cn/Item/7344. aspx。

TASK

任务2

云南民俗风情旅游资源保护的方法及措施

案例导入

传统文化生态保护与传承在基诺山的实践

巴卡小寨是经学者选定建立的云南民族文化生态村试点。2001年6月6日，云南乃至中国第一座单一民族的乡村博物馆——基诺族博物馆正式在巴卡基诺族文化生态村落成开馆，宣告着巴卡基诺族文化生态村全面建设的开始，基诺族文化生态村项目组明确提出了保护、传承和发展基诺族优秀传统文化的建设宗旨。项目实施以来，相关学者及村干部通过组织舞蹈队和歌唱队训练、举办首届基诺族纺织刺绣能手比赛，组织部分村民外出参观学习并开展相关培训后，村民对自身文化、对外界的认识都有了一些转变。同时，随着参观博物馆的国内外人士的造访及旅游者的到来，人们的思想受到强烈的冲击，感受到自己民族文化的宝贵和作为基诺人的自豪。村里人自觉地穿起了自己的民族服饰，有的年轻人还主动找老艺人学习民族乐器和歌舞。道路的修建、厕所的引入等，引发了村民对传统与现代良性结合的思考。经过多年的发展，基诺族文化生态村受到国内外许多机构和人员的广泛关注。

思考：

1. 巴卡基诺族文化生态村的文化保护是否成功？
2. 民俗风情旅游资源保护的方法有哪些？

一、云南民俗风情旅游资源保护的方法

（一）民俗文化的原生态保护

1. 建立民族（俗）博物馆保护民俗风情的物质形式

民族（俗）博物馆是将民族（俗）的物质形态搜集后集中陈列展示。目前，云南省已有各级各类博物馆 40 多个，如云南省历史博物馆、云南民族博物馆、丽江东巴文化博物馆（如图 12－1 所示）、江川青铜文化馆，以及楚雄、德宏、大理等地的民族博物馆等，共收藏各类文物 20 多万件。云南民族博物馆是目前中国最大的民族类博物馆，是云南民族历史和民族文化的博览场所。馆内陈列有民族古籍、文化遗产、民族服饰、民间美术、民族乐器、传统生产生活技术等藏品 12 万件，并不定期地举办临时展览，能从侧面反映云南少数民族的精神风貌，体现丰富多彩的云南少数民族文化。

图 12－1　东巴文化博物馆

2. 建立文化传承村（点）和文化传承所（院）传承传统民俗文化

一些地方通过建立文化传承所（院）等，使优秀的民俗文化得以保护和传承。如丽江开办多个东巴宫、纳西文化研习馆、东巴文化传习院和传习点，保护和传承东巴文化。一些地方还建立了非物质文化遗产保护和传承点，设立专款进行保护。如楚雄彝族自治州为了保护彝族非物质文化，选择了 12 个彝族非物质文化遗产保护传承村（点），分别对梅葛文化、彝族火草麻布纺织工艺、彝族火把节大刀舞、母虎舞、古彝文识读、葫芦文化等进行保护传承。云南省红河哈尼族彝族自治州的哈尼服饰传习馆，征集了该地哈尼族 9 个支系的 12 套

传统哈尼妇女服饰，组织培训了12名传承人，能够系统地展示哈尼族服饰制作的弹棉、纺线、煮线、洗线、绕线、拉线、集线、排线、调线、织布、靛染、裁缝、剪贴、刺绣、成品15道传统纺织工艺，有效保护和开发了底蕴深厚的哈尼族服饰文化。

3. 对民俗文化进行整体保护

（1）民俗生态博物馆。

民俗生态博物馆理念诞生于20世纪70年代初的法国。民俗生态博物馆是把某一民俗的自然、社会、文化环境进行整体保护、传承和研究的生态博物馆。与传统博物馆相比，生态博物馆以自然环境良好、文化习俗保存较完整的社区或乡村为对象，对文化实行全面的原地保护。布朗族生态博物馆是云南首个民俗生态博物馆（如图12－2所示）。它位于西双版纳傣族自治州勐海县西定乡的章朗村，该村具有良好的自然环境和人文环境，丰富的有形遗产和无形遗产，是原始宗教文化、佛教文化、民族民间文化和古老茶文化等多元文化的交汇区。村寨有1 000多年历史，寨内有西双版纳境内最早的布朗族古佛寺、百年以上的古茶园，村民保留着布朗族传统的生产、生活方式。博物馆对章朗村的自然环境和人文环境、有形遗产和无形遗产进行“整体保护、原产地保护和居民自己保护”，使人与物及环境处于相对平衡的生态关系中。

图12－2　布朗族生态博物馆

（2）民族文化生态村。

民族文化生态村借鉴了生态博物馆的理念，但又有所超越。它有效地保护和传承了优秀的民族传统文化，并实现文化与生态、社会、经济协调和可持续发展的乡村发展模式。民族文化生态村以优秀民族传统文化及生存环境保护为宗旨，不同于以实现经济利益为主要目的的民族村、民俗村，也突破了一般传统民族（俗）博物馆只注重保护“文物”的局限性，把生态环境置于突出的地位，重视对无形的和“活”的文化遗产的保护和保存，是一种能有效保护传承民族文化内涵的模式。它以民族文化传习馆及博物馆为中心，采取就地保护与传承，强调当地居民的积极参与。云南从1998年开始实施“民族文化生态村”项目，并分别在新平县南碱花腰傣村、丘北县仙人洞彝族村、景洪市巴卡基诺族山寨（如图12－3所示）、石林县月湖彝族村、腾冲县和顺乡5个特色鲜明的少数民族村寨建立了“民族文化生态村”试点。目前，民族文化生态村建设取得了较大发展，已有近百个民族文化生态保护村项目在规划建设中。

图 12－3　巴卡基诺族山寨

（3）文化生态保护区。

目前，云南省民族文化生态保护区相继建立，一些民族地区正开始向民族文化生态保护州、县的目标迈进，确保了民族文化多样性可持续保护与发展。如：普洱市西盟佤族自治县是佤族文化生态保护区，保护区内至今仍保留着原始、神秘的“勐梭龙潭”“永克落园”“司岗里部落”“龙摩爷圣地”“木依吉神谷”“佛殿山三佛祖遗址”等人文痕迹，成为佤族文化的活化石。

（二）民俗文化的修改、创新

除了对云南民俗风情旅游资源进行原生态的保护外，云南省还通过各种方式，在保护和传承传统文化的基础上，不断进行创新，使民俗风情旅游资源的内容更加丰富多彩。

1. 民俗艺术展演（展示）

通过进行民俗艺术的展演、展示，不但能搜集到丰富多彩的民俗文化资源，还能在原有的基础上产生更优秀的创新文化资源，如云南省民族民间歌舞乐展演起始于 1997 年，每两年举办一届，民族民间歌舞乐展演以“展示民族艺术风采　弘扬优秀传统文化”为主题，展演活动对于传承弘扬民族优秀传统文化、进一步加大非物质文化遗产抢救保护和民族民间歌舞乐精品打造力度，不断繁荣发展云南各民族优秀传统文化起到了积极的作用。而文化产业博览会，汇集了各民族的创意设计作品、民族服装服饰、建水紫陶、鹤庆银器、会泽斑铜、剑川木雕、刺绣、珠宝玉石等多种云南文化产品，能够加大民俗服饰、民俗工艺美术品的传承和创新，如图 12－4 所示。

2. 通过文艺作品保护民俗文化资源

通过拍摄电影、电视、歌舞剧等可以对民俗风情旅游资源起到保护作用。近年来，普米族母语电影《归途》、佤族音乐数字电影《司岗里》等都演绎了民族文化继承和保护的主题。保山苗族首部电影《苗岭霓裳》以国家首批非物质文化遗产昌宁苗族服饰及其故事为蓝本，对昌宁苗族服饰文化的保护和宣传推介起到积极的促进作用；中国首部旅游与民族文化

图 12－4　文化产业博览会

交融 3D 现实题材高清动画片——《毛毛旅行记之云南十八怪》，揭秘“过桥米线人人爱”“竹筒当作水烟袋”“鲜花四季开不败”等云南十八怪现象及其成因，表现了云南独特的民俗文化风情。大型纪录片《中国少数民族风情——云南篇》以民族原生态为主要表现形式，从云南 25 个世居少数民族最具特色的歌、舞、服饰、节日、传说、生活习俗等不同角度入手，用全新视角深挖各民族的民俗、精神、生活。除此以外，原生态民族歌舞《云南印象》《有一个美丽的地方》、彝族大型风情歌舞《太阳女》等都成为传承和保护民间歌舞的艺术作品。

3. 举办节庆活动传承民俗文化

各种节庆活动的举办是民俗风情旅游的重要形式。近年来，节庆活动的内涵不断增加、民俗节庆的范围和影响力逐渐扩大，内容不断创新；同时，在传统的民俗节庆基础上，还产生了许多新的节庆形式。如丽江举办的国际东巴文化艺术节，通过展示纳西文化祭天、祭风、祭日等，重现了神秘且已濒临衰亡的东巴文化。由红河、玉溪、文山、楚雄、普洱和西双版纳 6 州、市共同主办的滇中南民族艺术节，自 1991 年在红河哈尼族彝族自治州举办首届以来，已先后在各州市成功举办了 13 届。

二、云南民俗风情旅游资源保护的措施

（一）发挥政府的职责与作用

当前，我国旅游业实行的是政府主导战略。在云南民俗风情旅游业的发展过程中，政府要从宏观的角度采取调控措施，保障旅游业的健康、良性发展。政府的主要职责有：

1. 建立与完善相关的法律法规

加强民俗风情旅游资源方面的法律、法规及规章制度建设是切实保护民俗风情旅游资源的必然要求，也是促进云南旅游业发展的重要保障。旅游法律手段的使用可以为云南民俗风情旅游的可持续发展提供多种保障，确立其在旅游业中的地位，保证民俗风情旅游资源的合理开发。旅游方面的法律法规主要有国务院颁布的旅行社和导游管理条例，相关部门还可依托《环境保护法》《文物保护法》等法规对民俗旅游资源和环境进行保护，避免和制止违反法律法规、有损于民俗旅游健康发展的行为，保护民俗旅游发展的资源与环境基础。近年

来，随着云南省对民俗文化的日益重视，云南省相继颁布了《云南省民族民间传统文化保护条例》《关于加强丽江古城世界文化遗产保护管理工作意见的通知》及《云南省丽江保护条例》等条例对民俗风情旅游资源和旅游地进行保护。但从目前的情况来看，无论是国家法律还是地方法规对民俗风情旅游资源的保护都还不够完善。因此，相关部门应进一步健全民俗风情旅游资源保护的法律法规，使得对民俗民风的保护有章可循、有法可依，做好民俗风情旅游资源的保护与开发工作。

2. 发挥组织保障作用

政府应在加强旅游管理部门对民俗风情旅游资源开发、建立民俗风情旅游环境影响评估和环境审计等环境制度、加强旅游管理部门对民俗风情旅游基础设施建设中的管理、组织民俗风情旅游资源宣传促销、提供人力物力保障、协调旅游各部门之间的关系等领域发挥重要作用。民俗旅游资源及环境对旅游开发和利用的承载力都有一定范围，不能盲目扩大目的地的规模，应该把旅游活动强度和游客进入数量控制在当地社会的承载力范围内，注意适度开发。民俗风情旅游魅力在于它所体现的深厚文化内涵，开发民俗风情旅游必须遵循文化原则。开发前要做好项目的规划论证，最大程度上避免游客对当地居民的文化带来的消极影响，从而更好地保护当地的文化资源。

（二）全社会广泛参与

云南民俗旅游资源的保护是一项系统工程，需要各级政府及相关的文化部门、社会团体、各领域的专家学者、旅游地居民等相关人员互相配合、通力协作，形成从政府到民间的完善管理机制，推动民俗文化旅游资源的保护和传承工作的持续有效开展。保护和抢救民俗风情旅游资源需要科学的理论进行指导。因此，需要组织旅游行业、民俗协会等相关专家，对民俗风情旅游资源进行实地调查，对民俗风情旅游资源进行普查，并且编印成册；同时，专家在调查中应及时发现存在的问题，总结经验教训，提出建设性的建议。

（三）加强宣传教育

要使民俗风情旅游得到持续发展，必须对旅游工作者、当地居民、旅游者进行资源和环境保护的宣传教育。

民俗风情旅游目的地的工作人员对于目的地的建设和保护起着巨大的作用，政府及相关机构应加大对旅游从业人员的培训，尤其应加强对传统文化认知的培训，使他们能够正确认识并展现传统文化，自觉地维护传统文化的本原性。

对当地居民进行宣传教育，使其充分认识和理解民俗风情的重要价值，爱护自己本民族的优秀文化，激发他们对本民族文化的自豪感和自信心，自觉抵制外来文化的不良影响，使民俗文化能够发扬光大，为民俗旅游的可持续发展提供永不衰竭的资源动力；同时，通过合理的利益分配机制，使本地居民能在旅游发展中获利，使他们在面对外来文化的冲击时，能够主动保护自己的民俗传统。可通过电视、报纸、杂志、网络、宣传册等媒介，宣传民俗旅游资源保护的重要性，对在旅游资源与环境保护方面作出贡献的个人和团体应给予正面的积极宣传，对破坏民俗旅游资源环境的行为给予批评。

旅游者是旅游活动的主体，也是造成民俗旅游资源破坏的原因之一。地方政府、旅游开发商、当地居民应通过各种方式向旅游者灌输民俗风情旅游地的相关信息，增进旅游者对当地民俗风情的理解和尊重；同时，旅游者在民俗风情旅游过程中，应当自觉地为保护这种文化做出努力，做到文明旅游，减少自身旅游行为对民俗风情所依托的自然、人文生态系统的不利影响，并且通过自身的行动唤起更多的人关注民俗风情旅游资源的保护。

（四）采用有效的保护方式

随着经济、社会及旅游的发展，一些民俗事象正面临着消亡，而这些民俗事象本身具有珍贵的民族和文化价值，是民俗风情旅游赖以存在和发展的基础。因此，要投入人力、物力让这些事象不至于自生自灭。为了让优良传统文化继续保持下去，可采取适当的方式实施抢救性保护。

1. 用文字、图片、录音、录像、摄影等记录方式，真实地记录下各种民俗风情事象

目前，已有许多的民族学家、人类学家对云南各地的民俗风情进行了跟踪调查、记录等，人类学影片的拍摄工作也取得了一定成就，但是涉及面不广。相关机构可通过培训民俗风情旅游地的居民，让他们自己完成文字记录或影像拍摄工作；也可组织拍摄反映某一民俗事象的纪录片或电视、电影。

2. 设立少数民族传统文化抢救保护专项资金

专项资金主要用于25个世居少数民族的歌舞、乐曲、工艺、美术、口碑文化、神话史诗等的抢救保护，这些抢救保护方式可采用经费扶持、抢救性修复、收集展示、整理出版、培训传承等方式。文物部门应加大对民族、民俗文物的保护力度，对濒临消失的民俗文化进行分阶段、有重点的抢救。一些还未明确列入文物保护范围，正处于被毁坏中，如当代被淘汰的工具、用具、服饰、民间戏剧、人生礼仪、某些宗教经书、神偶等，文物部门应积极参与抢救和保护。

3. 对民俗风情旅游资源进行整体保护

独特的自然资源和人文资源是民俗旅游资源存在和旅游开发的前提。因此，要加大民俗风情旅游资源的整体保护力度，使民俗风情旅游资源能够永续利用。既要保护民俗建筑、民俗服饰、民俗节庆等事象，也要保护民俗资源所依托的生态环境。完整地保存或复原民俗村，对偏远的民族地区来说，是延续传统民俗变异的重要举措之一；而在一些传统文化部分丧失的地区，则能通过这种方式促进传统文化的恢复和保护。

4. 高品位地开发和利用民俗旅游资源

在云南民俗风情旅游资源的开发中，应该杜绝随意歪曲开发旅游地民俗风情旅游资源的行为，防止民俗旅游资源的“庸俗化”和“商业化”。在民俗风情旅游资源开发前，要正确分析民俗资源的特色，结合本地和周边环境，因地制宜，有选择性地开发民俗旅游资源中最能反映当地特色的部分，才能保证独特的民俗文化得以发扬和保护。

阅读材料

《云南省非物质文化遗产保护条例》于2013年6月1日起施行

《云南省非物质文化遗产保护条例》（以下简称《条例》）分七章，共46条，分别为总则、保护名录、传承与传播、区域性整体保护、保障措施、法律责任和附则。除了保留《云南省民族民间传统文化保护条例》中一些行之有效的规范外，还对原有保护范围进行了适度增减，如依据国际保护管理和云南非物质文化遗产保护工作实践，特别增加了集中反映各民族生产、生活的传统民居建筑、服饰、器皿、用具和与传统文化表现形式相关的手稿、经卷、典籍及谱牒、碑碣、楹联等；增加了对非物质文化遗产知识产权保护的内容，提出了政府有关职能部门对非物质文化遗产知识产权持有者进行指导的原则规定。

《条例》对县级以上人民政府加强扶持进行了明确：一是要求设立非物质文化遗产保护专项资金，并规定了用途。二是要求其应当通过提供必要的传承场所和传承补助经费等措施，支持非物质文化遗产项目代表性传承人开展传承、传播活动，代表性传承人生活确有困难的，由当地人民政府适当给予生活补助。三是将非物质文化遗产保护工作纳入本级国民经济和社会发展规划，将非物质文化遗产保护经费列入本级财政预算。四是民族传统文化生态保护区所在地县级以上政府应从每年旅游收入中安排一定比例资金，用于保护区的建设和保护。

《条例》还强化了对相关违法行为的追究：如截留、挪用、挤占非物质文化遗产项目保护经费的，责令退还并给予行政处分，构成犯罪的依法追究刑事责任；非物质文化遗产项目保护责任单位无正当理由不履行保护职责的，将被责令限期整改，拒不改正者将撤销其保护责任单位资格，情节严重者依法追究其相应责任等。

注：http：//www. ynethnic. gov. cn/Item/7344. aspx。

项目小结

民俗风情旅游能够为旅游市场提供丰富的多样化、个性化产品，它的可持续发展不仅给旅游业发展不断注入新的活力，客观上也必将推动人类社会向更高的发展水平迈进。因此，有效地保护民俗风情旅游资源具有重要意义，本项目主要阐述了云南民俗风情旅游资源保护的意义、原则及现状，介绍了云南民俗风情旅游资源保护的方法及可采取的措施。

关键词

云南民俗风情旅游资源　保护意义　保护原则　保护现状　保护方法　保护措施

练习与实训

一、单项、多项选择题

1. 民俗风情旅游资源保护的原则包括（　　）。

A. 整体保护原则　　B. 真实性原则

C. 保护传统价值原则　　D. 效益优先原则

2. （　　）是目前中国最大的民族类博物馆。

A. 云南民族博物馆　　B. 楚雄民族博物馆

C. 德宏民族博物馆　　D. 大理民族博物馆

3. （　　）是有效地保护和传承优秀的民族传统文化，并实现文化与生态、社会、经济协调和可持续发展的乡村发展模式。

A. 民族博物馆　　B. 民族文化生态村

C. 主题公园式民族村　　D. 民族生态博物馆

二、判断题

1. 云南已有丽江古城、哈尼梯田、三江并流3处世界文化遗产。（　　）

2. 按照联合国《保护非物质文化遗产公约》的要求，中国将逐步建立国家、省、市三级非物质遗产名录体系。（　　）

3. 用文字、图片、录音、录像、摄影等记录方式真实地记录下各种民俗事象，可以保护一些濒临消亡的民俗事象。（　　）

三、思考题

1. 保护云南民俗风情旅游资源的意义是什么？

2. 云南民俗风情旅游资源的保护要遵循哪些原则？

3. 云南民俗风情旅游资源的保护现状是什么？

4. 云南民俗风情旅游资源的保护方法有哪些？

5. 云南民俗风情旅游资源的保护措施有哪些？

四、实训

（一）任务名称

云南民俗风情旅游资源保护调查

（二）任务目标

1. 增加对云南民俗风情旅游资源保护的感性认识，从而提高学习的兴趣。

2. 使学生认识云南民俗风情旅游资源保护的重要性。

（三）任务要求

以学习小组为单位，开展民俗风情旅游资源保护调研活动。

（四）任务实施

1. 对所教班级进行分组，每组6～8人为宜。

2. 小组讨论，设计调研方案。

3. 根据调研方案开展调研活动。

4. 整理调研素材，撰写并修改调研报告。

（五）成果考核

1. 各组提交调研方案和调研报告。

2. 教师根据提交材料评分，并纳入学生平时成绩。对于优秀的材料，供全班交流、学习和讨论。

推荐阅读书目

1. 梁福兴，吴忠军．民俗旅游学概论．北京：中国林业出版社，北京大学出版社，2009。

2. 巴兆祥．中国民俗旅游．福州：福建人民出版社，1999。

3. 邱扶乐．民俗旅游学．上海：立信会计出版社，2006。

4. 邓永进，薛群慧，赵伯乐．民俗风情旅游．昆明：云南大学出版社，2007。

5. 肖星，严江平．旅游资源与开发．北京：中国旅游出版社，2000。

附录　2010年云南省行政区划

截至2010年年底，云南省面积39.4万平方千米，共有16个地级行政区划单位（其中：8个地级市、8个自治州），129个县级行政区划单位（其中：12个市辖区、10个县级市、78个县、29个自治县）。

昆明市：辖5个市辖区、5个县、3个自治县，代管1个县级市。市政府驻盘龙区。

5个市辖区：五华区（华山街道）、盘龙区（拓东街道）、官渡区（关上街道）、西山区（西苑街道）、东川区（铜都镇）。

5个县：呈贡县（龙城街道）、晋宁县（昆阳镇）、富民县（永定镇）、宜良县（匡远镇）、嵩明县（嵩阳镇）。

3个自治县：石林彝族自治县（鹿阜镇）、禄劝彝族苗族自治县（屏山镇）、寻甸回族自治县（仁德镇）。

1个县级市：安宁市（连然街道）。

曲靖市：辖1个市辖区、7个县，代管1个县级市。市政府驻麒麟区。

1个市辖区：麒麟区（南宁街道）。

7个县：马龙县（通泉镇）、陆良县（中枢镇）、师宗县（丹凤镇）、罗平县（罗雄镇）、富源县（中安镇）、会泽县（金钟镇）、沾益县（西平镇）。

1个县级市：宣威市（宛水街道）。

玉溪市：辖1个市辖区、5个县、3个自治县。市政府驻红塔区。

1个市辖区：红塔区（玉兴路街道）。

5个县：江川县（大街镇）、澄江县（凤麓镇）、通海县（秀山镇）、华宁县（宁州镇）、易门县（龙泉镇）。

3个自治县：峨山彝族自治县（双江镇）、新平彝族傣族自治县（桂山镇）、元江哈尼族彝族傣族自治县（澧江镇）。

保山市：辖1个市辖区、4个县。市政府驻隆阳区。

1个市辖区：隆阳区（兰城街道）。

4个县：施甸县（甸阳镇）、腾冲县（腾越镇）、龙陵县（龙山镇）、昌宁县（田园镇）。

昭通市：辖1个市辖区、10个县。市政府驻昭阳区。

1个市辖区：昭阳区（凤凰街道）。

10个县：鲁甸县（文屏镇）、巧家县（白鹤滩镇）、盐津县（盐井镇）、大关县（翠华镇)、永善县(溪落渡镇)、绥江县(中城镇)、镇雄县(乌峰镇)、彝良县(角奎镇)、威信县(扎西镇)、水富县(向家坝镇)。

丽江市: 辖 1 个市辖区、2 个县、2 个自治县。市政府驻古城区。

1 个市辖区:古城区(西安街道)。

2 个县:永胜县(永北镇)、华坪县(中心镇)。

2 个自治县:玉龙纳西族自治县(黄山镇)、宁蒗彝族自治县(大兴镇)。

普洱市: 辖 1 个市辖区、9 个自治县。市政府驻思茅区。

1 个市辖区:思茅区(思茅镇)。

9 个自治县:宁洱哈尼族彝族自治县(宁洱镇)、墨江哈尼族自治县(联珠镇)、景东彝族自治县(锦屏镇)、景谷彝族傣族自治县(威远镇)、镇沅彝族哈尼族拉祜族自治县(恩乐镇)、江城哈尼族彝族自治县(勐烈镇)、孟连傣族拉祜族佤族自治县(娜允镇)、澜沧拉祜族自治县(勐朗镇)、西盟佤族自治县(勐梭镇)。

临沧市: 辖 1 个市辖区、4 个县、3 个自治县。市政府驻临翔区。

1 个市辖区:临翔区(凤翔街道)。

4 个县:凤庆县(凤山镇)、云县(爱华镇)、永德县(德党镇)、镇康县(南伞镇)。

3 个自治县:双江拉祜族佤族布朗族傣族自治县(勐勐镇)、耿马傣族佤族治县(耿马镇)、沧源佤族自治县(勐董镇)。

楚雄彝族自治州: 辖 1 个县级市、9 个县。州政府驻楚雄市。

1 个县级市:楚雄市(鹿城镇)。

9 个县:双柏县(妥甸镇)、牟定县(共和镇)、南华县(龙川镇)、姚安县(栋川镇)、大姚县(金碧镇)、永仁县(永定镇)、元谋县(元马镇)、武定县(狮山镇)、禄丰县(金山镇)。

红河哈尼族彝族自治州: 辖 2 个县级市、8 个县、3 个自治县。州政府驻蒙自县。

2 个县级市:个旧市(城区街道)、开远市(灵泉街道)。

8 个县:蒙自县(文澜镇)、建水县(临安镇)、石屏县(异龙镇)、弥勒县(弥阳镇)、泸西县(中枢镇)、元阳县(南沙镇)、红河县(迤萨镇)、绿春县(大兴镇)。

3 个自治县:金平苗族瑶族傣族自治县(金河镇)、屏边苗族自治县(玉屏镇)、河口瑶族自治县(河口镇)。

文山壮族苗族自治州: 辖 1 个县级市,7 个县。州政府驻文山县。

1 个县级市:文山市(开化镇)。

7 个县:砚山县(江那镇)、西畴县(西洒镇)、麻栗坡县(麻栗镇)、马关县(马白镇)、丘北县(锦屏镇)、广南县(莲城镇)、富宁县(新华镇)。

西双版纳傣族自治州：辖1个县级市、2个县。州政府驻景洪市。

1个县级市：景洪市（允景洪街道）。

2个县：勐海县（勐海镇）、勐腊县（勐腊镇）。

大理白族自治州：辖1个县级市、8个县、3个自治县。州政府驻大理市。

1个县级市：大理市（下关镇）。

8个县：弥渡县（弥城镇）、祥云县（祥城镇）、宾川县（金牛镇）、永平县（博南镇）、云龙县（诺邓镇）、洱源县（茈碧湖镇）、剑川县（金华镇）、鹤庆县（云鹤镇）。

3个自治县：南涧彝族自治县（南涧镇）、漾濞彝族自治县（苍山西镇）、巍山彝族回族自治县（南诏镇）。

德宏傣族景颇族自治州：辖2个县级市、3个县。州政府驻潞西市。

2个县级市：级市瑞丽市（勐卯镇）、潞西市（芒市镇）。

3个县：梁河县（遮岛镇）、盈江县（平原镇）、陇川县（章凤镇）。

怒江傈僳族自治州：辖2个县、2个自治县。州政府驻泸水县。

2个县：泸水县（六库镇）、福贡县（上帕镇）。

2个自治县：贡山独龙族怒族自治县（茨开镇）、兰坪白族普米族自治县（金顶镇）。

迪庆藏族自治州：辖2个县、1个自治县。州政府驻香格里拉县。

2个县：香格里拉县（建塘镇）、德钦县（升平镇）。

1个自治县：维西傈僳族自治县（保和镇）。

（云南行政区划网：http：//www. xzqh. org/html/2011/0130/23083. html。）

参考文献

1. 梁福兴，吴忠军．民俗旅游学概论．北京：中国林业出版社，北京大学出版社，2009。

2. 邓永进，薛群慧，赵伯乐．民俗风情旅游．昆明：云南大学出版社，2007。

3. 苏丽春，李艳．云南民俗风情与旅游．昆明：云南大学出版社，2005。

4. 施惟达，段炳昌，等．云南民族文化概说．昆明：云南大学出版社，2004。

5. 罗明义．云南旅游“二次创业”发展战略及规划．昆明：云南大学出版社，2006。

6. 吴忠军．中外民俗．3 版．大连：东北财经大学出版社，2011。

7. 李艳，等．云南民俗风情旅游．北京：中央广播电视大学出版社，2012。

8. 杨镇圭，等．白族文化史．昆明：云南民族出版社，2002。

9. 杨利先．相约彩云下——云南民族婚恋．昆明：云南教育出版社，2000。

10. 聂乾先．云南民族舞蹈文集．北京：中国文联出版社，2003。

11. 云南省民族艺术研究所．云南民族舞蹈论集．昆明：云南人民出版社，1990。

12. 石裕祖．云南民族舞蹈史．昆明：云南大学出版社，2006。

13. 李昆声．云南艺术史．2 版．昆明：云南教育出版社，2001。

14. 饶远．刘竹．生命活力的迸放——云南民族体育．昆明：云南教育出版社，2000。

15. 吴学源．滇音荟谈——云南民族音乐．昆明：云南教育出版社，2000。

16. 王清华，等．浪漫的云霞——云南民族舞蹈．昆明：云南教育出版社，2000。

17. 刘丽芳．中国民居文化．北京：时事出版社，2010。

18. 王子华，等．绚丽多彩的民俗风情——云南民族节日．昆明：云南教育出版社，2000。

19. 余嘉华．云南风物志．5 版．昆明：云南教育出版社，2010。

20. 殷国禺．哲学视野中的云南文化．昆明：云南民族出版社，2006。

21. 杨学政，等．云南宗教史．昆明：云南人民出版社，1999。

22. 李缵绪，杨应新，等．白族文化大观．昆明：云南民族出版社，1999。

23. 郭大烈，等．纳西族文化大观．昆明：云南民族出版社，1999。

24. 段炳昌，赵云芳，董秀团．多彩凝重的交响乐章——云南民族建筑．昆明：云南教育出版社，2000。

25. 王娟．民俗学概论．北京：北京大学出版社，2002。

26. 郭净，段玉明．云南少数民族概览．昆明：云南人民出版社，1999。

27. 吴宝璋，等．云南导游基础知识．昆明：云南大学出版社，2006。

28. 杨学政．云南少数民族礼仪手册．昆明：云南民族出版社，1999。

29. 乌丙安．中国民俗学．2 版．沈阳：辽宁大学出版社，2003。

30. 王子华，汤亚平．彩云深处起炊烟——云南民族饮食．昆明：云南教育出版社，2000。

31. 雷兵，等．哈尼族文化史．昆明：云南民族出版社，2002。

32. 云南省烟草学会．云南烟俗文化．昆明：云南民族出版社，2005。

33. 何守伦．丽江旅游风情．呼和浩特：远方出版社，2000。

34. 邓启耀．民族服饰：一种文化符号．昆明：云南人民出版社，1991。

35. 玉腊．百彩千辉——云南民族服饰．昆明：云南教育出版社，2000。

36. 巴兆祥．中国民俗旅游．福州：福建人民出版社，1999。

37. 徐赣丽．民俗旅游与民族文化变迁．北京：民族出版社，2006。

38. 宝贵贞．中国少数民族宗教．北京：五洲传播出版社，2007。

39. 毛公宁，刘万庆，等．少数民族风俗与禁忌．北京：民族出版社，2007。

40. 陈劲松，等．云南特色民间工艺．昆明：云南大学出版社，2008。

41. 杨雪吟，等．彩云之容——云南民族美术．昆明：云南教育出版社，2000。

42. 杨雪果，等．传扬生活妙韵的巧技——云南民族工艺．昆明：云南教育出版社，2000。

43. 凡奇，共工．当代中国工艺美术品大观．北京：北京工艺美术出版社，2005。

44. 吴必虎．区域旅游规划原理．北京：中国旅游出版社，2001。

45. 肖星，严江平．旅游资源与开发．北京：中国旅游出版社，2000。

46. 邹统钎．旅游度假区发展规划——理论、方法与案例．北京：旅游教育出版社，1996。

47. 邹君，田仁波．论民族民间手工艺的保护与传承——以鹤庆新华村为例．红河学院学报，2009（6）。

48. 余玲．“傣族园”景区村寨建设发展模式思考——云南省西双版纳州社会主义新农村建设个案分析．时代金融，2007（10）。

49. 龚友德．云南古代民族的饮食文化．云南社会科学，1989（2）。

50. 杨仲强．旅游村镇保护与发展初探——以云南鹤庆县新华村为例．小城镇建设，2007（2）。

51. 杨慧．旅游发展与丽江古城命运的思考．中央民族大学学报（哲学社会科学版），2002（1）。

52. 朱桂香．东巴文化对丽江旅游业可持续发展的影响．云南师范大学学报（哲学社会科学版），2004（1）。

53. 刘燕．旅游业的发展对丽江古城社会文化的影响．云南地理环境研究，2005（S1）。

54. 和良辉．从“丽江现象”到“丽江模式”．理论前沿，2005（3）。

55. 罗平，和少英．旅游开发进程中民族文化的保护与传承——以西双版纳傣族园为例．云南民族大学学报（哲学社会科学版），2006（1）。

56. 黄亮，陆林，丁雨莲．少数民族村寨的旅游发展模式研究——以西双版纳傣族园为例．旅游学刊，2006（5）。